# BUEZ AN DEN EURUZ

# Jean-Marie Vianney

## PERSON ARS

# BUEZ

## An Den Euruz

# Jean-Marie Vianney

## PERSON ARS

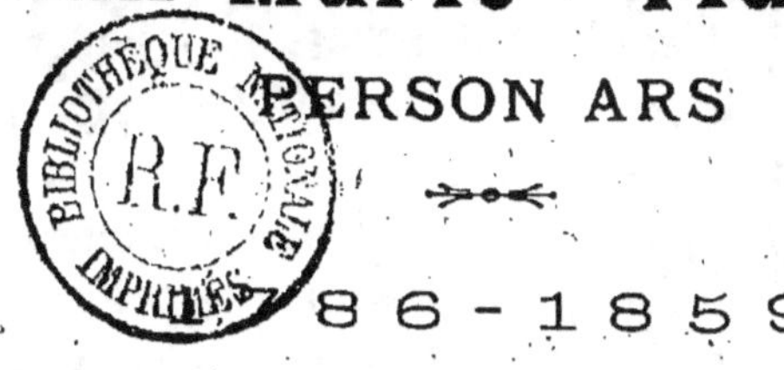

1786 - 1859

GREAT GANT AN AOTROU

### Jean-Marie LE GALL

Person ar Folgoat

QUIMPER

LIBRAIRIE L. BERNARD

—

1907

MONSEIGNEUR,

Sur l'invitation qui m'a été faite, de la part de Votre Grandeur, je viens de lire attentivement la VIE DU BIENHEUREUX CURÉ D'ARS, par M. LE GALL, Recteur du Folgoat.

Cette VIE admirable, écrite dans ce breton précis, clair et élégant dont M. LE GALL a le secret, sera lue avec le plus vif intérêt. Nos populations si éprises du surnaturel, trouveront à chaque page des faits merveilleux qui contribueront à fortifier leur foi.

L'auteur a pris pour guide la VIE si appréciée publiée par M. Vianney, et s'est inspiré des ANNALES D'ARS. Ces deux sources jouissent de la plus grande autorité, éclairées qu'elles sont par les procès de Béatification.

Je n'ai trouvé dans la nouvelle VIE ainsi documentée, rien qui ne soit édifiant et conforme à la doctrine de l'Eglise.

Daignez agréer, Monseigneur, l'assurance des sentiments filialement dévoués avec lesquels j'ai l'honneur d'être, de Votre Grandeur, le très humble et très obéissant serviteur.

J.-M. COZIC,
Chanoine honoraire,
Curé-Doyen de Lesneven.

23 Juin 1907.

**ÉVÊCHÉ
DE QUIMPER
et de Léon**

Quimper, le 25 Juin 1907.

*Sur le rapport qui Nous a été fait par M. Cozic, Curé-Doyen de Lesneven, nous autorisons très volontiers M. Le Gall, Recteur du Folgoat, à publier en langue bretonne, la Vie du Bienheureux Curé d'Ars.*

*Nous demeurons absolument convaincu que la lecture de cette Vie et des miracles qui la remplissent fera le plus grand bien à nos populations bretonnes.*

Quimper, le 25 Juin 1907.

† François-Virgile,
Evêque de Quimper et de Léon.

# Jean-Marie Vianney

## KENTA PENNAD

*Ginivelez Jean-Marie Vianney. Penaoz*
*eo bet savet.*

An hini a dlie beza enor ha skuer an oll
veleyeñ en hor bro hag en hon amzer, a zo
deuz an eskopti en euz roet d'eomp, epad an
naontek kantved, ar muia a veleyen zantel,
evit ober vad d'an eneou, hag a gaver ennhan
ive ar muia a oberou mad. An eskopti-ze eo
hini Lyon.

Dont a rea euz ar oenn dud e deuz bepred
roet d'eomp hor guella beleyen : al labou-
rerien douar.

He dad a oa he hano Maze Vianney, hag
he vam Marie Beluze, daou bried kristen hag
a gerze direbech var hent gourc'hemennou
Doue ha rè an Iliz. Abalamour da ze, Doue a
skuille varnezho he vennoz, hag en eur ober
dek vloaz, o' doa bet c'huec'h bugel, daou

vreur ha teir c'hoar. Ne oant ket pinvidig, koulsgoude ho zi a oa d'ezho hag eun nebeut douar o doa ive.

Araok lakad er bed an eil euz he mibien, Marie Beluze e doa aliez kinniget anezhan da Zoue, oc'h he bedi d'he gemeret en he zervij. An eiz a viz mae 1786 e oue ganet ar bugel ha badezet en iliz parrez Dardilly, tost da Lyon. Hanvet e oue Jean-Marie, ha d'ar gonfirmation e kemeraz eun hano all : Baptist.

Ar vam gristen e doa an eur-vad da c'helloud maga he bugale ; ho goad, emezhi, a rank beza goad ho mam, ha m'e doa roet d'he mab magadurez ar c'horf, e kavaz abred ive, en he c'halon gristen, eur vagadurez all evit he ene. Ar geriou kenta a zeske Marie Beluze d'he bugale, oa hanoiou Jesus ha Mari, kenta tra zeske d'ezho da ober oa sin ar groaz, ha d'he dri bloaz, Jean-Marie a glaske beza he-unan abalamour ma karie pedi.

A vec'h ma kaozee, e falveze d'ezhan kemeret perz er pedennou a reat dirazhan. Pa gleve an *Angelus* e tiskueze da dud an ti petra oa da ober, hag ar c'henta e vije d'an daoulin evit lavaret he *Ave Maria*. Kavet en doa er gear meur a doull distro ha kuzet, ha pa vije c'hoant d'he gaout, ne oa da ober

nemed mont di, eno e vije kavet aliez o
lavaret ar pez a bedennou en doa desket.

Kenta tra a roaz he vam d'ezhan oa eur
patroum bian, skeuden ar Verc'hez Vari, e
koat ; mes el lealc'h beza eur c'hoariel evithan,
ez oa eun dra da veza enoret, rak ar bugel en
doa muioc'h a skiant eget a oad. He vrasa
plijadur oa sellet ouz ar Verc'hez-se, ha pa
ouele ne oa nemed lakad anezhi dirazhan evit
sec'ha he zaelou. « Oh ! na me a garie ar
Verc'hez-se, emezhan, tri ugent vloaz goude,
n'hellen he dilezel nag en deiz nag en noz,
n'hellen ket kousket nemed em c'hichen e
vije, em guele bian. »

« Pell zo e karit ar Verc'hez ? » a lavare
d'ezhan, eun dervez, ar beleg a oa ganthan
en Ars. — « He c'haret a rean araok zoken
he anaout, kenta tra em euz karet eo hi. »
Ar vam gristen a ouie e vije diouallet mad he
bugale gant ar Verc'hez Vari, hag hi he-unan
a glaske lakad anezho da gaout heuz ouz ar
pec'het. Heb anaout marvad komz eur rouanez
brudet, e lavare evelthi. « N'helfen ket kaout,
emezhi, brasoc'h glac'har, eget guelet va
bugale oc'h ofansi Doue. » Hag eun dervez,
goude beza lavaret ar c'homzou-ze dirak Jean-
Marie, e lavaraz ouspen : « Va mabig, va
glac'har a ve brasoc'h c'hoaz, ma ve te eo a
velfen o pec'hi. »

He mab Jean-Marie eo an hini a garie ar
muia, ha kerkent a m'e doa guelet ez oa
douget d'an devosion, e lakeaz he foan da
drei muioc'h mui he galon varzu Doue.

Eun dervez, unan deuz ar visionerien a oa
o sikour an Aotrou Vianney en he vloavezjou
diveza, a lavaraz d'ezhan : « Euruz oc'h da
veza bet, ken abred, ken troet da bedi. » —
« Goude Doue, emezhan, eo d'am mam ez
oun dleour a gement-se, ken fur oa ha ker
zantel... Ar vertuz, emezhan, a deu deuz
kalon ar vam e kalon he bugale, rak ober a
reont ar pez a velont ar re all oc'h ober. » Ha
ken aliez guech ma lavare d'ar mamou
kristen, en he barrez, penaoz sevel ho bugale,
e roe d'ezho evit skuer he vam he-unan, en
eur zisplega d'ezho penaoz e doa savet he re.

Gant an oad e kreske ive devosion ar bugel,
hag araok gouzout ez eo eun dever pedi, e
pede dre blijadur. Eun dervez, d'he bevar
bloaz, setu hen dianket, hag he vam, ankeniet
oll, a glask anezhan e kement leac'h so. He
gaout a ra erfin e kraou ar zaout, daoulinet
en eur c'horn, o pedi. Ar vam euruz a guz
he joa ha ne gomz d'ezhan nemed deuz ar
boan spered en euz great d'ezhi. « Perak, va
mabig, rei kement a anken d'as mam, perak
mont da guzet ouzin evelse, evit lavaret da

bedennou ? » Jean-Marie, mez d'ezhan da veza great poan spered d'he vam, a zired d'en em deuler etre he divreac'h en eur lavaret : « Mam, pardonit d'in, ne zonjen ket ober poan d'eoc'h... ne din ken. » Anet oa ez oa glac'haret he galon.

Pa 'z ea d'an oferen gant he vam e vije evel eun eal en iliz, muioc'h a zevosion en doa eget ar re all kosoc'h egethan ; ne ranket ket poueza evit ober d'ezhan mont d'an oferen, evel ma c'hoarvez avechou gant ar re all, he-unan e c'houlenne mont, ne vije eurusoc'h e nep leac'h.

Heb dale, koulsgoude e ranko dioueret ar blijadur da vont d'an iliz. Eun dervez, iliz Dardilly ne zigoraz ket da boent an oferen bred, ar c'hleier a jommaz mud ; ha pa c'houlennaz ar bugel digant he vam perak ne gase ket anezhan d'an oferen, houman ne lavaraz ger, sec'ha a reaz he daelou, hag he dorn all a lakeaz var boull he c'halon, evel pa lavarje ne oa mui urz da adori Doue nemed pep hini en he galon. Ar revolusion a oa o paouez serri an ilizou, diskar an aoteriou, kass kuit ar veleyen ha difen, en hano eul liberte gaouiad, diskuez e giz ebet, edot kristen, Hor mabig karet en doa nao bloaz neuze, ha re zivezat eo breman evit lemmel euz he galon ar pez e doa lakeat ennhi he vam ha Doue.

Deut oa ar mare koulsgoude, evit Jean-
Marie, da staga ive gant al labour. Var ar
meaz, ar poent-se a zigouez abred; var dro
seiz vloaz, ar baotred vian a vez kaset da
zioual ar chatal. Maze Vianney en doa en he
graou diou pe deir bioc'h, eun azen ha tri
benn denved. Ar breur kosa en doa ho
diouallet, da Jean-Marie eo breman mont
gantho. Sellit outhan, eur vaz en he zorn deo
hag en egile he Verc'hez koat, start var boull
he galon. Araok ma 'z eo erru tost, he gama-
raded a verk d'ezhan ho joa, krial a reont oll
assamblez, rak karantez ha respet o deuz
evithan; he vadelez, he zousder o deuz gou-
nezet ho c'halon, hag epad ma tiskuezont
d'ezhan pegen deut mad ez eo, hen a zo sonjou
all kaeroc'h en he spered. Kompren a ra ez eo
red d'ezhan ober vad d'ar re ne ouzont ket
kement hag hen, ha guelet a ra pegen trist
eo beza heb beleyen. Gouzout a ra zoken
pegen maleüruz eo ar vugale ha n'o deuz ket
eur vam, evel he hini, da gemeret soursi
anezho ha da zeski d'ezho ho c'hatekiz.

Digouezet eta etouez he gamaraded, ez a
varzu eun tamik torgen vian a zo e kichen,
hag eno, evel var eun aoter goloet a spoën, e
laka he Verc'hez vian. Goude beza great he
beden d'ezhi, e lavar d'ar re all ober evelthan,

hag he galon a drid gant ar joa o velet ar
vesaerien vian daoulinet e dro d'ar Verc'hez.
An tan zantel hag a dlie divezatoc'h devi
kalon ar beleg evit an eneou, a groge dija e
kalon ar bugel ; ha goude beza lavaret he *Ave
Maria* gant kement a zevosion ma roe devosion
d'ar re all ive, e tigor eur zarmoun dirak he
gamaraded var ar garantez dleet d'ar Verc'hez.
« Va bugale, emezhan, bezit fur ha karit an
Aotrou Doue, a greiz ho kalon, karit ar Ver-
c'hez Vari pa 'z eo guir ez eo hor mam. » Den
na c'hoarze, re a garantez hag a zoujanz o doa
oll evit ar prezeger bian.

Abred eta e stagaz da brezeg, hag he vam
a oa euruz o velet e teue he bugel da zeski
eun draïk benag d'ar vesaerien vian, pa n'hel-
lent mui mont d'an iliz, da skol ar c'hatekis.

Goude Doue hag ar Verc'hez Vari, ar pez
a garie ar muia oa ar beorien. An diou
garantez-se ne maint morse an eil heb eben,
atao e maint dorn ouz dorn, rak penaoz karet
Doue heb karet ar re a zo kement karet gan-
than ? Ar garantez evit an nesa a vezo dive-
zatoc'h buez ar zant-man, ha dija e ma e
kalon ar bugel.

E ti he gerent e teskaz abred karet ar
paour, rak ti ar Vianney oa ti ar beorien ;
eno en em gavent, da zerr-noz, da c'houlen

eur skudellat souben domm, ha meur a vech
ez euz bet ouspenn ugent anezho. Epad ar
goanv, Maze Vianney a rea eun tantad mad a
dan en oaled d'ezho da domma, ha var an
tan e vije lakeat eur choudourennad vad a
batatez evit an oll, bugale hag all ouz ar
memez taol. Goude ar pred e vije lavaret
grasou hag ar pedennou diouz an noz, ha
neuze mestr an ti a gase al lojerien pe var
ar chanill foenn pe en eul leac'h all benag
goudor.

Etouez ar beorien-ze eo e teuaz eun dervez
sant Beneat Labre, ar paour. Jean-Marie ne
oa ket ganet c'hoaz neuze, marvad ar zant a
bedaz Doue da skuilla he vennoz var eun ti
ker mad, ha leac'h so da gredi ez eo bet
selaouet he beden hag ez eo plijet gant Doue
rei d'ar c'houer ken madelezuz, eur mab hag
a zavo beteg an huela pazen er vertuziou a
gavet er famill. Ar bugel a ziskouezaz abred
e vije brasoc'h c'hoaz he garantez evit ar
beorien eget ne oa hini he gerent.

He blijadur oa ober mad euz ar beorien ;
digas a rea d'an ti kement klasker bara a
gave var he hent, eur vech en doa dastumet
pevar var-n-ugent. O velet an dud keiz-se, ha
d'ho heul paotred vian ha merc'hedigou deuz
he oad ha yaouankoc'h c'hoaz, dibourve a

bep tra hag anter visket, he galon a deuze
gant an druez. Red vije bet guelet ar zoursi
en doa outho. A bep eil e tigase anezho da
dal an tan, ar re vianna da genta, ha kement
tam boued a gave, hag he loden da genta, a
vije roet d'ezho. Goudeze e rea eur guel var
ho dillad hag e c'houlenne digant he vam rei
da unan eur bragez, da unan all eur rochet,
d'egile eur jileten pe eur re voutou. Ma
selaouche he vam atao anezhan, ne vije
ehommet netra en ti.

Goude aluzen ar c'horf e teue aluzen an
ene ; goude atao, rak ar genta a zigore d'eben,
ha pa gave Jean-Marie bugale deuz he oad e
teske d'ezho ar *Bater* hag an *Ave Maria*, an
aktou hag ar guirionezou kenta. Lavaret a
rea d'ezho ez oa red karet an Aotrou Doue,
chomm heb klemm ha gouzanv poaniou ar
vuez-man evit gounit ar bed all. Daoust ma
komze d'ar re vian, ar re vraz ive a zelaoue
gant plijadur, sebezet aliez o velet en doa
kement a skiant.

Setu aze petra eo bet bugaleach an den a
dlie kaout eur vuez ken pur ha ken kaër.
Doue a roe d'ezhan abred grasou a bep seurt,
evit ma c'helje divezatoc'h dougen beac'h al
labour hag ar sakrifisou.

# EIL PENNAD

*Azalek he bask kenta beteg naonteg vloaz*

Seul vui e kavomp kaër santelez ar paotr bian en eun oad ken tener, seul vui on deuz leac'h da veza souezet, rak d'ar mare-ze ar feiz a oa laosk hag an amzer a oa trist. Jean-Marie Vianney a oa eul lilien etouez ar spern. Ne velet mui a veleyen, koulz lavaret, hag ar relijion ne oa mui nemeur hano anezhi. Lavaret e vije bet ez oa hor bro eur vro heb Doue, ma n'o dije ar famillou kristen dalc'het mad d'ho relijion er gear.

Koulsgoude ma c'helle ar paotrik guelet ha kompren pegen goullo eo eur barrez heb beleg, en doa leac'h ive da gompren petra eo ar veleyen. Rag en despet d'ar gourdrouzou a oa azioc'h d'ho fenn, ha daoust ma oaint barnet d'ar maro, ar veleyen ne dec'hent ket oll, hag ar sakramanchou a c'hellet ho c'haout c'hoaz, e kement leac'h a oa, pe dost da viana.

En eskopti Lyon zoken, al labour o deuz ar veleyen da ober a oa reizet mad. An Aotrou Linsolas, vikel vraz an Aotrou-

n-Eskop de Narbeuf, en doa rannet an eiz pe
nao c'hant parrez a oa araok, en eskopti
Lyon, etre daou-ugent pe anter-kant mision;
penn unan anezho a oa en Ecully, parrez etre
Lyon ha Dardilly, bro Jean-Marie Vianney.
Beleyen ar mision-ze a oa an Aotronez Royer
ha Chaillou deuz societe sant Sulpice; unan
anezho a oa bet karget euz an dispignou, hag
egile a oa bet oc'h ober skol e kloerdi braz
Lyon; an Aotrou Balley, bet relijiuz hag
an Aotrou Groboz bet vikel e parrez ar
Groaz-Santel, e Lyon. Ho fevar, tud a
galon ha dispont; kant guech ez oaint bet
o velet tud klanv e riskl ho buez hag o rei
ar sakramanchou all d'ar gristenien vad. O
chomm edont en Ecully, pep hini deuz he du,
el leac'h ma c'hellent kaout lojeiz, guisket
evel tud ar vro, avechou evel artizaned, ave-
chou all evel an dud divar ar meaz, ha guella
ma c'hellent e testument ho faresioniz, guech
en eur c'hranj, guech e kreiz eur c'hoat
benag. Diou seurez a oa ive dre ar vro, oc'h
ober katekis d'ar vugale, deuz an eil ti d'egile.
  Ar famillou guella deuz Ecully ha Dardilly
en em glevaz evit diouall mad ar visionerien,
touet o doa chomm heb lavaret ger, ha difen
a rejont buez ar gonfesored e riskl ho buez
ive, meur a vech, gant ar c'hoant o doa da

glevet komzou Doue ha da gaout ho sakra-
manchou. Evit-se e rankent mont a bell
avechou. Maze ha Marie Vianney a ie aliez
gant ho bugale d'an oferen lavaret dre guz,
dreist oll pa vije en Ecully. Ne oa ket pell,
ha mam Jean-Marie, ganet en Ecully, e doa
eno eur c'hoar dimezet.

Jean-Marie a c'hellaz eta guelet aliez, a dost,
ar veleyen zantel-ze, guerzet dija ho buez d'an
nep a c'helje ho faka. Unan anezho goude
beza bet harluet, a deuaz da Lyon, ne oar
den penaoz; unan all, goude beza bet paket,
a c'hellaz en em denna ive, ho fevar edont
kondaonet d'ar maro. Her gouzout mad a
reant, ha leac'h o doa da gaout aoun, rak en
em ziskuezet ez oaint bet epad an nebeut
amzer ma ne oa ket ken tenn ar berseku-
sion. Meur a hini a c'hortoze ma kreskche
adare kounnar ar re fall evit ho diskuill. An
amzer diez a deuaz meur a vech ha dre ma
kreske an danjer e kreske ive ar visionerien
da ober vad. Karantez ha doujanz ar griste-
nien a greske evitho ive. Eaz eo kompren an
istim en doa Person Ars evit ar veleyen, pa
ouzer piou eo ar re en doa anavezet da
genta.

Morse ne ankounac'heaz an dervez ma oa
bet o kovez evit ar vech kenta. He vam pe he

dad a ie peurvuia d'an oferen lavaret dre guz,
hag ho mab a ie aliez d'ho heul. Eun dervez
an aotrou Groboz a daolaz evez deuz ar bugel
hag o velet en doa ear vad ha devot ez eaz d'he
gaout goude 'an ofiz; en eur lakad he zorn
var he benn, e c'houlennaz diganthan pe oad
en doa. « Eunnek vloaz, eme ar paotr. » —
« Pegeit so n'out ket bet o kovez? » — « N'oun
bet biskoaz », eme Jean-Marie. — « Morse ?
eme ar beleg. Ha kontant e veffez da veza
kovescat raktal ? » Ar bugel ne c'houlenne ket
guelloc'h. Doue hebken a oar petra oue lavaret
er govesion genta-ze gant an hini en euz
klevet kovesion kement a bec'herien. Kouls-
goude e c'heller her gouzout tost da vad, pa
anavezer ar gomz a iea eun dervez digant
Aot. Person Ars. « Pa oan yaouank, emezhan,
ne anavezen ket ar pec'het, desket em euz he
anaout gant ar bec'herien deut da govez
ganen. »

An aotrou Groboz, marvad, n'en doa bis-
boaz kavet bugel all ebet ken digaillar sae he
vadiziant, rak lavaret a reaz d'ar vam lezel
ar paotr e ti he gerent, e parrez Ecully, evit
ma c'helje heulia easoc'h ar c'hatekis hag
ober he bask kenta. Chomm a reaz, mes eun
dra benag a viraz da ober ar pask er bloaz-se,
ha Jean-Marie a deuaz d'ar gear. Er bloaz

varlerc'h e tistroaz hag e c'hellaz heulia adare ar c'hatekis assamblez gant pemzek bugel all.

Al leanezed a rea katekis, ha Jean-Marie a oa ken jentil ma lavarent d'ar vugale all, kemeret skuer varnezhan. Ken devot oa ma kave zoken ar re all abek ennhan. « Guelit du-hont, emezho, Jean-Marie Vianney, klask a ra beza ken devot hag he eal mad. » Goude beza bet er skol gant al leanezed, ar vugale a ie da gaout ar visionerien, hag ar re-man a zastume anezho, guech en eun ti, guech en eun ti all, hag atao epad an noz, gant aoun rak polis ar revolusion. Jean-Marie Vianney a zigoueze gant ar re genta.

N'or beuz gallet kaout skrid ebet na netra divar benn pask kenta an Aotrou Vianney. Gouzout a rea hebken en doa great he pask e ti an itron Comtesse de Pingon. Ar vugale a oa deut araok an deiz, peb hini deuz he gostez, unan benag deuz ho c'herent gantho. Mare ar foenn a oa, ha karajou foenn lakeat dirak ar prenestou a vire ne vije guelet petra dremene, hag a zifenne ar c'huezek torfetour bian, o doa an hardizegez da ober ho fask kenta.

Ar gouel-ze kaër ha trist a zigas da zonj ouz ar pez a dremene dindan an douar en amzer

genta an Iliz. Ar vugale, d'an oad-se, a gom-
prene mad pep tra, hag ar sonj euz ho fask
kenta a jomme doun en ho spered. Bleun ar
pask kenta a ro d'anaout peurvuia ar frouez a
zougo an ene divezatoc'h, ha kalon Jean-
Marie Vianney a oa en dervez-se eun aoter, eun
tabernakl leun a c'houez vad deut deuz an env.

Pa zistroaz Jean-Marie d'ar gear, Doue en
he galon evit ar vech kenta, ez oa henvelloc'h
ouz eun eal eget ouz eur bugel ; an dousder,
ar burete a velet araok var he dal hag a rea
d'ezhan beza ken karet gant he gamaraded, a
oa kaeroc'h breman ; kement hini a dostae
outhan a zante pegen kaër eo ar zantelez hag
ar burete. Araok anaout an drouk, ez oa en
he galon kasoni ouz ar pec'het, bet eo'atao pe
eun eal pe euz zant.

Nebeut bloaveziou goudeze e velaz eur gouel
all hag a lezaz ive en he spered hag en he
galon eur merk hag a bado keit hag he vuez.
En dervez-se ar gristenien a oa torret ho cha-
dennou, ha kalonou an oll a dride gant ar
joa. Kleier Dardilly a gane laouen en tour, er
bourk ne velet nemed garlantezennou deuz an
eil tu d'egile, an tiez a oa kuzet gant linseillou
marellet a vleun a bep seurt liou, an hent a oa
goloet a c'hlasvez hag a fleur. Oll dud ar
barrez, en ho c'haëra, a valee goustadik var-

lerc'h ar Zakramant meulet ra vezo, en eur gana *Pange lingua*. Napoleon kenta en doa digoret an ilizou hag ar France a bez, a rea adare gouel ar Zakramant evel guechall.

Jean-Marie Vianney a oa er baradoz, he galon a oa beuzet er joa, rak a vec'h m'en doa sonj da veza bet guelet goueliou ken kaër pa oa bian.

E'en em laka da zonjal e teu koulsgoude barrou tristidigez var he galon, rak gouzout mad a ra ez euz chommet, a vec'h, eur beleg var dek, hag o velet pegement a vall o deuz ar gristenien da glevet adare komzou Doue ha da zont da zakramanti, e c'houlen outhan he-unan ha karet e vezo ebestel aoualc'h evit maga kement a eneou. Neuze e ped Doue a greiz he galon, da zigas labourerien d'ar vinien. Ar pez a c'houlenne a zo erruet, en tu all zoken da zonj ar bugel.

Koulsgoude ne oa ket deut c'hoaz ar mare evithan da zilezel ar gear; kalz en doa c'hoaz da zeski etouez he gerent hag er parkeier, e kreiz madoberou Doue. Etre he bask kenta hag an dervez ma stago gant ar studi, e tremeno c'hoaz meur a vloaz, bloaveziou henvel kaër an eil euz egile, talvouduz koulsgoude evit he vertuziou hag evit he ene.

Unan euz he c'hoarezed a lavare : « Hor

mam pa zigoueze d'ezhi kaout poan oc'h ober
d'eomp-ni senti, a droe varzu Jean-Marie,
rak sur ez oa e sentche raktal, hag a lavare
d'eomp kemeret skuer varnezhan. « Guelit,
emezhi, a klemm a ra, senti a ra var an taol,
heb grosmolat, a vec'h ma lavaran d'ezhan
ober eun dra benag, ma 'z eo eat dija d'hen
ober. »

Peurvuia ez ea d'ar park da labourat
gant re an ti, ha guella ma c'helle e rea. Eun
dervez koulsgoude ez eaz da labourat d'ar
vinien gant he vreur Francès hag ez oa bet
skuizet o klask heulia he vreur, rak heman,
abalamour ma oa ar c'hosa, a grede e ranke
ober muioc'h ive. D'ar pardaez, Jean-Marie a
lavaraz d'he vam ez oa eat Francès re vuan
ha ne c'helle ket he heulia. « Francès, eme ar
vam, kemer da amzer, ne da ket re vuan, pe-
ro eun taol trench benag ive e loden da
vreur, gouzout a rez ez eo yaouankoc'h ha
disteroc'h evidout, red eo did kaout truez
outhan. « — « Va breur, eme Francès, n'eo
ket red d'ezhan ober kement ha me, petra ve
lavaret ma ra an hini bian kement hag an
hini kosa. »

En dervez varlerc'h, Jean-Marie a gasaz
gantan skeuden vian ar Verc'hez. An itron
Varia, emezhan, a zikouro ac'hanon da ober

va labour. Erru er park, e laka ar skeuden
eun tamik araok d'ezhan, var gaol eur vinien,
hag en eur labourat varzu ennhi, e ped ar
Verc'hez Vari evit ma c'hello heulia he vreur.
Digouezet etal an imaj e laka anezhi pelloc'h,
hag evelse e teu a benn da ober kement a
Francès. Heman, eun tam dipit ennhan, a
lavaraz epad koan, e devoa ar Verc'hez
sikouret he vreur, rak great en doa kement a
labour ha hen. Ar vam, fur atao, ne reaz
nemed c'hoarzin, ne lavaraz ger, gant aoun
da lakad lorc'h en he mab bian, pe da ober
poan d'ar c'hosa.

Al labour hirr ha poaniuz ne vire ket
outhan da gaout sonj atao ez oa dirak Doué.
« Pa vijen va-unan er park, o labourat gant
va fâl pe va zrench, a lavare an Aot. Vianney,
erru koz, e peden a vouez huel, ha pa vijen
gant ar re all e peden sioul. » Ha beza ez euz
netra kaeroc'h evit eur bugel trizek pe bevar-
zek vloaz ?

« Pa 'z oun breman o labourat an eneou,
emezhan diyezatoc'h, e veffen eüruz da gaout
amzer da bedi ha da zonjal ervad, evel ma
rean guechall pa labouren douarou va zad ;
neuze da viana ez oa eun ehan benag ; goude
ar pred e tiskuizet araok staga adare, gourvez
a rean ive evel ar re all ha neuz a rean da

gouskat, mes pedi eo a rean, a greiz va c'halon; na kaëra amzer! » ... « Na me a oa eüruz, a lavare hen nebent derveziou araok mervel, pa n'em boa da zioual nemed va zri danvad ha va azen, paour keaz azennik griz, ouspenn tregont vloaz en doa! neuze e c'hellen pedi Doue kement ha ma karien, ne oa ket torret va fenn evel breman; va buez neuze a oa evel dour eur wazik, n'euz da ober nemed mont gant he hent. »

O vont d'ar parkeier hag o tistrei d'ar gear, Jean-Marie a lavare atao eur beden benag, ha pa gave bugale deuz he oad, ec'h alie anezho da vont ganthan, hag hed an hent e rea katekis d'ezho.

Pa vije bet o labourat epad an deiz, daoust ma vije aliez tenn al labour evit he oad, e vije guelet da noz koulsgoude, etal ar goulou, o lenn an Aviel pe Buez ar Zent d'ar re all, ha ne 'z ea da gouskat nemed varlerc'h an oll, ha pa na c'helle mui derc'hel digor he zaou-lagad. Ne oa ket goall droet var ar c'hoariou, ha pa oa bihan, he blijadur a vije ober gant pri prat, sent, kantoloriou, aoteriou ha tud o pedi en dro d'ezho. Mes buan e tileze ar c'hoariou-ze evit senti.

Pa oa tremenet amzer an dispac'h, e vije eüruz pa gave eun digarez benag da vont

d'ar bourk : eur benvek da zrésa, eur gevridi
da ober, ha pa c'helle, e kleve an oferen.
Eno, daoulinet en eur c'horn benag, e pede a
vir galon ; ken birvidik oa he zevosion, ma
velet avechou daëlou en he zaoulagad. Goude
an oferen ne vanke morse da drugarekad
Doue, troet varzu aoter ar Zakramant, gou-
déze e taouline dirak aoter ar Verc'hez hag e
tistroe d'he labour, seder hag eüruz he galon.

Mar doa mad d'ar paour es-vian, e c'hellit
kredi ez ea var gresk bemdez he garantez
evitho. Breman e c'hell renta muioc'h a zervij,
ha da gaout ar re muia reuzeudik ez a da
genta. He blijadur eo digaillara anezho ha
laza an hostizien a gave var ho dillad fank.
Goalc'hi rea zoken ho c'hrejou, sonj en doa,
a dra zur, ouz komz hor Zalver. Ober a rea
vad ive da beorien ar barrez, mont a rea d'ho
guelet ha kement a oa d'ezhan a roe. Lakad a
rea ar re all da rei ive, ha chacha a rea var
he dad, eüruz pa gleve anezhan o lavaret :
« Kea da gass eur guchen geuneud d'an
hen-man-hen, ha laka var gein an azen ar pez
me c'hello dougen. »

Aotrou Person Ars en euz bet atao plijadur
o sonjal er bloaveziou-ze, tremenet ganthan o
labourat an douar. « Epad va yaouankiz,
emezhan, me zo bet labourer douar ha

kementse ne ra ket d'in ruzia, ne d'oun nemed
eur c'houer dianaoudeg. Pa roen va zaol pâl
e lavaren aliez : « Red eo ive labourat mad
var da ene, disc'hrienna ennhi al louzeier
fall, evit ma c'hello digemeret had mad
Jesus-Christ. »

Evelse eo e komze divar he benn he-unan,
ker braz oa he humilite. En he ene, kouls-
goude, great evit Doue, n'euz bet biskoaz
louzeier fall ; al lealdet, ar burete a zave
anezho ho-unan evel en eur park trempet mad
gant gras an Aotrou Doue.

Deut eo da veza eun den yaouank eaz da
garet, leun a zousder, a vadelez, a basianted.
Karet aoualc'h a raffe ober goap, rak dista-
gellet mad eo ha buan e vel ar pez a zo da
lavaret var ar re all, morse koulsgoude ne
glever ganthan nemed komzou a vadelez, ha
pa vije tamallet e gaou e karie rei peoc'h. An
oll a glaske mont ganthan, ha santout a reat
ez oa ken pur ma ne grede den lavaret netra
fall dirazhan. Breman en euz seitek vloaz hag
al labourou a ra bemdez er parkeier ha var
dro ar gear, a dalvezo d'ezhan divezatoc'h pa
vezo o labourat park an eneou. Kaout a ra
etouez ar fleur hag an costou peadra da
greski he fizianz e Providanz Doue, ha peadra
ive da zisplega divezatoc'h d'an eneou ha da

rei d'ezho easoc'h da gompren guirionezou ar Relijion.

Azalek he vugaleach, he gamaraded hag he amezeien o doa lavaret aliez e vije beleg. He vam ne oa bet, a viskoaz, ken zonj en he c'halon, hag an Aot. Groboz kerkent a mac'h anavezaz Jean-Marie a rekete ive ma teuje an dra-ze da veza guir. Hen he-unan a vije ar zonj-se dalc'h-mad en he spered, ha ken doun zoken ma ne dea morse kuit. Breman ez eo deut ar peoc'h ha Doue en euz bet an trec'h ; ar gristenien a c'hell a nevez kana komzou Doue pa lavar : « An dud n'hellont netra a eneb Doue, neuz forz pegen fall ez int. »

Goude beza guelet an ilizou diskaret, an aoteriou saotret, ar veleyen lazet pe harluet, ar gristenien a oa joa vraz en ho c'halon guelet ar relijion zantel o ren a nevez. Den n'hell kompren al levenez-se, nemed ar re a oa bet goasket ho c'houstianz epad keit amzer, dek pe daouzek vloaz. Jean-Marie Vianney a oa marteze eürusoc'h c'hoaz eget an oll, breman e c'hell rei frankiz d'he zevosion hag he vocation a starta bemdez.

Goulen a ra ali digant he govesour hag heman a lavar d'ezhan kregi raktal er studi. He vam hag he voereb Mac'harit Humbert, deuz Ecully, a ra kalz plijadur d'ezho klevet ar c'helou-ze, hag a lavar d'ezhan mont raktal, da gaout he dad. Heman a rank, emezhan rei argoulou d'he verc'h Catherine ha paea eun den da vont da zoudard e leac'h he vab hena, ha ne c'hell ket, abalamour da ze, paea studi d'he eil vab.

Jean-Marie koulsgoude ne goll ket a fizianz. Ne oa ket eur penn avelet pa reaz he zonj da veza beleg ha den ne anaveze guelloc'h eget-han petra eo eur stad a vuez roet gant Doue.

D'ar mare-ze zoken, epad ma klaske an hent d'en em rei da Zoue, e talc'he er gear unan deuz he gendirvi hag en doa c'hoant da vont d'ar gouent. Kerent an den yaouank-man a oa kristenien vad ha pa anaveschont enkrez ho mab, a lavaraz d'ezhan : « Da Zoue ez out araok beza d'eomp-ni, red eo anaout mad he volontez, kerz da gaout da genderv, ken fur eo ma c'hellez ober ar pez a lavaro did. » Goude beza kaozeet ganthan, Jean-Marie a lavaraz d'ezhan : « Chomm er gear, va mignon, da gerent, koz dija, o deuz ezom ac'hanout ; ho zikour, ho skoazella, kloza d'ezho ho daoulagad, setu aze da stad a vuez. »

Er bloaz 1805 eo e c'hellaz Jean-Marie Vianney seveni ar c'hoant a oa en he galon.

Parrez Ecully e doa an eur-vad da gaout evit person an Aotrou Balley, bet keit amzer kuzet ennhi, anaout a reat he vertuziou, he c'houiziegez hag ar c'hoant en doa da ober vad. Deuz ar paskou kenta, appellet keit amzer abalamour d'an dispac'h, eo e kemeraz soursi da genta. Lakad a reaz ober katekis d'ar vugale er gear ; pep ti a oa evel eur skol gristen, ar gerent oa ar mistri skol, hag en iliz goudeze e vije peurc'hreat an deskadurez roet er gear. Ar zuliou, ar goueliou ne oaint bet biskoaz kavet ken kaër ha breman, biskoaz an dud vad n'o doa tanveat peger brao, peger mad eo beza tost da Zoue, unanet gant hor Zalver Jesus-Christ, en he iliz.

An Aot. Balley en doa digoret eur skol er presbital evit ar re o doa c'hoant da studia evit beza beleyen, ha Marie Beluze a lavaraz d'he fried e c'helje ho mab tremen eno ar penn kenta deuz he studi, heb kalz a zispign. Maze a assantaz hag a lavaraz d'ezhi mont gant Jean-Marie da velet an Aot. Balley. Heman a anaveze an den yaouank, rak famill Vianney a zaremprede kalz Ecully. An eneou a ia anezho ho-unan an eil da gaout egile. A vec'h m'en doa an Aot. Balley lezet da bara var an den yaouank he lagad lemm ha leun a zousder, kustum da lenn e koustianz an dud, ma santaz evithan kalz a garantez hag e lavaraz d'ezhan : « Dalc'hit mad d'ar zonj oc'h euz ha bezit dizoursi, va mignon, me 'n em garg ac'hanoc'h. »

Jean-Marie Vianney en doa naontek vloaz neuze, an oad mac'h echu ar re all ho studi, ha ne ouie netra, koulz lavaret : ar beder reolen, eun dra benag var an Histor hag ar Géographie hag ar pez en doa desket gant al leanezed, araok ober he bask kenta ; petra oa an dra-ze ?

Daoust ma oa berr he zeskadurez, Jean-Marie en doa great muioc'h koulsgoude evit beza beleg eget m'en divije tremenet dek vloaz er skolaj. Doue ne glaske ket, er vro distro-ze, eur prezeger evit iliz veur Paris, nag eun doktor evit an Iliz santel. Mar boa ezom a veleyen gouiziek er mare-ze evit difen ar Relijion a eneb an dud difeiz, ez oa brasoc'h ezom c'hoaz a veleyen devot evit deski d'ar bobl, a nevez, guirionezou an Aviel dre ho buez santel.

Bugel Dardilly a oa dibabet gant Doue evit beza skuer ar veleyen zantel-ze, a oa red da Zoue kaout evit mad he Iliz. Ganet oa var ar meaz. Doue en euz lezet anezhan pell amzer e skol he dad hag he vam, rak ar re-man eo a c'helle deski d'ezhan ar guella karet Jesus-Christ hag ar beorien, ha rei d'ezhan, dre ho skuer, ar gentel vella evit dont a benn da ober goudeze ar pez a c'houlenne Doue digainthan.

# TREDE PENNAD

*Jean-Marie Vianney var ar studi. — Épad pevarzek miz e ra skól e Noës*

Amzer studi Jean-Marie Vianney a zo bet evithan poaniuz meurbed, leac'h so da veza souèzet en deffe bet kement a boan o kass al labour da benn. Evit her c'hompren ez eo red mad anaout he vuez penn-da-benn. A dra zur Doue en doa c'hoant mouga an ourgouil beteg ar c'hrizien dounna e kalon an hini a dlie kaout diganthan divezatoc'h kement a c'hrasou hag a zonezonou. Doue a falveze d'ezhan rei sklear d'anaout d'an oll n'eo ket dre he nerz he-unan eo en deuz great Aot. Person Ars kement a draou burzuduz, mes dre nerz he c'hras ; ha mar d'eo bet dister studi ar skolaër, Doue divezatoc'h a roio d'ezhan eur vouiziegez hag eur sklerijen burzuduz.

Jean-Marie Vianney en doa spered aoualc'h, skianchou en doa zoken hag o divije great d'ezhan beza gant ar re genta er skol, ma vije bet yaouankoc'h ; re zivezad e kroge er studi

da vad, hag ar skol genta en doa bet, a oa
re zister.

Ar penn kenta a oue tenn eta ; pell o teski
ha buan da ankounac'had. Ar mestr a qa mad
koulsgoude, ha sikouret e yeze c'hoaz gant
eur skolaër yaouank all, deuz ar re vella. Pa
gave Jean-Marie eun dra bennag re ziez evithan
ez ea da gaout ar c'hamarad a oa er skol
assamblez ganthan, Mathias Loras. Heman
oa eur spered lemm mar boa unan, ha leun
ive a vertuziou. He dad en doa skuillet he
c'hoad evit ar feiz, hag hen divezatoc'h, a zo
deut da veza kenta Eskop Dubuque ; leshanvet
eo bet zoken, abostol an Amerique, tu ar
c'huz-heol.

Kaër oa poania ganthan, kaër en doa lakad
he-unan he oll volontez vad, Jean-Marie ne
dea ket kalz araok var al latin. Pedi a rea evit
goulen sklerijen digant Doue, ha kaout a reat
kaër, en Ecully, guelet an den yaouank-se o
respont bemdez an oferen d'he vestr. Rei a rea
d'ar paour kement en doa, ober a garfe al
labourou distera, dre humilite, evel eur mevel,
heskennat koat, palat ar jardin ; ober a rea
pinijen ive, ha lavaret en doa d'he voereb,
rak o chomm ez oa en he zi, ne falveze
d'ezhan kaout en he zonben nemed eun tamik
c'hoalen. Pa rea ar geginerez evel ma lavare,

:e vije laouen hag e kaozee brao d'ezhi, ha pa ne zente ket, an den yaouank a vije trist ha ne lavare ger. « Drebi a rea he zouben, emezhi, evel pa vije bet o vont da vouga gant pep loaiad. »

Eun dervez, o vont d'ar gear da velet he gerent, e kavaz eur paour diarc'hen var he hent. Rei a ra d'ezhan he voutou nevez hag ez a d'ar gear diarc'hen. He dad a reaz trouz d'ezhan. Hen he-unan a oa mad d'ar paour ive, ne grede ket koulsgoude e ranket ober evel he vab.

D'ar mare-ze ker poaniuz evithan, eo e resevaz sakramant ar Goufirmation. Napoleon, neuze e penn ar c'houarnamant, en devoa great lakad he donton, an Aotrou Joseph Fesch, breur d'he vam, da veza Arc'heskop e Lyon, hag an Arc'heskop nevez a oa oc'h ober tro he eskopti. Epad ar c'horaïz 1807 e teuaz da Ecully. Deuz kement bourk so tro var dro e teuet a vandennou gant ar vugale hag an dud yaouank ne oaint ket bet konfirmet c'hoaz. Keit oa ne oa bet guelet Eskop ebet ! hag an dud a jomme pell da c'hedal, a bep tu d'an hent braz, daoust ma oa kalet ar goan. Kerkent a ma velet ar voetur o tont, a bell, e koueze an oll d'an daoulin var an erc'h.

Braz oa al levenez, ha biskoaz marteze ne
oue bet guelet muioc'h a dud e bourk Ecully.
Jean-Marie Vianney a oa euruz da gaout ar
Gonfirmation er barrez-se, a garie kement. He
vam a oa ac'hano, hag eno e laboure evit
beza beleg. Kemeret a reaz eun hano nevez :
Jean-Baptist, evit en em lakad dindan skoazel
an hini ne zrebe nemed killeien-raden, hag a
lavare ne oa ket din da zilasa boutou hor
Zalver, Diskuez a rea evelse pegement e klaske
gounit, dre forz pinijennou hag humilite, an
eur-vad da veza beleg, evit ober vad d'an
eneou.

Doue koulsgoude a rea skouarn vouzar ; al
labour a oa ken tenn hag araok, hag an den
yaouank, savet douetanz en he galon divar
benn he stad a vuez, a fall-galonaz. Neuze e
c'houlen mont d'ar gear da velet he gerent.
An Aot. Balley ne falvezaz ket d'ezhan, a
grenn. « Da belra, va mignon, emezhan,
gouzout mad a rez, da dad ne c'houlen nemed
kaout ac'hanout ganthan, hag o velet da dris-
tidigez, e talc'ho ac'hanout er gear. Neuze,
kenavo da gement tra on doa c'hoant da ober,
kenavo d'ar velegiach, kenavo da zilvidigez
an eneou ! »

Ar c'homzou-ze a reaz vad d'ezhan hag a
lakeaz en he spered e ranke kaout digant

Doue ar pez a c'houlenne. Gant assant he vestr e ra vœu da vont, var he droad ha divar an aluzen, beteg bez sant Francès Régis, e Louvesc, evit goulen diganthan ar c'hras da zeski aoualc'h evit beza ive d'he dro, eul labourer mad e park an Aotrou Doue. Setu hen en hent. He veach a zo poaniuz, rak pa 'z a d'eur vereuri benag da c'houlen eun tam bara pe lojeiz, ne gav nemed disprij. An dud ne gavont ket ez euz varnezhan doare eur paour, hag a gemer anezhan evit eul laër pe eur reder bro.

Doue n'helle ket chomm heb paea kement a volontez vad hag a boan. He beden a zo bet selaouet, rak azalek neuze, e kav eaz he labour ha kement e tesk, ma 'z eo souezet he vestr koulz hag hen he-unan.

An den zantel en euz bet atao kement a anaoudegez vad da zant Francès Régis, ma lakeaz he batroum en he bresbital hag he skeuden en he iliz.

Hanter kant vloaz goudeze, Aot. Person Ars, o rei aluzen d'eur beachour, en doa sonj ouz ar veach en doa great evit mont da Louvesc. « Guelloc'h eo, emezhan, rei eget goulen, n'oun bet o klask va bara nemed eur vech em buez, o vont da vez sant Francès Régis, ha n'eo ket bet kaër d'in, kemeret a ret ac'hanon evit eul laër ha ne roet d'in na bara na lojeiz. »

Breman an den yaouank a zo eüruz, eat eo divarnezhan an aoun n'helje ket deski aoualc'h evit beza beleg, mes, siouaz, trubuillou all goasoc'h a zo erru, trubuillou hag o dije great, da veur a hini all, koll ho fenn.

Napoleon en doa douget eul lezen hag a gase an oll dud d'ar zervij, ar re a oa var ar studi koulz hag ar re all ; ne leze er gear nemed ar re a oa bet urzet dija, abostol da viana. Koulsgoude an Aotrou Cardinal Fesch a c'hellaz kaout aotre, digant he niz, da zerc'hel er gear ar re a oa er c'hloerdi hag ar re a oa er skol er presbitaliou, en eskopti Lyon. Abalamour da ze, Jean-Marie Vianney ne oa ket eat da zoudard gant re he denn. Mez er bloaz 1809 e tigoras brezel ar Spagn hag an Impalaër en doa kement a ezom a zoudarded, ma tennaz an dispanz digant an oll, ha skolaër an aot. Balley a zigouezaz ganthan ive, ar rouden da vont en hent.

Pa velaz Maze Vianney pegement a boan a rea d'he vab rankout dilezel he studi, e reaz eun dra hag a goustaz kalz d'ezhan. Prena a reaz, evit mil skoet, eun den da vont da zoudard eu he leac'h.

Mes en dervez varlerc'h m'en doa paeet

d'ezhan ar skoejou kenta, e kavaz he arc'hant e toul he zor, heb guelet skeud ebet deuz an den yaouank en doa roet he c'her. Heman a oa savet keuz ganthan ha ne deuaz mui var dro. Jean-Marie a rankaz eta partial. Kement a boan-spered en doa ma kouezaz klanv ; red e oue kass anezhan da hospital Lyon.

Abenn pemzek dervez e kredet mad e c'helje ober eun tam beach, hag e oue kaset da Roanne. Araok hanter an hent e rankaz chomm a za, re zempl edo evit mont var droad. An amzer a oa ien hag an dersien a grogaz ennhan ; red mad oue he lakad ive en hospital Roanne. Biskoaz klanvour n'en doa roet kement a skuer vad en daou di-ze da gement hini a deue var he dro.

— A vec'h eo pare pa deu an urz d'he rejimant da vont varzu ar Spagn.

Gant ar pez on deuz da gonta breman eo bet nec'het meur a hini deuz ar re a gav kenkaër buez an Aot. Vianney ; aon o deuz en deffe great eun dra hag a ve eur merk tenval var he vuez.

N'euz ket a leac'h koulsgoude, rak setu aman petra c'hoarvezaz. Epad m'edo Jean-Marie Vianney en hospital Roanne, unan benag hag a oueze edo var ar studi da vont da veleg, a ginnigaz d'ezhan beza kuzet evit

miret da vont da zoudard. Hen ne falvezaz
ket d'ezhan, a grenn. Ar zonj da veza dizel-
tour ne oa ket eta en he benn en dervez ma
tlie he rejimant mont en hent.

Abred deuz ar beure, en devez-se, Jean-
Marie a ieaz d'an iliz da bedi evit goulen ar
c'hras da ober eur veach vad. Kement ez oa he
spered gant he beden, ma ne ouie ket pegeit
oa bet oc'h ober he dro, ha pa erruaz er
c'hazarn, ez oa eat ar re all en ho hent, pell a
oa. Ar c'habiten en doa da velet var ar zou-
darded yaouank a falveze d'ezhan, da genta,
he deuler er prizon, mes unan benag a lavaraz:
« A dra zur n'eo ket dizeltour pa 'z eo deut
aman anezhan he-unan. » Feiz vad ar zoudard
a oa anet d'an holl, hag heb lavaret netra ken,
e lakeer d'ezhan he zac'h var he gein.

Setu hen en hent, he-unan; he galon a zo
ankeniet, rak breman e sant muioc'h eget
biskoaz, pegement a c'hoant en euz da veza
beleg. Ne garie tam buez ar zoudarded, kouls-
goude ne fell ket d'ezhan tec'het, an dra-ze zo
mezuz. Bale a ra eta hed an deiz, he chapeled
en he zorn, rak en he oll ezomou e c'houlenne
skoazel ar Verc'hez Vari; blank eo c'hoaz, o
sevel deuz he glenved e ma, hag abenn an noz
ez eo skuiz maro.

Eun den yaouank digouezet ganthan, a

gemer he zac'h, re bounner evithan, hag a lavar d'ezhan mont d'he heul. Ar zoudard a zent, hag el leac'h kaout he rejimant e tigouez en eur bourk bian hanvet Noës. Ar c'harter-ze deuz meneziou ar Cévennes a oa leun a dud yaouank kuzet, evit miret da veza soudarded, hag an hini en doa hentchet Jean-Marie a oa unan anezho ; he hano a oa Guy.

Hor beachour a zo eta digouezet en eur vro ha n'eo ket karet an Impalaër ennhi, ha den ebet ne zonj ez eo eur goall dra chom heb mont da zoudard, pa c'heller.

Antronoz ez a da gaout ar mear, hag heman, o veza gouezet ez oa an den yaouank var ar studi, a ginnig d'ezhan raktal beza mestr skol, rak d'ar mare-ze ne 'z oa mistri skol e nep leac'h, kouls lavaret. Evelse eta, gant ali mear Noës eo e teu Jean-Marie Vianney da veza dizeltour. E Noës ez oa eur vam a famill chommet intanvez gant pevar bugel ; guelet mad ez oa ha karet gant an oll. « Anavezet em euz, a lavare divezatoc'h an Aotrou Vianney, meur a ene mad, koulsgoude an Aot. Bailley hag an intanvez Fayot eo an daou zantella em euz kavet. » Marteze an anaoudegez vad ive, eun nebeut, eo a roa d'ezhan komz evelse.

Mear Noës a grede ne vije Jean-Marie guelloc'h e nep leac'h eget e ti an intanvez-se, ker mad ha ken kristen, hag hi a zigemeraz anezhan evel pa vije bet ouz he c'hortoz. « Bezit dizoursi, va mignon, eme an Aotrou mear, o vont kuit, me gemer ac'hanoc'h var va c'hount. » Ar mear koulsgoude ne oa ket ken dizoursi ha ma lavare, hag evit ober d'an archerien koll an tres, ma teujent er vro, Jean-Marie Vianney a oue leshanvet, *Jerom Vincent.*

Diez e ve lavaret peger mad ez oa he vam nevez evit Jerom epad ma chommaz en he zi. Ober a rea d'ezhan evel d'he bugale, marteze, zoken, e tiskueze muioc'h a garantez evithan. Jerom deuz he gostez, ne glaske nemed renta servich ha paea guella ma c'helle ar vad a reat evithan.

Pa zigoraz ar skol e krogaz en he labour, a galon vad, ober a rea skol bemdez gant kement a aket hag a basianted ma ne oue ket pell o c'hounit kalonou ar vugale. Kement e karient anezhan, ma c'houlennent distrei d'ar skol a veac'h erru er gear, ha beteg an noz e chommend. Neuze e vije eur skol all muioc'h plijaduruz, rak Jerom a zisplege dirazho an historiou kaëra a zo en Aviel hag e buez ar Zent.

Ar skolaër yaouank a zaouline deuz an daol zantel meur a vech ar zizun daoust ma ne 'z ea da govez nemed bep pemzek dervez, hag an Aotrou Person a oa striz ; mes Jerom a oa ker mad, ken modest, ken aketuz da ober skol ha da bedi, ma ne oa dre oll nemed meuleudi da rei d'ezhan.

Dizale n'eo ket hebken d'ar vugale e ra skol, mes d'ar geriaden a bez. An Aotrou Person, eüruz da gaout en he barrez unan ker mad evit he zikour, a lavaraz d'ezhan, evit mad an eneou ha gloar an Aotrou Doue, klask an tu da lakad an nosveziou pe ar beilladegou, da zont da veza mad, rak meur a vech e vezent tremenet gant skanvadurez ha gant c'hoariou diboell. Jerom a ie eta, goude koan, guech en eun ti, guech en unan all. Digemeret mad e vije atao, hag an oll a zelaoue gant plijadur an historiou zantel ha kaër a gonte d'ezho.

Pa deuaz an anv, an ti skol a jommaz goullo hag ar mestr skol a deuaz neuze da veza kouer. « Kement labour zo a zo mad d'ezhan, a lavare an intanvez, en em ober a ra deuz pep tra. » Evel araok, e Dardilly, ne ehane da bedi, evit labourat guelloc'h a ze. En amzer ar foenn e reaz re hag e chommaz klanv pemzek dervez.

E parrez Ecully hag e Dardilly, an oll a grede ez oa maro, nemed an Aot. Balley kouls-goude ; heman a grede mad atao ez oa bet dibabet he skolaër gant Providanz Doue evit savetei kalz a eneou.

Maze ha Mari Vianney a oa rannet ho c'halon, hag ouspenn ar glac'har da veza kollet ho mab, o doa c'hoaz kalz diezamant gant an archerien. Ar re-man a zalc'he da lavaret d'ezho o doa kuzet ho mab, ha ne veze ken hano gantho nemed divar benn ar prizon hag ouz ar pez a rankchent da baea.

Eun dervez koulsgoude ec'h erruaz kelou, ha kelou mad e ti Vianney. An intanvez Fayot a glanvaz hag a rankaz mont d'an dour a vuez d'ar Charbonnière. « Mont a ran d'ho pro, a lavaraz hi da Jerom, mont a rin da velet ho kerent hag e livirin d'ezho e maoc'h em zi, heb rei d'anaout a beleac'h ez oun. » Mont a ra eta beteg Dardilly da gass kelou euz ar mab da di Vianney. Eaz eo kompren gant pebeuz joa e oue digemeret. « Jean-Marie a zo beo, emezhi, en eul leac'h sur e ma, ne vank netra d'ezhan, karet hag estimet eo gant an oll ; an oll a zo prest d'he zikour, m'en deffe ezom, ha prest d'hen difen, n'euz forz petra a c'helfe digouezout ganthan. »

Epad ma komze an intanvez, kalon ar vam a verve gant ar joa hag an anaoudegez vad evit an hini a oa eun eil mam evit he mab. An tad a oa iennoc'h, karet a rea ive, mes nebeutoc'h e tiskoueze. « Pa 'z eo guir, emezhan, Jean-Marie a zo beo ha iac'h e tle mont d'ar zervij ; me zo bemdez paper o tont d'in, n'ouzoun ket petra erruo ganèn ma ne lavaran ket e peleac'h e ma va mab, ha da c'hortoz em euz kalz dispignou gant kementse. — « Ho mab, eme an itron Fayot, ne vezo biken soudard, me eo hen lavar d'eoc'h. Talvezout a ra muioc'h eget kement tra oc'h euz, ha ma teuffec'h da c'houzout e peleac'h e ma, me glaskfe d'ezhan eur c'huz all, ha kement hini a zo em farrez a raffe eveldon. » D'he vam koulsgoude e lavaraz e peleac'h edo.

An traou a droaz mad. Mab yaouanka Vianney, Francès, a ginnigaz mont da zoudard araok an amzer merket evithan, gant ma vije roet d'ezhan mil skoet var al loden en doa Jean-Marie da gaout deuz ar gear, hag ar c'habiten, an hini en doa bet c'hoant da lakad Jean-Marie er prizon, a gavaz mad an doareze da vont an eil e leac'h egile, hag a reaz lemmel hano Jean-Marie Vianney divar gaierou an arme.

Tud Noës koulsgoude o doa aoun da goll eun tenzor ken talvouduz hag a zioualle mad anezhan. Eun dervez ez oa gouezet e teue an archerien da ober eun dro, ha Jerom a bignaz etouez ar foenn var chanill kraou ar c'hezek. E leac'h-se oa kement a c'hor ma yennaz mouga, ha divezatoc'h e lavare n'en doa bet biskoaz kement a boan. Neuze eo e lavaraz da Zoue ne glemje mui morse, ma c'halje en em denna ac'hano. « Tost da vad em euz dalc'het d'am ger » a lavare hen en he gosni.

Pa oue gouezet eta ez oa ar zant (evel ma lavaret) o vont kuit, an oll a oue mantret. Koulsgoude ez oa ive eun tamik joa mesket gant an dristidigez, rak ar barrez kristen-ze a gomprene mad e tlie an den yaouank kaout mall da vont d'ar gear, hag ez oa poent d'ezhan distrei d'he studi evit gallout dont da veza beleg. Eun tam kest a oue great evit paea d'ezhan he veach, ha deuz pep ti e kaset d'ezhan eun dra benag, pe arc'hant pe dillad. Unan a roaz d'ezhan zoken he zoudanen genta hag eur vaouez koz ha ne doa nemed eur penmoc'h hag eur c'havrik, a reaz d'ezhan kemeret talvoudegez ar penmoc'h evit he zikour, emezhi, da zevel he diegez divezatoc'h. Fizianz o doa e teuje da berson da Noës.

Aotrou Person Ars ne ankounac'héaz morse ar pevarzek miz en doa tremenet e kreiz meneziou ar Cévennes, karet a rea komz divar benn an amzer tremenet eno, er bourk dister-ze, hag an dud vad a oa ennhan. Di, a

leverer, en doa c'hoant da vont da berson, ha
di marvad e vije eat da vervel ma vije bet
lezet da vont gant Aotrou-n-Eskop Belley.

He anaoudegez vad evit an intanvez Fayot
a badaz keit hag he vuez, ha karantez an
intanvez ne ienaz ket kennebeut. Pa glevaz ez
oa beleget, e vennaz sempla gant ar joa, ha
kerkent a ma klevaz ez oa hanvet da gure en
Ecully e redaz d'he velet. Oc'h erruout er pres-
bital e kav eno eun nebeut beleyen hag en ho
zouez ar Vikel vraz. N'eo tam nec'het evit se,
rak n'euz nemed eur zonj en he spered : guelet
he mab guechall. Hen anaout a ra dioc'htu,
mont a ra d'he gaout var eün evit pokat
d'ezhan. Person Ars en divije, plijadur o
kaozeal divar benn an histor-ze, dirak he
genvreudeur, c'hoarzin a rea abalamour d'ar
pok en doa bet, eun tamik e ruzie he dal,
koulsgoude.

Distro d'ar gear goude keit amzer, an den
yaouank a gavaz adare he vestr ker gouizieg
ha ker mad, hag al labour a ieaz var araok.
D'ar mare-ze eo e kollaz he vam hag he galon
a oue rannet ; hi eo e doa hadet en he galon
kement a draou mad, hi eo e doa skoazellet
anezhan en he boaniou kenta hag e divije
great adare er poaniou all a zo o c'hortoz
anezhan ; mes ar garantez en doa evit Doue

hag ar c'hoant da ober he volontez santel, a
lakea ar mel en he galon hag a zec'he **eun**
nebeut he zaleou.

## PEVARE PENNAD

*Jean-Marie Vianney er Seminer. — Beleget eo
hag hanvet da gure e parrez Ecully*

E miz du 1812 an Aot. Balley a gasaz he
skolaër da studia ar philosophi da gloerdi
bian Verrières. Ne oa bet digoret seminer bian
ebet en eskopti Lyon abaoue ma oaint bet
serret gant Napoleon. He vestr koz en divije
gallet kass Jean-Marie pazen ha pazen beteg
ar seminer braz, mes gouzout a rea ez eo
talvouduz meurbed da eun den yaouank,
mont eur pennad da yeva etouez ar re all
deuz he stad; n'euz netra guelloc'h evit ober
d'ezhan beza den, hag er c'hloerdi, renet gant
mistri fur ha gouizieg, e vije gouezet guelloc'h
petra dalveze.

Neuze evel breman, ar zantelez a oa deut
mad e Verrières, deut mad oa ive ar skiant
hag ar c'hoant da veza desket, hag eur skolaër
nevez a veze barnet atao var he zeskadurez.

Eno Jean-Marie eu devezo muioc'h da c'hou-
zanv eget en Ecully. Ar zantelez ne vez ket
guelet raktal, en em guzet a ra, heb klask hen
ober ; el leac'h an deskadurez a rank en em
ziskuez, hag abred e vez anavezet ha
meulet.

Hon den yaouank a zigoueze da c'huec'h
vloaz var-n-ugent, goude he studi great a
dammou, etouez daou c'hant skolaër kalz
yaouankoc'h egethan, ha buan oue gouezet
ez oa bet berr he studi. Kredi a ret zoken, ne
c'helje ket heulia ar philosophi e latin, evel
ma rea ar re all, ha d'ezhan ha da c'huec'h
all e komzet e galleg. Meur a hini a rea goap
anezhan, ha kaër zo beza humbl, ne oar ket
evit miret da zantout an drein bilimuz a
deu da heul ar goaperez. Aotrou Person Ars
divezatoc'h a lavare en doa bet eun tamik da
c'houzanv e Verrières. Ar re a c'hoar penaoz
e komze divar he benn he-unan a lavaro :
kalz, e leac'h eun tamik.

Er penn kenta ez eo bet eta maleuruz, ar
skolaerien hag ar vistri ne anavezent ket
c'hoaz anezhan, ha den ne zonje he gennerza.
Doue koulsgoude hag ar c'hoant da ober vad
d'an eneou, a rea d'ezhan derc'hel mad. A
nebeudou e teuaz da veza anavezet hag ar re
a glaske he ziskar da genta, abalamour ne oa

ket goall zesket, a glaskaz he zevel pa ana-
veschont he furnez hag he zantelez.

He zevosion a blije d'an oll, ar pez so
rouez; ha breman n'hellet ket miret da gaout
respet evithan ha d'he veuli. Ne glaske ket
koulsgoude gounit karantez ar re all, ober a
rea pep tra evit Doue hebken, mes ar zantelez,
tenzor ar yaouankiz, a ra d'ezhan beza karet
gant an oll. Koulsgoude ar veuleudi a roet
d'ezhan breman, a zigasaz ive eur groaz d'he
heul. Unan euz an dud yaouank a oa er skol,
deuz ma lavar an Aot. Monnin, ne c'houzanve
ket klevet lavaret kement a vad deuz Vianney;
rak ma teu ar zantelez da c'hounit kalon ar
re vad, e laka ar re fall da dec'het, hag ar
skuer-vad a roe Jean-Marie, a oa eur rebech
evit ar skolaër-zé. Mont a reaz zoken beteg
skei ganthan, ha Vianney el leac'h mont
drouk ennhan a gouezaz d'an daoulin da
c'houlen pardon diganthan. En dro-man an
den yaouank amreiz a zo gounezet, dont a ra
mez d'ezhan ha d'he dro e kouez ive d'an
daoulin da c'houlen pardon. N'euz netra par
d'ar vadelez evit ober vad d'an nesa, ha pa
gaver en eun den yaouank, eun dra ker kaër,
ne oar ket souezet o velet anezhan o sevel
divezatoc'h en huela zantelez.

Koulsgoude, eur groaz pounner a oa ouz
he c'hedal. Da fin ar bloaz, pa deuaz an

examin evit mont d'ar c'hloerdi braz, an or a jommaz serret dirazhan. Doue a falveze d'ezhan distaga an den yaouank dioc'h pep tra evit gallout ober ganthan divezatoc'h ar pez en divije c'hoant. Pa zeu Doue da zibab eun den evit ober dreizhan he labourou kaëra, ne vank morse da lakad he verk varnezhan, ha merk Doue eo ar groaz.

O tigouezout dirak an Aotronez a rea an examin, ar skolaër 'n em gavaz nec'het ; e latin e reat ar goulennou, ha Vianney, abaf dirak an Aotrou cardinal Fesch, a gollaz he benn ha ne c'hellaz respont netra. Setu eta ma oue red lavaret dirak an oll ne c'helje ket beza digemeret en eskopti Lyon. Kalet oa an taol, mes ne ziskaraz ket an den yaouank. He humilite a greskaz heb ma oue boulc'het he fizianz.

An Aot. Balley a c'houlennaz gedal c'hoaz eur pennad, araok lavaret nan evit mad, hag a gemeraz adare he skolaër en he bresbital. Eun nebeut miziou goudeze, Jean-Marie Vianney a dremenaz a nevez eun examin e presbital Ecully dirak an Aot. Bochard, vikel vraz hag an Aot. Gardette, superior ar c'hloerdi braz, hag er vech-man an examin a oue kavet mad. Epad an nebeut amzer-ze en doa desket muioc'h eget epad ar bloaz, abalamour m'en doa kavet eur mestr hag a oueze digeri guelloc'h spered ar skolaër, daoust marteze ma ne oa ket ken desket ha mistri Verrières.

An Aot. Vianney a ieaz d'ar c'hloerdi braz er bloaz 1814.

Lavaret penaoz e tremenaz eno he vuez a ve komz divar benn kement vertuz a glasker hada e kalon an ebed araok ma 'z int beleget. Jean-Marie en doa beved er bed evel eur c'hloarek, er seminer e vevaz evel eun' eal. Guelet a ret bemdez o kreski he humilite, he zousder, he zevosion. Ar vertuziou-ze n'helle ket kuzat, mes Doue hebken a anaveze he binijen hag ar boan a gemere evit lakad he volontez he-unan dindan he dreid, sevel en he galon ti ar zantelez ha dispen a nebeudou an natur fall a zo e pep den, abaoue ar pec'het kenta; kement ez oa, azalek neuze, mestr var he skianchou, ma ne glaske mui nemed ober ar pez a oa ar guella.

Ar studi a oa start atao evithan, mes an Aot. Gardette, superior, a lakeaz anezhan da labourat er memez kambr gant unan deuz ar re vella er seminer, an Aot. Duplay, hag he-man a dlie rei eun taolik skoaz d'he gamarad pa gavche eun dra benag diez var he hent. An daou gamarad a deuaz da vezá daou vignon braz. Er c'honferansou a vije gantho, unan a lakea he spered lemm hag egile he zevosion tanet, hag evelse e kemerent nebeut a nebeut ar plegou mad a dlient kaout evit heulia guelloc'h ho stad a vuez, unan evit beza person en Ars, egile superior seminer braz Lyon.

Re zo bet lavaret ez oa an Aot. Vianney berr a spered. Guir eo n'en doa ket eur spered deuz ar re lemma, mes gras Doue e deuz roet d'ezhan ar pez a vanke, rak lakeat e deuz anezhan da zont a benn deuz kement tra diez en euz bet da ober. Ar pez so kaoz da lavaret n'en doa ket kalz a spered, eo an doare ma komze peurvuia divar he benn he-unan. Eun dervez, unan benag a glaske gouzout ped vloaz ez oa bet var ar studi gant an Aot. Balley, hag hen ne gavaz ket mad ar gomz-se « var ar studi ». « Me, emezhan, n'oun ket bet var ar studi ; an Aot. Balley en euz klasket deski d'in eun dra benag, kollet en euz he boan hag he amzer. »

Kement a ezom a oa deuz beleyen, en amzer-ze, ma oue ranket rei an urzou zakr da veur a hini, goude beza bet eur miz benag hebken o studia an theoloji. An Aot. Vianney a oa unan anezho. Birvidik oa he zevosion, ne oa hini all ebet ken aketuz d'he zever na da heulia reolen ar Seminer, hini all ebet ne oa eünoc'h na puroc'h he vuez, mes he zeska-

durez ne oa ket deuz ar re vella, petra d'ober?
Marteze e vije mad gortoz c'hoaz. An Aot.
Courbon, eun den a skiant vraz ha buan da
velet sklear e pep tra, a oa neuze e penn al
labour en eskopti, rak an arc'heskop a ranke
chomm e Paris. Falvezout a reaz d'ezhan
guelet he-unan a desket aoualc'h oa an Aot.
Vianney, ha goude an examin e lavaraz
d'ezhan : « Mad eo, gouzout a rit kement a
meur a hini all. » Ha pa deuaz mistri ar
c'hloerdi da c'houzout petra oa tremenet, e
c'houlennaz digantho : « An abad Vianney,
hag hen a zo devot? ha karantez en deuz evit
ar Verc'hez Vari hag ar chapeled? »

« N'euz hini all ebet ken devot hag hen,
emezho, eur skuer eo evit an oll. »

« Mad, eme ar Vikel vraz, neuze e kemeran
anezhan, gras Doue a beurc'hraio pep
tra. »

An Aot. Courbon a anaveze araok neuze an
hini a oa hano anezhan, rak an Aot. Balley
en devoa komzet d'ezhan divar he benn. Hag
Aot. Person Ars, o komz divezatoc'h divar
benn ar pez a oa tremenet, a lavare aliez :
« Eun dra zo hag a vezo diez d'an Aot. Balley
kaout pardon anezhan digant Doue, hag an
dra-ze eo, beza komzet evidon d'ar Vikel vraz,
ha beza kemeret var he gont eun den ha ne

oar netra, eveldon-me. » Ar skolaër n'euz rebech all ebet da ober d'he vestr.

An Aot. Vianney a oue eta urzet Abostol an eil a viz gouere gant an Aot. Claude Simon, eskop Grenoble, deut da zerc'hel plas an Aotrou cardinal Fesch, evit ar gouel kaër-ze. Ha pa deue an oll e prosesion deuz an iliz d'ar seminer, an Aot. Vianney a oa ken lugernuz he zaoulagad, hag a gane kement a greiz kalon, ma lavare ar re all : « Setu aze an hini ac'hanomp a raio ar muia evit Doue hag an eneou. »

An Aot. Vianney a studiaz c'hoaz an theoloji epad ar bloaz 1815. D'ar mare-ze ez oa freuz adare e France, hag an trouz a oa eat beteg kloerdi Lyon, rak an eskopti en doa en he benn eontr an Impalaër, ha Napoleon he-unan, distro deuz enezen Elb, ne oa ket karet. Kementse oll a re gaou ouz ar studi hag an Aot. Vianney, ezom d'ezhan da labourat, a c'houlennaz mont da Ecully, evit gallout labourat muioc'h gant an Aot. Balley. Eno e teskaz kalz e berr amzer. Resevet eo Avieler an dri var-n-ugent a viz even 1815, dervez kaër evit eskopti Lyon, rak tri deuz ar re a oue great Avielerien a vezo lakeat ho zri e renk ar zent : An Den Eürus Vianney, an Aotrou Champagnat, tad urz *Breudeur bian*

*Mari,* hag an tad Colin, an hini en euz savet urz ar Maristed.

Daou gamarad an Aot. Vianney ne dlient beza beleget nemed er bloaz varlerc'h, n'o doa ket an oad, mes hen a ieaz heb dale beteg Grenoble evit beza beleget gant an Aotrou-n-Eskop Claude Simon, an drizek a viz eost. Ne oa ket a veleyen all da ober, hag an Eskop a lavaraz : n'hellet morse kemeret re a boan evit ober eur beleg mad.

N'or beuz kavet skrid ebet, na netra, da verka d'eomp petra dremenaz e kalon an Aotrou Vianney epad an derveziou-ze, hag a lez peurvuia var ho lerc'h roudennou ken doun ha sonjou ken kaër ha ken tener e kalon hag e spered ar beleg. Koulsgoude, ar c'homzou entanet a deue divezatoc'h deuz kalon Person Ars pa lavare petra eo ar beleg, ha pegen kaër, peger zantel eo ar pez en euz da ober, a ro d'eomp da gompren eun nebeut petra dremenaz en he galon pa oa stouet dirak an aoter, hag astennet var leur an iliz, glebiet gant he zaelou.

An Aot. Vianney en doa nao bloaz var-n-ugent. Daouzek vloaz oa tremenet abaoue an dervez m'en doa klevet da vad mouez an Aotrou Doue ha lavaret d'ezhan : « Setu me aman. » Hag epad an daouzek vloaz-se, Doue a oa evel pa n'en divije mui ezom outhan. He dad ne falveze ket d'ezhan paea he studi, ar servij en doa lammet anezhan divar ar studi nevez kommanset, diou vech oa kouezet klanv, en Ecully hag e Verrières eu euz poan o teski ha darbet eo bet d'ezhan kaout serret dor ar seminer, he vistri o deuz bet aon oc'h ober d'ezhan ober ar paz; setu hen beleg kouls-goude, kavet en euz, er binijen hag er zantelez, nerz aoualc'h da zougen kement a groaziou, ha prest eo breman da ober he labour ha da zont da veza, n'eo ket hebken eur beleg mad, evel ma c'houlenne an Aotrou-n-Eskop Simon, mes skuer an oll veleyen hag eur zant braz. Desket en deuz e c'hell an den ober pep tra, pa vez skoazellet gant gras Doue.

Eun dra koulsgoude a deuaz da c'hlaza adare he galon. Ne oa eat da veleg nemed evit gallout savetei eneou, hag e tifenner outhan kovez. Mes e leac'h koll e c'hounezaz, rak mar boa diskaret pe humiliet, e teuaz d'ezhan eur joa vraz da heul ar groaz. An Aot. Courbon a ouie mad ne c'helle den he zikour da beur ober he studi a veleg, kouls hag an hini en doa desket d'ezhan kement tra a oueze, hag a gasaz anezhan da gure da Ecully.

Eno e studiaz a nevez an theologie penn-da-benn gant an Aot. Balley. Epad eur bloaz

e labourjont assamblez ; bemdez an Aot.
Person a roe d'ezhan ar c'hentelliou hag ar
c'huzuliou a oa red evit ren an eneou, ha pa
gavaz d'ezhan e c'houie aoualc'h, e c'hou-
lennaz evithan ar galloud da govez anezhan
he-unan da genta, ha var benn ar beleg koz
ha santel, he vestr ken karet eo e savaz da
genta an Aot. Vianney he zorn, an dorn-ze
hag a dlie divezatoc'h rei absolven ha pardon
da gement a bec'herien.

Nebeut amzer goudeze e c'hellaz ive kovez
re all ha ne oue ket pell evit gounit karantez
ha doujanz an oll. Ar re a oa ganthan o kovez
a gave ker mad ha ken fur he aliou ma ken-
dalc'haz meur a hini anezho, da vont da govez
ganthan pa oa person en Ars.

Derc'hent ar goueliou e tremene atao an
dervez hag eul loden ouz an noz o kovez, a
vec'h ma kave amzer da lavaret he oferen hag
he bedennou ha da gemeret eur pred var an
deiz, hag eur pred dister c'hoaz. Ar pez a
lakea he gomzou da gaout kement a bouez eo
ar skuer a roe, rak ar pez a brezege d'ar re
all a vije great atao ganthan da genta ; ha
mar boa striz evithan he-unan, ez oa frank
evit ar re all, douz atao ha leun a vadelez.
D'ar paour koulsgoude e roe al loden vella
deuz he galon hag he yalc'h a bez koulz

hag he zillad ; n'en doa nemed ar pez a zouge
varnezhan.

An histor-man, skrivet gant an Aot. Monnin,
a ro da gompren petra rea. Pell a oa e touge
atao ar memez soudanen, re anet oa d'an oll
ez oa tremenet ar poent d'he chenj ha
meur a vech ez oa bet lavaret d'ezhan e tlie,
abalamour ma oa beleg, kemeret muioc'h a
zoursi deuz he zillad. Ia, ia, emezhan, sonj em
bezo. Eun dervez koulsgoude e rankaz plega
hag e roaz da vreg ar c'hloc'her peadra da
brena eur zoudanen nevez. Div heur goudeze
e teuaz d'he velet eun itroun vraz, bet pin-
vidik hag eat da baour. An Aot. Kure a zo
gounezet he galon, ha goude beza klevet
ganthi peger braz oa he dienez, e red da ger-
c'hat arc'hant he zoudaden. Kaër zo rei
d'ezhan da gompren, ha n'eo ket diez, e tle
prena eur zoudanen nevez, hen a zalc'h da
lavaret : « Mad, mad, rojt d'in va arc'hant
atao, ni velo goudeze. » Eaz eo gouzout da
beleac'h ez eaz arc'hant ar zoudanen.

Prest vije atao da gemeret poan ha soursi
gant ar baresioniz, mad oa da vont da velet ar
re glanv, ne rankent ket gortoz pell ganthan,
ha kaout a rea atao an tu da ober vad d'ho
c'halon gant eur gomz benag, dreist oll, pa
dostea an heur diveza. Ar pez a blije ar muia

d'ezhan, koulsgoude, oa ober pinijen, ha
netra ne oa easoc'h e ti eur beleg santel hag a
rea kement a binijen-he-unan. En em glevet a
rajont ho daou da lavaret an ofiz assamblez,
atao d'ar memez heur, da dremen assamblez
hirr amzer dirak ar Zakramant meulet ra vezo,
da ober pep miz eun dervez retred, ha bep
bloaz eur retred penn-da-benn. Dioueret a
reant kement tra a c'helje ober plijadur
d'ezho. Pa vije boulc'het eun dra benag,
poazet eun tam kig, e pade meur a zizun.
Avechou ar paour keaz tam kig a vije du, ken
aliez e vije bet lakeat, taolet ha distaolet var
an daol. Beva a reant, n'eo ket gant ar memez
pred, mes gant ar memez yun.

Divezatoc'h, Aot. Person Ars a garie
kaozeal aliez divar benn he berson koz, ken
vertuzuz ha ker zantel, divar benn he bini-
jennou, he c'houriz reun, he skourjezou hag
an traou all ma kastize he gorf gantho. « Den,
emezhan, n'euz great d'in kompren guelloc'h,
pegement e c'hell an ene distaga deuz ar
c'horf, epad ar vuez-man, ha pegement e
c'hell eun den beza, var an douar, henvel ouz
eun eal. » Ne skuize ket o komz divar benn
an Aot. Balley. « Deut e vijen da veza fur
eun nebeut ive, emezhan, m'am bije bet an
eur-vad da joinm atao da yeva gant eun den
ker zantel. »

Aotrou Person Ars ne lavare ket e re kement a binijen hag he vestr, ha koulsgoude edont o c'houzout piou a raje ar muia.

An Aot. Balley en doa gounezet he gurunen. Uzet oa, e guirionez, araok ar mare, gant ar pinijennou hag ar poaniou a bep seurt en doa bet epad an dispac'h. Dispont e c'hortoze he heur diveza. Sempl ha dic'hoad edo dija pa gouezaz eur goall c'houli en he c'har, hag a reaz d'ezhan chomm pell var he vele.

Beleyen ar pareziou, tro var dro, a garie an Aot. Balley evel eun tad hag a zouje d'ezhan evel da eur zant ; dont a reant a bep eil var he dro, c'hoant o doa da zeski mervel gant an hini en doa desket d'ezho beva gant santelez. Eun dervez ez oa meur a hini anezho assamblez en he gichen hag ar c'hlanvour a lavaraz d'he gure en doa ezom da veza kennerzet gant ar sakramanchou diveza. An Aot. Vianney a goveseaz he vestr hag a roaz d'ezhan he Zoue. Kement hini oa var al leac'h a oue tenereat ho c'halon hag a ranke gouela, o velet eur zant yaouank o rei d'ar beleg koz, he vadoberour, he dad, an nerz hag ar joa a ro ar relijion d'ar re zo o vont da vervel. Araok kommunia, ar c'hlanvour a zavaz en he goazez, evit goulen pardon digant he gure hag ar re all, deuz ar skuer fall a c'hellje beza roet d'ezho. An Aot.

Vianney a c'houlennaz ive pardon digant ar c'hlanvour evithan hag evit an oll, deuz ar boan o doa great d'ezhan.

En dervez varlerc'h, goude an oferen lavaret evit ar c'hlanvour, hag a oa bet ennhi oll dud ar barrez, koulz lavaret, an Aot. Vianney a deuaz da gaout an Aot. Balley. Neuze eo e roaz d'ezhan he *instrumanchou* a binijen. « Kemerit ar re-man, va mignon, ha kuzit mad anezho ; ma veffent kavet goude va maro, e c'helfet kredi em euz great eun dra benag evit paea d'am fec'hejou hag e veffen lezet er purkator beteg fin ar bed ». Goudeze ec'h asten he zaouarn da rei c'hoaz he vennoz d'ar beleg yaouank, beuzet en he zaelou, hag e 'lavar : « Kenavo, va mab karet, kendalc'hit da garet an Aotrou Doue ; o pet sonj ouzin en oferen, kenavo, ni 'n em velo er baradoz. » Nebeut amzer goudeze he zaoulagad a zerraz da sklerijen ar bed-man evit digerri da hini ar bed all. « Mervel a eure, eme an Aot. Vianney, evel eur zant ma oa, he ene a nijaz d'ar baradoz gant an elez ». Nao bloaz ha tri-ugent en doa, ha pemzék vloaz oa bet person en Ecully. An Aotrou Loras, neuze superior kloerdi bian Meximieux, hag an Aotrou Vianney a oa er c'haon, ha lavaret a c'heller : kaera tra en euz great an Aotrou

Balley epad he vuez ker zantel, eo beza kelennet ha kaset an daou zen-ze da benn var hent ar velegiach.

Daou viz goude, an Aot. Vianney a oue hanvet persoun en Ars, hag an Aot. Courbon, o rei d'ezhan he baperou, a lavaraz : « Ars a zo eur barezik vian ha n'euz ket kalz a garantez evit Doue ennhi, c'houi a lakaio. » O kass eur persoun nevez da Ars, ar Vikel vraz ne ouie ket e tlie departamant an Ain beza distaget heb dale, 1823, ouz eskopti Lyon, hag e tlie ar zantella deuz he veleyen labourat en eskopti Belley, daoust ma chomme Dardilly, he barrez, en eskopti Lyon.

Unan deuz an derveziou kenta a viz c'huevrer 1818, an Aot. Vianney a ieaz eta da lakad eun tam karantez evit Doue en he barrez vian, ha daou vloaz ha daou-ugent goudeze e varvo eno, goude keza chenchet anezhi, ha c'houezet ennhi tan karantez Doue. Ac'hano, zoken, ar garantez-ze a dommo ar vro-ze a bez, hag ar France zoken, deuz an eil korn d'egile.

# PEMPED PENNAD

*An Aotrou Vianney, person Ars*

Bro Ars n'eo ket eur vro gaër ; tost e man d'eun terrouar plat hag huel hanvet kompezen an Dombes, goloet a zour epad ar goany hag abalamour da ze ar vro n'eo ket goall iac'huz. A bep tu e veler a bell, rak n'euz ket kalz a dorgennou ; an douar n'eo ket doun ha kalz a bri prat a zo, nebeut a goat, eur c'hae treut benag pe eun nebeut guern a hed ar goaziou. Kastel ar famill d'Ars a zo e kichen ar bourk, eur c'hart leo, hag en dro d'ezhan eun toullad gouez. Ar bourg zo dister, eun nebeut tiez pri pe till, en dro d'eun iliz izel. Setu aze petra gavaz an Aot. Vianney oc'h eruout en Ars e miz c'huevrer 1818. Ars ne oa ket henvel ouz Ecully ha Dardilly ; ha ma komzer divar benn an dud hag ho devosion, e veler ez euz bra- soc'h kem c'hoaz etre Ars hag ar pareziou m'en doa bevet an Ao. Vianney ennho beteg neuze.

Ars ne oa ket fall beteg ar galonen, eur barrez dizeblant eo ez oa, laosk en he feiz, abalamour ne oa ket a zeskadurez kristen étouez an dud, hag ar yaouankizou a oa troet var ar blijadur.

Da bemdez ne vije nemed diou pe deir vaouez en oferen, ha da zul, meur a hini, étouez ar oazed, a vanke d'an oferen var an distera digarez. Ar re a deue a ziskoueze beza inouet hag an Aot. Person a vele anezho kousket pe o varaillat hag o trei hag o tistrei deillennou ho leor, evel pa vijent bet, eme an Aot. Vianney, o klask gouzout e peleac'h ez oa manket ar mouller leoriou. A vec'h ma vije diskennet ar beleg deuz an aoter, e velet anezho o vont dre brez er meaz, ha neuze an teodou a ie en dro : « A dra zur, an Aot. Person en euz c'hoant distrei an dud dioc'h an ofisou, o chomm keit-se da brezeg ! » An iliz a jomme hanter c'houllo d'ar gousperou, ar peder hostaliri avad ne vanke ket a dud ennho ; an Aot. Person a gave brao c'hoaz pa ne deue ket sakreou ha malloziou ar c'hoarierien boulou da drec'hi var gan an iliz.

Ar merc'hed guella ne dostaent ouz ar sakramanchou nemed d'ar goueliou braz, ar oazed a deue nebeutoc'h c'hoaz, ha meur a hini o doa mez oc'h ober ho fask. Unan a c'houlennaz, eur vech, digant an Aot. Person, ha ne c'helje ket ober he bask er sakretiri,

« evit ne vije guelet gant den ». Ar pardoniou
a oa derveziou a zizurch, e leac'h beza derve-
ziou a zevosion.

Hini ebet, en Ars, ne lakeche he zorn e godel
an nesa, mes n'edot ket nec'het evit kuzat
mankou al loened da vont d'ar foar, pe evit
kuzat an tammou fall e kreiz ar pakadennou
lin pe ganab. Ne labouret ket an douar da
zul, labourou all a reat er gear koulsgoude :
dressa ostillou, faouta koat ; ha pa deue an
eost zoken, var digarez ma vije doareet fall
an amzer, meur a hini a laboure.

An dachen roet gant Doue d'an Aot. Vianney
da labourat, né oa ket eta euz ar re vella.
N'euz forz, dont a rea gant joa ha gant humi-
lite. Ne verite ket kementse, emezhan, ha pa
vele he barezik divar ar grec'hen a zo etal ar
bourk, he galon a deuze gant ar garantez hag
an anaoudegez vad, o sonjal ez qa bet kavet
mad aoualc'h evit kass eneou d'ar baradoz.
Karet en divije ho dastum oll, evel ma ra ar
iar d'he re vian, hag ho lakad en he galon en
eur lavaret ez oa d'ezho he oll garantez ha ne
glaske nemed ho mad var an douar. D'ezho e
vezo he boan hag hint a vezo he joa. Pell e
vezo koulsgoude araok kaout an tanva ouz ar
joa-ze.

An Aot. Person nevez a guze ker mad he

vertuziou hag a glaske kement beva heb beza anavezet, ma c'helle he barrez chomm pell araok gouzout peseurt tenzor a oa digaset d'ezhi gant Doue ; mes etre Ecully hag Ars ez oa eun darempret benag, ha buan aoualc'h e oue gouezet nag a geuz a leze an Aot. Vianney var he lerc'h.

Ouspenn, n'helle ket kuzat he feiz krenv, he zevosion epad an oferen hag ar pedennou, hag aoualc'h ez oa evit rei d'anaout he zantelez. Pa oue guelet o lavaret an oferen, ar baresioniz a lavare etrezho : « Ha taolet oc'h euz evez ouz an Aotr. Person nevez ? n'eo ket eun den evel ar re all, eur zant a zo digaset d'eomp. »

Adalek an dervez kenta, an Aot. Vianney a reaz he di euz an iliz. Guelet e vije o tremen kalz amzer stouet hag heb loc'h, dirak ar Zakramant. Evel neûn a rea, emezhan, e tan karantez Doue dirak hor Zalver var an aoter. Mont a rea d'an iliz araok sao-heol, hag eno e chomme, koulz lavaret, beteg an Angelus noz. Pa vije ezom anezhan, e vije kavet atao en iliz hag abalamour da ze n'en doa ezom ebet da gemeret soursi deuz he brespital na deuz he arrebeuri. Morse ne daole evez outho, ha presbital Ars en euz bet atao eun doare dishenvel ouz an tiez all, ervez ma lavar an dud

heb kont hag o deuz he velet. Gouzout a reat
ez oa unan benag o chomm ennhan, mes
lavaret e vije ez oa ti eur spered hebken, aba-
lamour ma ne gavet ennhan netra deuz ar pez
a zo red evit beva.

Ar baresioniz koulsgoude a zigore ho daou-
lagad evit klask anaout ho ferson, hag ar pez
a velent a ie d'ho c'halon.

Setu aman petra lavar unan : « Na me a
gar guelet an Aot. Person, pa vez en iliz da
c'houlou-deiz, o lavaret he bedennou. Araok
kommanz, ha bep ar mare epad he ofiz, e ra
eur zell ouz an tabernakl, en eur vousc'hoarzin,
ma 'z eo eun dudi he velet. Lavaret e ve, e
vel hor Zalver. Truez em boa deuz va ene, pa
velen an Aot. Vianney, gant he vizaj treut ha
seac'h, o sellet deuz an aoter gant kement a
eürusted ma n'hellan ket rei da gompren. »

Piou a lavaro pegement a boan a rea d'ar
beleg santel gouzout ez oa ken ien he barrez
evit Doue, ha guelet penaoz e tremene ar zul ;
rak bep sul e vije dansou dirak an iliz, pe en
hostaliri, pa vije fall an amzer. Pegen poaniuz
oa evithan sonjal ne c'helje, marteze, ober
vad ebet d'an eneou. Ne falgalonaz ket kouls-
goude, ha fizianz en euz bet atao e c'helje
dont a benn da ober vad, gant sikour an
Aotrou Doue.

Pa 'z eo guir he baresioniz ne deuont ket d'he gaout, hen a ielo beteg ennho. An Aot. Vianney a ouie ne raje vad ebet d'he baresioniz nemed karet e vije gantho, hag ar voyen da veza karet eo karet da genta. Ar bed-man a vezo d'an nep en euz evithan ar vrasa karantez hag a c'hoar he diskuez. Buez an Aot. Vianney a verk sklear peger guir eo kementse ; ha mar deuz bet kement a dud ouz he gaout, m'en deuz guelet kement a dud daoulinet dirazhan, ez eo abalamour ma karie.

Ne oue ket aoualc'h d'ezhan eta mont da venniga an tiez ha da velet he baresioniz, pa zigouezaz en ho zouez, mont a rea d'ho guelet bep an amzer. Falvezout a rea d'ezhan ho anaout oll, anaout ho ezomou, ho foaniou, beza oll d'an oll evit ho gounit da Jesus-Christ, ha beza oll da bep hini evel pa ne garje ne-methan. Ne dremene morse eur bugel heb lavaret d'ezhan eur gomz benag, en eur c'hoarzin. Karet a rea mont d'an tiez pa gave an tu, ha peurvui ez ea epad ar pred evit kaout an dud er gear. Ne gemere morse netra, ne azeze ket kennebeut, harpa a rea deuz eun arbell benag evit kaozeal eun nebeut. Abalamour m'ac'h anaveze mad al labour douar, è kave buan peadra da gaozeal, ha tud ar barrez a velaz abred ez oa ho ferson henvel outho.

Meur a hini, zoken, araok goulen kuzuil
diganthan evit labourat ho ene a c'houlennaz
he ali evit labourat ho douarou.

Ar gaoz divar benn traou an douar ne bade
ket pell koulsgoude ; an Aot. Person a droe
anezhi varzu traou an env heb ma veze gouezet.
Lavaret a rea gant madelez atao, ar pez a
zonje a rache vad da bep hini, ne vije ganthan
morse a rebechou, daoust ma kave, meur a
vech, leac'h da ober. Ne gomze ket evel ar re
all, guelet a reat ez oa he spered gant Doue
ha selaouet e vije gant evez. Heb dale an oll
o divije mall da velet anezhan, rak ne jomme
ket re bell e pep ti, ha pa vije eat er meaz, e
c'hellet lavaret en doa great plijadur ha vad
ive, desket meur a dra d'an dud ha starteat
anezho var an hent mad. Goude gras Doue,
ar pez a ra d'ar c'homzou mad beza talvouduz
eo santelez an hini a lavar anezho ; ha san-
telez Person Ars ne zaleaz ket da veza ana-
vezet, meur a hini a zistroe da Zoue goude
beza bet eur pennad o kaozeal ganthan.

Abalamour ma oa ken dianaoudeg he
baresioniz var ho deveriou kristen, an Aot.
Vianney a gemeraz kals a boan d'ho c'helen.
Al labour-man eo marteze ar pez a gavaz ar
poaniusa epad he vuez. « Va bugale, a lavare
hen, eun dervez, er c'hatekiz, komz Doue n'eo

ket' eun dra zister ; kenta tra a lavaraz hor
Zalver d'he ziskibien eo : « It ha kelennit »
evit diskuez d'eomp e ma ar gelennadurez
kristen araok pep tra ; ar prezegennou eo
a ra d'eomp anaout ar relijion, a ra d'eomp
kaout heuz ouz ar pec'het, a ziskuez d'eomp
pegen kaër eo ar vertuz hag a ro d'eomp
c'hoant da vont d'an env. »

Pa glevomp anezhan o lavaret, evelse, pe-
gen talvouduz eo ar prezegennou, e c'hellomp
kompren ive e lakea he boan da studia he
zarmoniou. An amzer a jomme ganthan goude
he bedennou, ha goude beza bet o velet eun
ti benag, a vije tremenet atao oc'h ober hag o
teski he zarmon.

Da genta e lenne al leoriou en doa bet
digant an Aot. Balley, ha goude beza lennet
muia ma c'helle, e kroge er skriva, hag ar
skriva-ze eo ar binijen vraz. Ne falveze d'ezhan
lavaret nemed ar pez a c'helje beza ententet
gant an oll, ha n'euz netra diesoc'h eget lavaret
sklear da dud a h'int ket desket, traou bet
skrivet evit sperejou digor ; klask a ra meska
ar pez a ouie he-unan gant ar pez o doa
skrivet ar re all, rak pep bro e deuz he
ezomou, hag al leoriou a zo peurvuia evit ar
bed oll.

Divezatoc'h on devezo leac'h da gomz divar

benn he brezegennou, hag a ie ken eün da
galon an dud, aman n'or beuz da lavaret
nemed ar boan a ranke kemeret gantho, er
penn kenta hag epad kalz bloaveziou zoken.
Et sakretiri e tremene kalz amzer o labourat,
kass a rea di he leoriou, eno e lenne ar Skritur
zantel hag he leoriou all; deuz he za e skrive,
var an daol vraz a zo ennhi dillajou an oferen,
hag er presbital goudeze e kendalc'he var he
labour. Azezet dirag eur gos taol, ar prezeger
paour a skrive, goudeze e varenne ar pez en
doa skrivet, evel ma rer peurvuia pa zo c'hoant
da ober mad, an amzer a dremene buan;
aliez e vije ar bluen en he zorn epad seiz heur
dioc'htu, avechou, hed an noz zoken. Enebi
a rea deuz ar c'hoant kousket beteg ma serre
he zaoulagad anezho ho-unan, ha neuze e rea
eur pennad kousk dirag he grusifi, evit ober
evel ar c'hi bian, emezhan, pa ia da choucha
etal treid he vestr. Eur vech great ar zarmon
e chomme c'hoaz an diesa da ober, rak he
deski a ranker, ha kalz a boan en divije o
teski sarmoniou hirr. Kalz amzer a lakea ha
meur a vech e lavare he brezegen a vouez huel
en he bart he-unan evit beza suroc'h. Var
dro pemzek vloaz e talc'haz da ober evelse.

Ma teuaz a benn da zarmon bep sul ha
divezatoc'h bemdez, heb kemeret poan ebet

4

da aoza lre brezegen, e c'heller lavaret ez eo
deut Doue da rei an dorn d'ezhan. Koulss
goude, ar boan kemeret er penn kenta a oa
bet talvouduz meurbed evithan ; hag hirio,
ar veleyen, hag a vel al leoriou bet d'an Aot
Vianney, merket ganthan, uzet etre he zaouarn,
a zant eun nerz nevez en ho c'halon ; n'o
deuz ket a c'hoant da falgaloni; pa velont
pegement a boan en euz bet, er penn kenta,
unan deuz ar brezegerien brudeta en hon
amzer.

## C'HUEC'HVED PENNAD



An Aot. Vianney, o c'houzout mad ne
c'helli ket ober tout he-unan, a zell en dro
d'ezhan evit anaout ar re o deuz bolontez vad,
rak c'hoant en euz da zevel eur vreuriez
benag ; ne oa netra er barrez araok.

An Aot. Courbon en doa lavaret d'ezhan,
pa oa o tont da Ars : « Marvad o pezo poan
en ho parrez, mes sikouret e viot gant eun

demezel vad. » An demezel Ars a oa eur
gristenez deuz ar rè vella. Chommet oa bet en
he maner, gant he mam, epad ar revolusion,
hag abenn ma tigouezaz an Aot. Vianney er
barrez, ez oa dija koz, pa 'z eo guir e doa tri
bloaz ha tri-ugent er bloaz 1818.

Daoust ma oa deuz eur famill vraz ha
pinvidig, bet savet ha desket etouez ar rè
vrasa, he buez koulskoude a oa plean ha
dister. Gallet e divije derc'hel eur renk huel
er bed abalamour d'he spered, d'he deskadurez
ha d'he feadra; guelloc'h e kave chomm da
ober vad var ar meaz, ha treinen he buez o
labourat pe o pedi. Hi eo a zave da genta en
ti, ha goudeze e tastume en dro d'ezhi he
zervicherien evit lavaret ar pedennou hag ober
d'ezho eur pennad lenn. Da noz e rea kement
all. Eur c'hart leo oa deuz an iliz ha bemdez
ez ea d'an oferen var he zroad, neuz forz
peseurt amzer a rea. Eun dervez e teuaz d'an
oferen dre an erc'h doun hag an Aot. Person,
dre druez outhi, n'hellaz ket miret da lavaret :
« Demezel, c'houi a dleje kaout eur voëtur » :
« Aotrou Person, emezhi, klasket em euz gou-
zout pegement a goustfe d'in hag em euz kavet
ez oa eun dornad mad a arc'hant epad ar
bloaz ; kementse nebeutoc'h a ve da rei d'ar
paour. » Guelet a reat e doa devosion iac'h

ar re goz, ha bemdez e lavare he ofiz assamblez gant he mevel koz, Sant Phal.

Maner Ars, ouspenn ma oa ti ar beden, a oa ive ti ar beorien, rekour ar vro. An dispignou ne oaint netra e skoaz al leve a goueze en ti, hag an demezel e doa aleiz he daouarn da rei d'ar paour. An aluzen a oa he flijadur hag ar gueneien a gave kement hent a oa da vont er meaz. Kear Villefranche e, doa eul loden vad anezho, ha meur a artizan paour deuz ar gear-ze, o doa ho gourmikeal diganthi. Ouspenn rei a rea, labourat a rea ive; tremen a rea he amzer, hed an deiz avechou, oc'h ober dillad d'ar beorien, d'ar re vian koulz ha d'ar re vraz, d'ar mamou ha d'ar vugale nevez ganet. Anaout a rea, dre ho hano, kement paour a oa er c'harter ha da bep hini e roe eun dra benag.

Hi eo a anavezaz, ar genta, vertuziou an Aot. Vianney, ha sonjal a rea e savche huel er zantelez. Hi eo ive, etouez ar re a oa o kovez gant an Aot. Vianney hag a heulie he aliou mad, an hini a zavaz an huela er zantelez.

Setu aman petra lennomp e buez an Aot. Vianney skrivet gant an Aot. Monnin : Bep bloaz an demezel Ars a zigase d'an Aot. Person, evit he c'houel, eur boket lili. Eur vech

n'hellaz ket he zigas en deiz araok, hag e teuaz
ganthan da zeiz gouel sant Yann, d'ar sakre-
tiri. An Aot. Person a gemeraz ar boket, ha
goude beza lavaret bennoz ha sellet mad ouz
ar fleur, e lakeaz anezhan er prenestr, e kreiz
an heol bervet. En eur ober eun heur e tlie
beza goenvet, hag eiz dervez goudeze, edo
c'hoaz fresk, gant he c'houez vad evel pa vije
bet nevez kutuillet. Eun dra ker zouezuz a
lakeaz kaozeal hag an Aot. Person, pa c'hou-
lennet diganthan petra zonje var gementse, a
lavare : « Red eo e ve an demezel Ars eur
zantez, pa chomm he fleur fresk keit amzer. »

Beza oa c'hoaz eneou mad en Ars, ouspenn
an demezel. Etal ar presbital ez oa o chomm
eun intanvez paour ha devot, hi eo a gemere
eun tam zoursi benag deuz ti an Aot. Person.
Unan all a vije c'hoaz aliez en iliz, an deme-
zel Pignault. Houman a oa deuz Lyon, ana-
vezet mad dre he zantelez. Klevet e doa petra
lavaret divar benn an Aot. Vianney p'edo en
Ecully hag e c'hoanteaz dont da chomm en
he barrez. Kenta hini a anavezaz, oc'h erruout,
oue an intanvez, ha goulen a reaz diganthi
mont da chomm en he zi. Eun tam peadra e
devoa, ha pa ne re dispign ebet, e chomme
muioc'h ganthi da rei d'ar paour. He flijadur
a oa kass he guenneien d'ar beorien, dre

zaouarn an Aot. Person, hag hèman a chache varnezhi. « Va merc'h, emezhan, ugent real a vank d'in » hag hi a roe raktal.

Etouez ar oazed e kavaz ive eun nebeudik re vad hag a lakea joa en he galon. Beza oa, dreist oll, eul labourer douar, tad a famill ha var an oad dija, hag a gomze divezatoc'h an Aot. Vianney aliez divar he benn en he zarmoniou. Pa ie d'he labour ha pa zistroe, an den-man ne dremene morse an iliz heb mont ebarz. Etal an or e leze he ostillou, ha pell amzer e chomme daoulinet pe azezet dirak an tabernakl. Kementse a rea plijadur d'an Aot. Person. Eun dra koulsgoude a re d'ezhan beza souezet : morse ne vele var he vuzellou, e pede ; hag eun dervez e komzaz d'ezhan evelhenn : « Tad Chaffangeon, petra livirit-hu d'hor Zalver epad keit amzer a dremenit dirazhan ? » — Ne lavaran netra d'ezhan, Aot. Person, sellet a ran verzu ennhan hag hen a zell ouzin. »

Respont kaër, a dra zur, bet lavaret, n'ouzon ket ped guech, gant an Aot. Vianney goudeze. An den-ze a glaske rei d'anaout ar pez a dremene etre Jesus hag hen ; ne ouie ket lenn, mes daoulagad en doa, re ar c'horf ha re an ene. Daoulagad an ene a zigore evit guelet hor Zalver ; heb lavaret ger e komzent an eil

d'egile, hag etre ar Mestr hag he zervicher oa
llammou dous ha start!

Aotrou Person Ars a gavaz guelloc'h sikour
c'hoaz; aberz an Aotrou Mandy, mear ar
barrez. Heman oa eun den divar ar meaz,
nebeut a zeskadurez d'ezhan, mes kalz a
rezon-vad. Den ne ouie guelloc'h kass eur
barrez en dro, gant nebeut arc'hant en doa
great kalz a draou, hag ar pez a glaske da
genta oa dont a benn euz ar vesventi. Abred
e velaz peger zantel Person a oa deut da
Ars, hag adalek ar penn kenta, pa vijé eun
dra benag da ober e ti keary evit an iliz, an
Aot. Mear ne vanke morse da skriva « an
Aot. Person zantel. » Evelse en euz lézet,
var he lerc'h, eun testeni hag a verk an dou-
janz hag ar respet en doa evithan.

Ma rea an demezel Ars kalz a vad er barrez,
he breur ne re ket nebeutoc'h, pa deue da di
he c'hoar. An Aot. Vicomte d'Ars, anavezet
evit beza unan deuz ar gristenien vella, a oa
o chomm e Paris.

Pa deu da Ars, kenta a ra eo mont da velet
an Aot. Person, hag an doare anezhan a ia
doun en he galon. Kredi mad a ra e ma dirak
eur zant. Epad ma chomm e ti he c'hoar e
teu aliez d'he velet; mont a reont ho daou
d'ar sakretiri hag eno e taleont pell da gaozeal,

ken euruz an eil hag egile. An eneou zantel en em glev buan ha mad. Mar d'eo an Aot. Vianney eur beleg santel, an Aot. d'Ars a zo ive eur c'hristen deuz ar seurt so nebeut. Tremen a ra ar beure en iliz, respont a ra an oferen, hag ar pardaez a dremen e ti ar beorien.

En dervez varlerc'h ma tigouez, e ra tro ar barrez evit guelet an oll, e pep ti e chomm eun nebeut da gaozeal gant ar re goz, da bokat d'ar vugale, hag e ti ar beorien e lez var he lerc'h aluzennou fonnuz, an oll a zo eüruz ouz e velet. Araok distrei da Baris c ra ar memez tra. « Oh ! a lavare an Aotr. Person, na me zo eüruz da veza anavezet an Aotrou Ars, setu aze eun den hag a gar an Aotrou Doue, pell oun var he lerc'h. » — « Pebeuz tenzor evit ar barrez, kaout eur beleg evelse, a lavare an Aot. Ars, deuz he gostez, n'eo ket deuz ar re desketa, mes kalz guelloc'h en euz ; avi am euz ouz va c'hoar, me garje ive chomm atao da veva en he gichen, evit guelet he zantelez ; evit plijout d'ezhan me roffe n'euz forz petra. »

Setu aze ar re a c'helle Aot. Person Ars kounta varnezho ; dister oa c'hoaz ar vanden ha nebeut a labour da ober.

Adalek ar penn kenta en doa c'hoant da

renevezi he iliz, ha kenta ma c'hellaz e prenaz
eun aoter nevez. An hini goz a goueze a
dammou, drebet gant ar gosni ; hag eun
dervez a joa oue evithan sikour an artizaned
da lakad en he flas an aoter nevez, prenet
gant he arc'hant he-unan. Koataj ar c'hœur
koz ive, n'eo ket brao breman, etal an aoter
nevez, hag an den zantel a laka he boan, epad
pell amzer, d'he liva he-unan ha da ober
barennou aour, rak dornet mad ez oa, evit
ma vezo kaër pep tra edro d'an Aotrou Doue.
Al labourou-ze a rea vad ha plijadur d'ezhan,
aon en doa da jomm heb ober netra. « Aon
em euz, emezhan, da veza daonet abalamour
n'em euz netra da ober. »

Pa veljont ar zoursi a gemere an Aot.
Person euz he iliz, ar baresioniz a deuaz da
gompren ne 'z euz netra dister e servij Doue
hag a roaz guelloc'hik sikour d'ezhan.

An Aot. Vianney ne glaske nemed lakad
an devosion da veza birvidik en he barrez.
An iliz vian, dilezet ha goullo atao araok,
evel ma 'z eo re aliez siouaz an ilizou var ar
meaz, a veze breman unan benag ennhi dalc'h-
mad. An dud vad on deuz komzet anezho, a
deue aliesa ma c'hellent. An dervez a gom-
manse dre an oferen, ha da noz e vije lavaret
ar chapeled hag ar pedennou. Ar skuer vad-se

ne dea ket da goll, rak mar deo speguz ar
skouer fall, an hini wad a zo ive, hag an
Aot. Person a vele gant joa he zenvedigou o
kreskij bemdez.

Daoust ma ne oa ket c'hoaz goall anavezet
an Aot. Vianney, eun dra benag koulsgoude a
denne warzu ennhan an eneou a glaske ar
zantelez, hag iliz paour. Ars a blije abalamour
ma klevet ennhi dija c'houez vad ar zantelez
ha pedennou an Aot. Person.

Ar pedennou dioc'h an noz a greske an
dud da zont d'ezho, hag ar c'hloc'h a zone
evit gervel an dud. Kalon an den zantel a
dride pa vele kalz a dud o tont da bedi an
Aotrou Doue ha da ziskuiza goude al labour ;
hen he-unan a lavare ar pedennou. Ar skouer
a roe, an aliou mad a glevet ganthan er
govesion hag er gador a rea d'an dud dont.
« Va breudeur kristen, emezhan, m'on divije
bet daoulagad an elez, ma veljemp Jesus-
Christ aze var an aoter, o sellet ouzimp, na
pegement ne garjemp-ni ket anezhan ? c'hoant
or bije da jomm atao dirazhan, eun tanva e
vije deuz ar baradoz, hag an oll draou all ne
rajent mui plijadur ebed d'eomp. Siouaz, ar
feiz eo a vank. Ni zo tud dall hag ar feiz a
c'hell rei d'eomp sklerijen. Bremaik, va
breudeur, pa vezo Jesus etre va daouarn, pa

roio d'eoc'h he vennoz, livirit d'ezhan digeri d'eoc'h daoulagad ho kalon, livirit d'ezhan gant dall Jéricho : Aotrou, grit ma velin sklear. Ma livirit ar ger-ze a greiz kalon, o pezo ar pez a c'houlennit, rak hen ne glask nemed hoc'h eürusted. He zaouarn a zo leun a c'hrasou, klask a ra da biou ho rei, ha den n'euz ezom outho. Oh ! ni zo maleüruz ma ne gomprenomp ket an traou-ze ! ho c'hompren a raimp eun dervez, mes re ziwezad »... Gouela rea o komz evelse hag ar re a oa o selaou a oa tenereat ive ho c'halon.

Ar pez a c'hoantea, dreist pep tra marteze, oa lakad he baresioniz da dostad aliez ouz ar Sakramanchou, evel en Ecully ; mes Ars ne oa ket henvel, hag ar Person zantel a glemme. « N'em euz ket aoualc'h da ober ! Ah ! ma c'helfen guelet Hor Zalver Jesus anavezet ha karet, ma c'helfen rei ar gommunion da galz a dud bemdez, na me ve eüruz ! » Kaout a rai an eürusted-se.

An demezel Ars hag ar ne all on deuz komzet divar ho fenn, a dostae bemdez, koulz lavaret, ouz an daol zantel, hag o velet anezho, ha gounezet gant komzou entanet an Aot. Person, meur a hini all a deue c'hoaz, ha buan aoualc'h eur c'hreunen nevez a zilvidigez a ziouanaz er barrez.

An Aot. Vianney a grede start, evel kalz a
zent braz, ez eo ar gommunion zantel hor
bara pemdeziek ; gouzout mad a rea e c'hou-
len an Iliz digant kement hini a zo en oferen,
mont da gommunia ive evit tenna muioc'h a
frouez deuz ar sakrifiz santel. Ar gommunion
eo mean diazez ar vuez kristen, hi eo a ra ar
burzudou a vadelez a veler bemdez etouez ar
gristenien, ar gommunion eo a ra an ebestel,
ar verzerien, ar guerc'hezed.

« It, emezhan, da gaout Jesus-Christ gant
karantez ha fizianz. Na livirit ket oc'h euz re
a labour da ober, pa 'z eo guir hor Zalver en
euz lavaret : « Deuit d'am c'haout, c'houi oll
hag a zo skuiz, ha me ho tiskuizo hag ho
tizammo ». Na livirit ket ne 'z oc'h ket din.
Guir eo siouaz, ma rankche an den beza din
abenn mont da gommunia, hor Zalver n'en
divije biken instituet he Zakramant a garantez,
rak nikun n'eo din da dostad outhan, nag ar
zent, nag an elez, nag ar Verc'hez Vari
he-unan, mes sonjet en deuz en hon ezomou,
hag oll on deuz ezom anezhan. Na livirit ket
ez oc'h pec'her hag ez eo abalamour da ze ne
gredit ket tostad ; koulz e ve ganen klevet
ac'hanoc'h o lavaret ez oc'h re glanv evit
mont da gaout ar medisin ha kemeret lou-
zeier ». Lavaret a rea c'hoaz : « Va breudeur,

kement tra veo zo var an douar a rank en em
vaga, hag an Aotrou Doue en euz great kement
tra zo red evit se. Var an daol vraz-se ker
pinvidik e teu al loened da gemeret pep hini
ar pez en euz ezom. An ene ive a rank beza
maget, e peleac'h e ma he vagadurez ? Pa
falvezaz da Zoue rei eur vagadurez d'an ene
evit ober he belerinaj var an douar-man, en
euz great eur zell var an traou krouet ; ne
gavaz netra, mad da vaga an ene, hag e
sonjaz en em rei he-unan. N'euz netra ker
burzuduz. Doue hebken a c'hell maga an ene,
hag an ene a rank kaout he Zoue. E pep ti ez
euz eul leac'h evit gorren ar boued, ha ti an ene
eo an iliz, hag en ti-ze ez euz eul leac'h ive evit
gorren magadurez an eneou : an tabernakl. »
Evelse e sermone an Aot. Vianney evit lakad
he baresioniz da garet Zakramant an Aoter ha
da dostad ouz an daol zantel. Ne grede ket e
c'helle labourou an douar na labour an ti
miret ouz an dud da zont aliez da gommunia,
rak al labour, santeleat dre ar feiz, ar beden
hag ar skuisder, eo ar guella doare d'en em
brepari ; ha pa gave eun den, c'hoant d'ezhan
da veza santel, hag a boanie da vellad, e rea
d'ezhan kommunia aliez, daoust d'he zem-
pladurez. Evit kaout nerz e ranker kemeret
ar vagadurez deut ouz an env.

An Aot. Ars, pa glevaz pegement a boan a gemere an Aot. Vianney gant he iliz hag he baresioniz, a falvezaz d'ezhan he zikour ive, rak den ne garie muioc'h egethan ti an Aot. Doue. Digas a ra deuz Paris c'huec'h kantolor braz da lakad var an aoter nevez, diou voest alaouret da lakadar relegou hag eun tabernakl kueor alaouret, kaër meurbed. Goudeze e tigasaz eun dé deuz ar re gaera, banielou, ornamanchou evit lavaret an oferen hag eun *ostensoir* braz alaouret evit rei bennoz ar Zakramant.

Piou a c'helfe lavaret pegement a levenez a oa e kalon ar person zantel, o velet kement a draou kaër. Ar re o deuz guelet anezhan, a lavar an Aot. Monnin, o deuz sonj mad e c'hoarze hag e ouele, en eur juntra he zaouaru, o sevel he zaoulagad varzu an env, evit gervel bennoz Doue var an den mad en doa roet kement a draou d'he iliz. Mont a rea dre ar barrez da c'hervel an dud, bian ha braz, da zont ganthan da velet anezho. Epad meur a zervez e klaskaz penaoz e c'helje diskuez he anaoudegez vad, ha d'ar zul goude e lavaraz : « Va breudeur, guelet oc'h euz oll petra en euz great an Aot. Ars evidomp ; mad, great em euz va zonj da vont ganeoc'h e prosesion da Fourvière (chapel gaër d'ar Verc'hez, e Lyon) da drugarekad ar Verc'hez Vari. »

Ar pelerinaj a blijaz d'an oll, ha d'an dervez merket, araok an deiz, ez oa ar baresioniz eh iliz, guisket en ho c'haera. Souj a zo bet pell amzer, er vro, deuz ar brosesion-ze, hag e kear Trévoux, a ranket treuzi, n'eo ket ouz ar ballelou hevez hag alabouret eo e sellet ar muia, mez ouz an Aot. Vianney, 'ken treut, doare ar zantelez hag ar blinijen varhezian. An Aot. Person a lavaraz an oferen hag an darn vuia deuz he baresioniz a gommuniaz en oferen-ze.

An dervez santel-ze a zo chommet merket doun e spered tud-Ars ha kalz a vad a reaz. Doue a lakeaz ive eur sklerijen nevez e spered an Aot. Vianney. Azalek neuze e velaz e teuje kalz tud da Ars da glask iec'hed ar c'horf hag ar pez so guelloc'h c'hoaz, iec'hed an ene, klevet a rea eur vouez o lavaret d'ezhan evel d'ar profet : kreskit ho ti a zeo hag a gleiz, rak kalz tud a deuio d'ho kaout. « Eur vech, em buez, ez oun bet profet, a lavare an Aot. Vianney eu he gosni, lavaret em euz e teuje kement a dud da Ars ma ne ouechet ket e peleac'h ho lakad.

Sonjal a reaz eta kreski he iliz eh eur ober chapellou a bep tu ennhi. Ar genta savet a oue chapel sant Yan-Vadezour, patron an Aot. Person ; ha tud ar barrez a gred ez eo

bet great abalamour d'eur burzud digouezet
en amzer genta an Aot. Vianney. Eun dervez,
epad an oferen bred, ervez ma leverer, e velaz
sant Yan-Vadezour en he za e korn an aoter,
hag ar zant a lavare d'ezhan en doa c'hoant
da veza enoret en iliz Ars, ha kalz pec'herien
a zistroje da Zoue dreizhan.

Eur burzud oll brasoc'h a c'houarvezaz
neuze. Pa oue great ar chapel, an Aot. Person,
pa roe d'ar paour kement tra en doa, en em
gavaz dibourve, hag an artizaned a oa da
baea. Anzao n'en doa guennek ebet hag ober
d'ezho gortoz ne dalveze da netra, paea
rankche. Pa errue ganthan eun dra benag
diez, ez ea peurvuia eun tamik var ar meaz,
he chapeled en he zorn, da aveli he benn. A
vec'h en doa tremenet an tiez diveza deuz ar
bourk, ma tigouezaz ganthan eun den var
varc'h. Al loen a jomm a za en he gichen, hag
an den, goude beza saludet an Aot. Person a
c'houlen euz he gelou. « Mont a ra 'mad
aoualc'h ganen, emezhan, hirio koulsgoude
em euz poan spered, lakeat em euz sevel eur
chapel ha n'em euz ket a beadra d'he faea. »
An den a jommaz da zonjal, hag o tenna he
ialc'h deuz he c'hodel, e ro d'an Aot. Vianney
pemp pez aour var-n-ugent. « Aot. Person,
emezhan, setu aze d'eoc'h peadra da baea

hoc'h artizaned, pedit evidon, mar plij. » Ha kerkent ez a kuit, heb rei amzer d'an Aot. Vianney da zellet outhan.

He gamarad skol, en Ecully, an Aot. Loras a deuaz da venniga ar chapel nevez, hag ar gouel a oue kaër meurbed. « Lavaret e've ez eo bet sant Yann oc'h ober tro ar pareziou tosta, evit digas an dud da Ars » a lavaraz unan benag, ha nebeut amzer goudeze, an Aot. Person a lavaraz d'he baresioniz : « Ma c'houffec'h petra zo tremenet er chapel-ze, ne gredfec'h ket lakad ho treid ennhi. »

Petra en doa guelet an den zantel ? Avechou heb gouzout d'ezhan, e lavare evelse lod deuz ar pez a roe Doue d'anaout d'ezhan. Eun dra a ouzomp mad da viana : An Aotrou Person en euz bet atao karet chapel sant Yann ; ennhi en euz great Doue kement a vurzudou ! eno eo e tigemere ar person zantel ar bec'herien pa deue kement anezho e pelerinaj, eno eo e tremenaz, er govesion, ar bloaveziou diveza hag ar re gaëra deuz he vuez, eno eo ec'h echuaz he verzerenti.

Goude beza enoret he zant Patron, an Aot. Vianney a zo mall ganthan sevel ive eur chapel da eur zantez yaouank, eaz da garet hag a nevez anavezet e France.

Ar bemp var-n-ugent a viz mae 1816 e oue

kavet e guered santez Priscill e Rom, dindan
an douar, korf santez Philomena, guerc'hez
ha merzerez. An devosion evit ar verc'hez
yaouank a douaz buan beteg France, hag ar
miraklou d'he heul. Koulsgoude, ar pez a
reaz da zantez Philomena beza ken anavezet
ha ken enoret en hor bro, eo ar garantez
hag an devosion en doa Person Ars evithi.
Ho daou ez int bet anavezet assamblez. An
Aot. Vianney a glaske atao kuzet he zantelez
hag he viraklou adre santez Philomena. Eh
hano he *zantez vian garet* eo e lakea kement
burzud ha kement gras kaer a roe Doue d'ar
belerinud, hag o deuz lakeat pelerinaj Ars da
veza ken brudet.

Na livirin ket hirroc'h divar benn chapel
santez Philomena nag hini an Ecce Homo,
nag hini an Elez mad, an diveza zavet. Ar
chapellou-ze a zo bet savet nebeut ha nebeut.
N'euzket a labourou kaer ennho; an Aot. Person
a oueze mad e kar ar bobl guelet imachou ar
zent hag an taolennou zantel, komz a reont d'he
spered ha d'he galon, ha digas a reont sonj
d'ezhan ouz an env. Piou a lavaro petra zo bet
tremenet er chapellou-ze etre Jesus-Christ hag
ar bec'herien? Souezet e oar o sonjal pegement
a dud, bec'hiet gant ho fec'hejou a zo bet
stouet ennho, pegement a zaelou a zo bet

skuillet, pegement a bec'herien baour o deuz
kavet eno ar peoc'h ha dizamet ho ene deuz
beac'h poaniuz ar peoc'het.

Ma save chapellou nevez en he iliz, an
Aot. Vianney en doa savet ive Breuriezou. Ne
gave netra ken talvouduz ha beda an dud en
eur vreuriez benag. Etouez ar re kavet mad
gant an Iliz, ez euz diou hag a blije d'ezhan
dreist ar re all : Breuriez ar Rozera ha Breuriez
ar Zakramant. An diou-ze a gemeraz. Er genta
e lakaio ar mamou hag ar merc'hed yaouank
hag en eil, an tadou hag ar baotred yaouank.

Guelet on deuz an Aot. Person o lavaret ar
chapeled er pedennou deuz an noz gant an
nebeudik tud vad a vije ganthan en iliz ; ne
deue ket kalz a verc'hed yaouank koulsgoude,
hag an dra-ze a rea poan spered d'ezhan ; eun
tamik ez oa skanv ho fenn. Eur zulvez e
lavaz an tu da velet ha gallout a raje ho
c'haout. Goude ar Gousperou, meur a hini, ha
ne oaint ket deuz ar re vella, a jommaz en
iliz evit beza koveseat. An Aot, Person a oa
ar c'hoeur, evel kustum, hag a zellaz outho a
goen. « Er vech-man, a zonje hen, e maint
d'in, setu kavet va Breuriez ar Rozera. »

Pa vel anezho bodet e dro d'ar govesion, ez
a d'ho c'haout hag e lavar : « Va bugale, mar
karit ni a ia da lavaret ar chapeled assamblez.

evit goulen, digant Rouanez ar guerc'hezed ar c'hraz d'eoc'h da ober eur govesion vad. » Raktal e kommanz hag ar vandennik a respont.

Adalek an dervez-se, eme Catherine Lassagne (houman a vezo hano anezhi aliez, abalamour m'e deuz skrivet kalz deuz ar pez a rea hag a lavare an Aot. Vianney.) Adalek an dervez-se, meur a hini a zistroaz da Zoue. Unan anezho, ar genta o klask ar blijadur, /e deuz anzavet dirazon, meur a vech, ez oa bet ken trellet pa ginnigaz an Aot. Person lavaret ar chapeled, ma ne ouie ket a respont a c'halje. En dervez-se, emezhi, em euz bet digant Doue ar c'hraz da zistrei ; hag a c'houdevech, houman oa eur skouer vad evit an oll.

Breuriez ar Zakramant a zo savet ive neuze. Kalz goazed a deuaz da lakad ho hano kerkent a ma oue lavaret d'ezho dont, an tad Chaffangeon gant ar re genta ; ar pennou braz a ziskoueze an hent d'ar re all. « Ar oazed, eme an Aot. Vianney, o deuz eun ene da zavetei koulz hag ar merc'hed, e pep leac'h e maint er penn kenta, perak ne veffent-hi ket ive ar re genta e servij Doue hag oc'h enori Jesus-Christ en he Zakramant a garantez. An devosion a ra muioc'h a vad d'an oll pa vez guelet e kalon ar oazed.

## SEISVED PENNAD

*Pinijen an Aotrou Vianney*

An Aotrou Vianney, ma rea kalz a vad en he barrez, n'en doa ket koulsgoude an distera fizianz ennhan he-unan, ne c'hortoze netra nemed dre sikour Doue. Komprenet en doa komz an Aviel : diskibien hor Zalver a glaske eun dervez parea eun den hag a oa an drouk spered ennhan, heb gallout dont a benn, ha Jesus a lavaraz d'ezho : « Ar seurt diaoulou-ze ne vent kaset kuit nemed dre ar iün hag ar beden. » Ha dre ar iün hag ar beden eo e rea an Aot. Vianney, kement a vad.

Burzuduz eo an aluzennou hag ar binijen a rea adalek ar penn kenta ma tigouezaz en Ars. Ho c'huzet a rea ker mad, ma ne oueze ket an dorn kleiz petra roe an hini deo, hag ar baresioniz, epad pell amzer, ne ouejont ket pegement a binijen a rea.

Ars a oa paour, ne oa nemed eur c'harter deuz parrez Misérieux, ha tud Ars o doa lavaret kemeret var ho c'hont, maga an Aot. Person.

Mes ken a oa ken nebeut he spered gant ar
boued ha gant he gorf, ma vije bet aliez he di
heb eun tam, panefe m'o divije ar re all kemeret
soursi anezhan. An demezel Ars, epad pell
amzer, a bourveaz d'ezhan; kass a rea bep
sizun ar pez a oa red evit beva eun den evel
ar re all, hi eo a roe ar bara peurvuia, ar
c'hig, ar guin, ar c'heuneud ha meur a dra all,
merka a rea bep tro, ar pez a roe, var gaier
he dispignou ha dre ze ez euz bet gouezet petra
roe. An nep a zalc'hfe kont ouz ar c'haierou-ze,
a c'helfe kredi ne vanke netra er presbital.
Mes an traou-ze ne jommeut ket pell en ti;
ar beorien a oueze mad pegoulz dont. D'ar
beorien eo eta e rea vad an demezel Ars. An
Aot. Vianney koulsgoude a lavare, en eur
ziskuez anezhi, nebeut amzer araok he maro :
« Setu aze va magerez. » Guir oa, red oa
d'ezhan kaout unan benag d'he vaga pa 'z eo
guir n'en doa ket muioc'h a zoursi gant he
voued hag ar pez a zell ouz ar c'horf, eget eur
c'hraouadur nevez ganet.

Eun dervez, c'hoar yaouanka an Aot.
Person hag an itron Bibost deuz Ecully, an
hini ma oa bet o chomm en he zi epad he
skol, a zigouezaz en Ars, heb beza gortozet.
O velet anezho, an Aot. Person a oue nec'het
maro. « Va bugale, emezhan, eul lein dreut o

pezo hirio. » Mont a reont d'ar gegin hag en
eur pot houarn e kavont patâtez poaz, ien,
loued, bleo varnezho dija. An Aot. Person a
gemer unan, peillat a ra anezhi hag en eur
drebi e lavar : « Mad int c'hoaz ». He c'hoar
goulsgoude ne deuz ket ezom anezho. Kaout
a ra eun tam bleud en eur c'horn benag, evit
ober ar pez so hanvet dre eno : *mâtefaim*, laz-
paoun, bleud distrempet gant dour da ober
galetez. Er c'hao ne oa ket a vin kennebeut.
Digaset e vije traou d'an ti, ne jomment ket
pell ebarz. Hor Zalver a lavar en Aviel : « N'o
pet ket a nec'hamant gant ar pez o pezo da
zrebi varc'hoaz », hag an Aot. Vianney a rea
evel ma lavar an Aviel. Eun dervez, an Aot.
Mandy a deu d'ar presbital hag a gav an Aot.
Person ken distronket, ma kred ez eo klanv:
« Ah ! va mignon, eme an Aot. Vianney,
savetei a rit d'in va buez, n'em euz netra da
zrebi. » An Aotrou mear a red da gerc'hat
eur vouchen vara. Tri dervez oa en doa roet
d'eur paour, diveza tam bara oa en ti.

An itron Bibost deuz Ecully a oa bet eur
pennad gant an Aot. Person, mes ne oa ket
daut da chomm, hag en he iflaz e teuaz
Claudine Renard. Petra benag ma oa e giz
plac'h ar presbital, n'helle ket renta kalz a
zervij. O chomm edo e kichen ha ne c'helle

ket mont er presbital p'e divije e'hoant,
peurvuia an Aot. Person n'en divije ezom
ebet outhi. Pa c'helle dont a benn da ober
d'ezhan lavaret e kemerje eun dra benag, e
rede d'he c'hegin, mes epad mac'h aoze eun
tam boued, an Aot. Person en doa bet amzer
da zistrei var he c'her, ha pa deue Claudina
da zigas lein d'ar presbital, e kave dor serret.
Neuze e klevet anezhi oc'h hirvoudi hag o
klemm avechou, drouk ennhi.

Ar pez a rea c'hoaz poan spered d'ezhi oa
guelet ne zalc'he an Aot. Person netra evithan
he-unan. Kaër e doa prena dillad, krejou
nevez, ne jomme netra en ti. Neuze e sonjaz
kass d'ezhan, goude ar c'houez, dre m'en
divije ezom ha netra ken. Kementse oa mad,
siouaz, re zivezad ez oa ; an ti a oa goullo hag
an Aot. Person pa ne gave mui netra en ti, a
roe ar pez a vije varnezhan. Eun dervez e
kavaz eur paour keaz, diarc'hen hag he dreid
leun a oad. An Aot. Vianney a roaz d'ezhan
he voutou hag he lerou hag a deuaz diarc'hen
d'ar gear.

Anaout a rea komzou sant Francès a Sales :
« C'hoantad beza paour heb kaout diezamant
ebet, a zo klask re, rak kementse a zo klask
an enor dleet d'ar baourentez hag an eazamant
a ia da heul ar beadra. » Abalamour da ze, pa

...eze varnezhan ar poaniou a gaver e ti ar
...our : an naoun, ar riou, an dismeganz aliez,
...gemere anezho gant joa.
Eun dervez, eur beleg deut da Ars, a velaz
...ezhan o treuzi ar bourk, eur podik en he
...rn ; bet oa er Brovidanz o kerc'het he lein :
C'houi eo Aot. Person Ars ? a zo kement a
...no anezhan » a lavaraz ar beleg. « Ia, va
...iguon, me eo paour keaz person Ars. » —
...zo brao » eme ar beleg en eur vont kuit,
...dezet maro. Me gave d'in, emezhan, goudeze,
...out eun den a zoare e pep giz, ha pa dal, ne
van nemed eun den distum, eur beleg hag
...zeb var ar ru, evel eur c'hlasker bara. »
Ar c'homzou-ze a denaz beteg an Aot.
...nney hag a reaz d'ezhan c'hoarzin a greiz
...on. He blijadur a vije goudeze, konta an
...tor-ze. « An den mad-se, emezhan, a zo
...paket, kredi a rea kaout eun dra benag en
...i, ha n'euz kavet netra. »
Me, emezhan, eun dervez, n'em euz morse
...onnac'heat va mantel e neb leac'h, n'em
...z bet biskoaz hini. N'en divije morse nemed
...zoudanen, anv c'hoanv ar memez hini,
...uerel en doa evithan komz Hor Zalver pa
...are d'he ziskibien : « N'o pezit morse ne-
...d eur re zillad », hag he zoudanen a bade
...ur a vloaz. He genvreudeur beleyen a

lavare d'ezhan, e tlie beza dereed abalamour
d'he garakter; hen ne zelaoue ket, hag hint
a gomprenaz ive, eun derver gant pebeuz
respet e sellet diouz Aot Person Ars gant he
zoudanen penseillet. Er bloaz 1822 an Aot
Vianney, a ieaz da velet an Aot Loras, bet
skolaër assamblez ganthan en Ecully, ha deut
da veza superior e seminer bian Meximieux.
Digouezout a reaz epad m'edo ar skolaerien er
porz, o c'hoari goude lein, hag avec'h ma oue
guelet ec'h ehanaz ar c'hoariou. « Petra ze
eta? » a c'houlennaz unan beneg. — « Aot
Person Ars eo ». El leac'h c'hoarzin, d'ar
beleg paour, ar vugale a oa leun a respet.

He vele ne oa nemed ispez eur guele. Karet
a rea ober hano deuz sant Charles Boromée,
rak heman ne oa ket evel publikan an Aviel
ne glaske ket embann he binijennou, rak
beva a rea, a vel d'an dud da viana, evel eun
den deuz he renk. Cardinal ez oa hag Arc'hes-
kop Milan. Beza en doa eur guele kaer da
ziskuez d'un dud, mes e kichen, a gostez en
oa unan all ha ne velet ket great gant libe-
dennou keuneud; en heman eo e kouske.

An Aot. Vianney a rea evel sant Charles
Boromée, ne oa ket Cardinal koulsgoude, hag
ar memez guele a ranke diskuez a zianvez,
ez oa eur guele mad, evit kuzet ar binijen;

ha beza, pa dal, eul leac'h a binijen. Pa vije great eta, ar guele-ze a oa evel ar re all. Ar matelas koulsgoude a oa eat, pell a oa, da di ar paour hag ar penn vele ive; dindan al linseillou ne oa nemed eur gos kolc'het kolo, plat, eat e poultren, hag astennet var eun horden keuneud benag. He c'hoar Marc'harit hag an itron Bibost eo a ouezaz an dra-ze, pa deujont da velet an Aot. Person, er bloaz kenta ma oa en Ars. An Aot. Vianney a rankaz ho lezel ho-unan en ti, eur pennad: « Ne dal ket ar boan d'eoc'h, emezhan, da vont d'am c'hambr, great eo. » Mont a rajont koulsgoude, hag abalamour ma sonjent e rea pinijen, e falvezaz d'ezho dizoloi ur guele. Neuze e veljont ar virionez, mes ar guele a oue dresset adare evel araok, gant aoun da ober poan d'ar beleg santel.

An Aot. Vianney a rea he vele he-unan, ha pa ne oa nemethan o kouskat er presbital, he baresioniz n'hellent anaout he binijen nemed dre laër. Pa deujont eun nebeut da c'houzout peseurt buez a rene, e klaskchont, dre gement hent a oa, anaout ar virionez penn da benn. Gouezet e oue pegen spountuz oa ar binijen a rea : iün pell amzer, kouskat var planchot he gambr, dispen he gorf gant foue-tou ha chadennou, etc.

Divezatoc'h, ar beleg a oa ouz he zikour a gomze d'ezhan divar benn penn kenta he vuez, hag a glaske an tu da c'houzout diganthan ar virionez : « Aot. Person, emezhan, deuz ma leverer, c'houi a jomme eaz, guechall, eiz dervez heb drebi tam. » — « Oh! va mignon, a respontaz ar person zantel, heb sonjal edot o tenna ar virionez diganthan, re a leverer, muia em euz great eo tremen eur zizun gant tri bred. » Ha peseurt prejou !

He benijen a ginnige da Zoue evit silvidigez he baresioniz, ha kreski a rea anezhi deuz ar grasou en doa da c'houlen : pa dostae Pask, pa glaske disc'hrienna eur c'hustum fall benag, pa vije bet eur pec'her braz benag o kovez, evit paea evithan, ha kaout d'ezhan ar c'hras da genderc'hel mad.

Catherine Lassagne a alie anezhan, eun dervez, da gemeret eun tamik muioc'h a vagadurez. « N'hellot ket herzel, emezhi, mar bevit evelse. » — « Eo, eo, va merc'h, evel ma lavar hor Zalver, me em euz eur boued all, bolontez va Zad pehini zo en env, me, emezhan, a zo iac'h ha kalet, pa 'm euz drebet n'euz forz petra, ha kousket div heur, e c'hellan mont adare. »

N'euz forz pegen krenv ez oa e ranke koueza koulsgoude, hag he zempladurez a volet, dreist

pep tra, er pedennou dioc'h an noz en iliz.
« Petra zo kaoz, Aot. Person, ma komzit ken
krenv en ho sarmoniou, hag ez euz poan o
klevet ac'hanoc'h pa livirit ar pedennou ? »
— « Abalamour, emezhan, pa zarmonan ez euz
meur a vech dirazon tud bouzar ha tud kous-
ket, ha pa bedan, e komzan da Zoue, hag
hennez ne 'z eo na bouzar na kousket. »

He superiored ive o doa klevet hano ouz
he vuez pinijennuz, aoun o doa e raje re,
hag eun dervez an Aot. Courbon a lavaraz
d'eur beleg, o vont da Ars : « Grit va gour-
c'hemennou d'an Aot. Vianney hag aliit
anezhan, deuz va ferz, da zrebi eun nebeut
muioc'h, livirit d'ezhan n'eo ket dre an nao-
negez eo e teuer a benn ouz an env, evel ma
teuer a benn ouz an dud. » « An Aot. Vikel
vraz en euz re a vadelez, eme an den zantel, pa
glevaz kementse, ne veritan ket e ve taolet
evez ouzin »; ha ne reaz na muioc'h na nebeu-
toc'h.

An Aot. Vianney en doa lennet, e buez
Santez Franseza deuz Rom, e trebe houman
peurvuia d'he fred, bara seac'h ha loued, bet pell
taolet ha distaolet, e bisac'h ar beorien, hag e
roe bara guen d'ezho e trok. An dra-ze a gave
kaër, hag epad he vloaveziou kenta en Ars,
pa gave eur paour benag, e preme ker digan-

than ar bara en doa dastumet. En he di ez oa
eun tamik paner ha bara ar paour atao enhi ;
ac'hano e kemere pa c'hoantee drebi bara,
hag he garantez evit ar beorien hag evit ar
binijen a rea d'ezhan kaout c'houek ar bara-
ze. « Eurus oun, emezhan, da zribi bara ar
beorien, rak mignoned int da Jesus-Christ,
ha kredi a ran e, maouñ neuze dioc'h taol
ganthan. » An tam bara-ze hag eur batatezen
a rea he lein. Poazad a rea ar patatez he-unan,
eur vech ar zizun, hag e trebe keit ha ma
padent. Bemnoz goude ar pedennou, e tizolde
ar choudouren hag e kemere eur batatezen
len pe ziou d'he goan.

Morse he ezomou he-unan ne rejont d'ezhan
chomm heb rei aluzen. Eun dervez, unan
deuz he amezeien e doa roet d'ezhan eun
dorz vara guiniz, ha nebeut amzer gou-
deze e tistroaz adarre da zigas d'ezhan eur
banne leaz. C'hoant e doa en divije evet
dirazhi, rak kredi mad a rea ez oa var iuñ
abaoue pell amzer. Kaër e deuz pouleza, ne
deu ket a benn da ober d'ezhan plega. Dont
a ra da zonjal hag e lavar : « Me zo sur,
Aot. Person, n'oc'h euz nini a vara. » Eur
paour a oa hevez tremenet hag an dorz vara
gaeh a oa eat en he zac'h.

An Aot. Vianney ne c'houlenne digant

plac'h, ebet dont da servicha d'he di, dont a
reant anezho ho-unan, hag evit netra. Goude
mare Claudina, eur vaquez santel deuz ar
Foreza deu da c'houlen he flaz, gant ar memes
gobrou. Houman oa hanvet sœur Lacon. He
brasa joa a vije renta servij d'an Aot. Person,
ha pa c'helle ober d'ezhan kemeret eun draik
benag, ouspenn ar pez a gemere peurvuia, e
vije euruz meurbed. Kement-se ne errue ket
aliez, aliesoc'h e ranke distrei d'ar gear gant
an tam koued e divije aozet, ha gortoz ma
c'halje kaout, dre laer, digor er presbital.
Peurvuia e kave, e paner eur paour benag, ar
meuz e divije kaset d'an Aot. Person. Neuze
e klemme evel pa vije dreuk ennhi; hag he
c'hlemmou a lakea an Aot. Person da c'hoarzin,
heb ober d'ezhan chench. Eun dervez e doa
great eur pastez, hag eur vech poaz, e kasaz
anezhan d'ar presbital; kuzet mad e, tireten
eun arbell gaz ; ne vije morse den var he zro,
ha pa deuaz koan e lavaraz brava ma c'hellaz :
« Aot. Person, dreb a raffec'h eun tammik
pastez? »

— « Ia, va merc'h, raktal! » Ne oa ket kustum
da gaout ar respont-se, hag hi d'ar red d'he
c'huizaden, seder evel an deiz. Ar pastez a oa
eat kuit. Ma oa eat buan e tistro buannoc'h
c'hoaz, dreuk ennhi ; en taol-man « Aot.

Person, ar pez oc'h euz great n'eo ket mad,
va fastez a oa d'in, ha ne roan ket anezhan
d'eoc'h ! » — « Perag oc'h euz lakeat anezhan
er presbital ? a lavar hen, var he bouez, me
gave d'in ez oan mestr da gement tra zo em
zi, hag e c'hellen ober gantho ar pez a garien. »
Etal an iliz ez oa o chomm eur baourez
koz dall, hag an Aot. Person a garie anezhi
dreist ar re all. D'ezhi e kase aliez ar pez en
divije da rei, abalamour ne ouie ket an dallez
piou a roe d'ezhi. Aliez an hini goz a vije
azezet o tissilla kanab, hag an Aot. Vianney
a dostae outhi, var begou he voutou, evit lakad
en he barlen ar pez a vije ganthan. An dallez
a zante gant he dorn petra roet d'ezhi, hag o
kredi ez oa digant unan benag euz he ame-
zeien, e lavare : « Bennoz Doue, va merc'hik,
bennoz Doue d'eoc'h. » Hag an Aot. Person
a ie er meaz en eur c'hoarzin a greiz he galon.
Paea a rea ive he gourmikeal d'ezhi ; an dallez
ne veze ket en dienez.
Meur a hini, o c'houzont pegement e karie
an Aot. Vianney rei aluzen, a ginnige arc'hant
d'ezhan da rei d'ar paour, gant ma trebche
unioc'h a youed. Koll a reant ho foan peur-
yuia. Eur vech koulsgoude ec'h asantaz, evit
dek lur, drebi eun tam ponsin. Marvad en
devoa kalz ezom arc'hant en dervez-se.

Pa oue savet ar Brovidanz, an Aot. Vianney a ieaz di d'he voued, evit beza e renk ar re a veve divar an aluzen. N'euz forz pegen dister e vije he bred e kave atao e reat re d'ezhan. « M'o pije bet eun tam karantez evidon, emezhan, ne gemerjec'h ket kement a zoursi ganen ha ne rajec'h netra evidon, eun tamik pinijen a raffen ha kementse a ve talvouduz d'an oll. »

Aliez e teue deuz an iliz hanter varo gant an naon hag an dienez, a vec'h ma c'helle chomm en he za. Neuze e veze eüruz hag e c'hoarze a galon vad en eur ober goap deuz Adam (evelse e c'halve he gorf). « Allo, paour keaz Colon, chomm en da za ha dalc'h mad. » En he barrez ez oa eur mesvier hag a gomze evelse d'ezhan he-unan, pa n'helle mui chomm en he za.

Er bloaveziou kenta, an Aot. Vianney a falveze d'ezhan mont atao keit a ma c'helle er binijen ; goude beza chommet meur a zervez heb tam, pa n'helle mont ken, e kemere eun dornad bleud (eun tam bleud a zalc'he atao), da zistrempa gant dour, evit ober galetez. Catherine Lassagne e deuz klevet anezhan meur a vech o lavaret, pa vije nec'het o klask gouzout a beleac'h kaout peadra da vaga bugale ar Brovidanz : « Na me a oa eüruz

guechall, pa ne oa ket kement a dud var va
c'hein ; ne oa nemedon. Pa blije ganen drebi
va lein, ne gollen ket kalz a amzer, teir *laz-
naon* hag echu goudeze. Epad ma poaze an
eil e treben ar genta, hag epad ma treben an
eil e poaze an trede, echui a rean va lein, o
paka an tan hag o lakad ar billig a gostez,
goudeze eur banne dour, ha setu aoualc'h evit
daou pe dri zervez. » Arabat kredi, kouls-
goude, e rea ker mad lein bemdez, ne gemere
ar boan da ober galetez dre zour nemed pa ne
c'helle mont ken. Evel m'on deuz lavaret, pata-
tez poazet d'al lun eo a rea he vevanz peurvuia.

Re a garantez en doa evit an nesa evit klask
lakad ar re all da ober evelthan ; ne garie ket,
kennebeut, diskuez e rea pinijen, ha pa deue
unan benag d'he velet, he genvreudeur
beleyen pe he gerent, e kase buan he blac'h
da di an demezel Ars, hag houman a gaye an
tu da ober buan ha buan eun tam lein benag.
Pa ne vije ket a amzer da vont beteg he zi, ar
plac'h a aoze eun dra benag buanna, ma
c'helle. Neuze an Aot. Person a vije laouen
ouz taol, drebi a rea zoken, eun tamm benag
hag ar re all a zelaoue, rak komzou ar beleg
santel a zaye anezho beteg ar baradoz. « Pa
vijet en Ars, a lavare he nizezed, ez oa evel
deiz ar pask kenta, ne oa tam naon ebet. »

Epad eur c'horaïz ne zrebaz nemed daou lur vara, ha c'hoant én doa da c'hellout beva heb drebi bara. Claudina Renard a gavaz anezhan, eun dervez, pa n'edo ket var c'hed, o trebi eun dornad ieot, er jardin. « Penaoz, Aot. Person, c'houi a zreb ieot ? » — « Ia, paour keaz Claudina, emezhan, en eur c'hoarzin, o velet a me a c'helje ober edon, mes ne da ket mad ». Ha divezatoc'h e lavare : « Anet eo n'omp ket great evel al loened, me em euz klasket, beva eveltho gant ieot, ha n'em koa mui tam nerz ebet. »

Gant ar iün ez ea ar beden, evel ma c'houlen an Aviel. An Aot. Vianney a zave da ziv heur, ha goude beza lavaret he bedennou hag he ofiz, e rea ar beden a galon. Da beder heur e teue d'an iliz da adori ar Zakramant, evit beza preparet da lavaret an oferén, ha goudeze e chomme pell da drugarekad Doue. Divezatoc'h e rai katekiz bemdez, evit an oll hag e tremeno he oll amzer er govesion. Epad an deiz ez oa he zonj atao e Doue, ha great én doa vœu da lavaret eun *Ave Maria*, bevech ma sone an heur, hag en eur lavaret he ofiz, e rea ar beden a galon o sonjal e Passion hor Zalver.

Petra en divije gallet Doue refus da gement a binijen, a bedennou hag a garantez ? « Nag

a c'hrasou a roe Doue d'in en amzer-ze, a
lavare an Aot. Vianney divezatoc'h, ar pez a
c'houlennen a roe d'in. » Ne glaske nemed
eun dra : gounit he barrez da Zoue, ha ne
ehanaz da grial varzu Doue ken en doa digaset
d'ar gear an diveza danvad dianket.

## EISVED PENNAD

*An Aotrou Vianney a laka urz vad en he barrez*

Ar barrez a vellae, a nebeudou koulsgoude,
kreski a rea an dud vad en dro d'an Aotr.
Person. Penaoz, e guirionez, chomm kaledet,
pa denet da anaout buez an Aot. Vianney ?
Mes gras Doue a rank kaout amzer, hag an
amzer a rank kaout gras Doue ive. Kalon an
den zantel a jomme glac'haret. Lavaret on deuz
ez oa troet tud ar vro gant ar blijadur, ha
bep sul ha bep gouel, koulz lavaret, e vije
dansou. An danz n'eo mad morse nag e neb
leac'h ; var ar meaz, koulsgoude, ez oa goa-
soc'h, abalamour ez euz nebeut a zoursi d'en
em zerc'hel evel ma 'z eo dleet ; an dud a zo
oll anaoudegez an eil d'egile, hag ar gerent ne
maint ket kalz var evez. An dansou n'int mad

nemed da vaga ioulou fall e kalon an dud
yaouank, da vouga an devosion, ha d'ho dis-
trei ouz ar blijadur honest.

An Aot. Vianney a vele mad ez oa an
dansou o viret outhan da ober muioc'h a
vad, hag adalek ar bloaveziou kenta, e preze-
gaz a eneb an dansou. Var ar mamou eo e
poueze ar muia, hint eo peurvuia, emezhan, a
zo kaoz d'ho bugale da veza maleüruz, pa
lezont anezho da vont da redek. — « Lezomp
an Aot. Person gant he brezegennou ha kea,
va merc'h, bez fur ha deuz abred d'ar gear. »
— Mad, mam, eme an Aot. Vianney, mes
selaouit :

« Eun dervez edon o tremen etal eun tantad
braz a dan, ha me o kemeret eun dornad kolo
seac'h, hag o teuler anezhan en tan, en eur
lavaret d'ezhan chomm hep devi. Ar re a oa
eno a rea goap ac'hanon hag a lavare d'in :
Kaër oc'h euz lavaret d'ezhan chom heb leski,
devet e vezo koulsgoude. — Penaoz 'ta ? pa
lavaran d'ezhan chomm hep devi. — Petra
sonjit-hu var gement-se, mam gristen ? N'eo
ket evelse e rit ? C'houi a lavar d'ho merc'h
beza fur, hag a lez anezhi da vont d'ar foariou
ha d'an dansou. Devet sur e vezo pa 'z a e kreiz
an tan. O mam, c'houi zo kriz, c'houi zo
dall, c'houi eo bourreo ho pugale, c'houi zo

kaoz d'ezho da veza maleüruz er bed man hag er bed all, hag evidoc'h hoc'h-unan e c'houezit tan an ifern. » — « Kerent so hag a gred, siouaz, ez eo aoualc'h d'ezho heulia ho-unan gourc'hemennou Doue, heb ober d'ho bugale heulia anezho ; kredi a reont e vezint salvet abalamour ma pedont, ma tostaont ouz ar sakramanchou, ha ma reont eun aluzen benag... siouz d'ezho ! lezel a reont ho bugale da vont d'an danson, d'an nosveziou, d'ar foariou... C'hoant o deuz e ve guelet ho merc'hed yaouank, ha ma ne deont ket d'al leac'hiou-ze ne vezint ket anavezet ha ne gavint ket da zemezi. Nan, ne vezint ket anavezet gant al lamponed ; ne gavint ket da zemezi, nan da dud hag ho lakafe maleüruz... Diouallit mamou dallet, eur beden benag a rit, mes ho merc'h a zo etre daouarn an drouk-spered ; c'houi a deu da adori Doue epad m'e ma ho pugale o krusifia anezhan... »

Eun tad a gav d'ezhan e ra aoualc'h abalamour ma 'z euz urz vad en he di ha ne glever ennhan na luc'haj ne blasfemmou ; mes e peleac'h e ma ho mab ?... Ne velit ket ez oc'h henvel ouz Pilat, a anavez Jesus-Christ hag a gondaon anezhan. »

Komzou ar beleg santel ne zougen ket a frouez raktal, koulsgoude. He baresioniz a

deue da Bask, da viana, da zakramanti, ha
kalz anezho aliesoc'h mes, allas ! koueza a
reant adare, ha kalon an Aot. Vianney a veze
rannet. « Penaoz, emezhan, goude Pask,
lavaret d'eoc'h kenderc'hel mad ? neuze e
veffen eur falz pastor ; ne c'heller lavaret
derc'hel mad nemed d'ar re a zo distro da
Zoue a vir galou. Lavaret d'ar pec'her ken-
derc'hel !... Oh ! na me zo maleüruz !/
Lavaret d'ar gerent kenderc'hel da lezel ho
bugale da redek, ha d'an dud yaouank,
kenderc'hel da vont d'an dansou ha d'ar foa-
riou !... Siouaz, neuze a veffen bourreo ho
ene. »

Aotrou, Person Ars a gondaone var eun
dro, hag ar re a roe ho zi da zansal pe a roe
digor d'an dud yaouank evit an nosveziou, ar
beilladegou, hag ive ar gerent hag a vel petra
dremen ennho heb ruzia na lavaret ger.
Pebeuz torfet, emezhan, hag e klemmit pa
zeu Doue d'ho kastiza. Ne lezit morse ho
pugale da vont d'an nosveziou na d'an hos-
taliri ; perak e tec'hont diouzoc'h ? perak
kuzet ? nemed abalamour m'o deuz c'hoant
kaout muioc'h a frankiz. » Gant aoun e vije
ankounac'heat he gomzou, en doa great skriva
ar c'homzou-man, e chapel Santi Yan. He
benn a zo bet troc'het evit eun dro danz.

He gomzou a gavet pounner hag an oll ne
blegent ket c'hoaz. An dud yaouank, lod
deuz ar gerent ha dreist oll an hostizien, ne
ruzient ket evit sevel ho mouez da damall an
den zantel. Kalz a oa a eneb d'ezhan hag he
c'hlac'har a oa ker braz, ma oue hano ganthan
da zilezel he barrez. Neuze e kreske da bedi,
da ober pinijen evit ar re ne reant ket, ha
Doue a deuaz d'he zikour. Unanik benag a
glevet o lavaret : « An Aot. Person a ra ar pez
a lavar, heuillomp he aliou, rak ne glask
nemed hor mad. »

Pa zavaz an Aot. Vianney breuriez ar
Rozera en he barrez, e klaske dreizhi, lakad
an dansou da goueza, ha meur a hini euz
ar merc'hed yaouank a roaz ho ger, ha ne 'z
ejont mui d'an dansou. A nebeudou e tristroet,
hag an Aotrou mear a c'hellaz difen an dansou
etal an iliz.

Pardon ar barrez a oa erru, siouaz, rak ne
dremene ket heb dansou, muzikou ha kalz a
drouz. Tud yaouank ar pareziou all a deue
ive da zikour, hag an dervez-se a lakea avel
cr' pennou epad meur a zervez goudeze. An
Aot. Person en doa kaozeet start. « Va breu-
deur, emezhan, tud ar bed ne glaskont nemed
ho flijadur, koulsgoude n'heller ket kinnig an
dansou da Zoue da baea evit pec'hejou ar

yuez. Ar re a ia d'an danz a lez ho eal mad etal an or, hag an diaoul a gemer he blas. Ar re a glask ar blijadur gant an drouk spered, eme sant Yan Chrizolog, n'hellint ket beza eüruz gant Jesus-Christ. Ne der ket d'ar baradoz heb he c'hounit ha n'heller ket he c'hounit o tizenti oûz Jesus-Christ. Hor Zalver en euz lavaret : Ne bedin ket evit ar bed milliget... ne lavar ket : Eüruz ar re a zans hag a c'hoarz, nan, lavaret a ra : Eüruz a re a ouél hag ar re o deuz poan. »

Evelse e komze an Aot. Vianney, mes he vizaj ken trist hag he zaelou, a lavare kalz muioc'h eget he gomzou.

En dervez araok ar pardon, ar baotred yaouank a ieaz da gaout an Aot. mear, da c'houlen diganthan kaout dansou etal an iliz adare evel araok. Pa glev petra zo c'hoant da ober, an Aot. Mandy a asten he vuzellou : « Va mignoned, emezhan, lavaret em euz d'an Aot. Person ne vezo ket a zansou el leac'h-se, ha derc'hel a rin d'am ger ; sentit outhan evel ma ran-me ha n'o pezo ket a geuz. »

Ar pennou skanv, el leac'h senti a ia d'an Trévoux da c'houlen digant ar *Sous-Préfet*, ar pez ne roe ket ar mear. « Ar Sous-Préfet, eme ar mear koz, a zo huelloc'h egeton, n'hellan ket difen ar pez a lez ober, mes ar polis a zo d'in, diouallit mad, mar 'bez trouz, e kavot ac'hanon-me. » Ar baotred yaouank ne rajont nemed c'hoarzin, hag en dervez varlerc'h, goude ar Gousperou, e tigor an danz, etal an iliz. Kaër zo son, den na dosta, ne 'z euz nemed diou pe deir vatez deuz ar barrez hag unan benag all deuz ar pareziou tosta. Merc'hed yaouank Ars a zo chommet en iliz da bedi gant ho c'herent. An Aot. Person a zo stouet dirag ar Zakramant, o ouela hag oc'h hirvoudi.

Echu gantho ho fedennou, ar merc'hed yaouank a ieaz, evel ma 'z eant bep zul, eun nebeut amzer a oa, da jardin ar presbital ; eno e kanent kantikou hag e kemerent ho flijadur. An Aot. Vianney a leze gantho an nebeut frouez a vije ebarz. Hen ne deuaz ket var dro, mes d'ar pardaëz e c'halvaz anezho d'ar presbital hag e lennaz d'ezho eur pennad ouz buez santez Katell. O velet pegen eüruz ez oaint da veza great ho dever, e lavaraz d'ezho : « N'eo ket guir, va bugale, ez oc'h eürusoc'h da veza chommet aman eget na vijec'h bet o vont da zansal gant ar re all ? »

An danserezed ne oaint ket chommet pell kennebeut, rak dansou heb merc'hed ne bad ket pell ; an oll a rea goap euz ar baotred yaouank, ha pa deuaz ar mear gant he charp, da lavaret ez oa poent mont d'ar gear, ne rankaz ket lavaret diou vech.

Neuze e klever o son kloc'h ar pedennou, hag an iliz a zo leun. An oll o deuz c'hoant da ober plijadur d'an Aot. Person, goude ma 'z euz bet great kement a boan d'ezhan. Hen a velaz mad perag ez oa kement a dud, hag he gomzou a ieaz ken eün d'ar galon, ma ranke an oll gouela ganthan.

Ar mamou a gomprene ar guella ar c'homzou-ze, poueza a rejont var ho faotred yaouank, ha kalz deuz ar re-man a c'houlennaz beza digemeret e Breuriez ar Zakramant.

Ar re falla a glaske enebi c'hoaz, koulsgoude ne zanser mui nemed deiz ar pardon. Eur bloavez ne oue kavet soner ebet. An Aot. Person a ieaz abred d'he gaout : « Va mignon, emezhan, ober a rit aze eur vicher hag a zisplij meurbed d'an Aot. Doue. » — « Aot. Person, beva ranker. » — « Ia, va mignon, mervel a ranker ive, hag aoun em euz o peffe keuz, da heur ar maro, da veza bevet evelse. Pegement a roer d'eoc'h d'ho tervez ? » — Ugent lur. — « Mad, setu aze daou ugent, ha roit peoc'h d'eomp. » Heman a c'hodellaz he arc'hant hag a skampaz d'ar gear.

Abenn ar bloaz 1830, an dizurchou a oa eat d'an traon ; er bloaz-se koulsgoude, eun ezen

dizoue a c'houeze var ar France, hag ar re fall
a zavaz eun nebeut ho fenn, en Ars ive. Ar
mear nevez, an Aot. Comte des Garets, a
falvezaz d'ezhan difen an dansou, hag an Aot.
Person ne c'houlennaz nemed ma vijent kaset
pell deuz an iliz. Mes eun dra a zo iskiz da
glevet : N'eo ket an dud yaouank eo a oa e
penn an danz, mes tud var an oad. An dro-
man oue ar vech diveza, rak an Aot. Person
a gavaz an tu da ober goap anezho gant
dousder hag heb tamall den. Goude beza
trugarekeat an dud yaouank da veza chommet
er gear, e lavaraz : « Dissul diveza em euz
guelet eun nebeut goazed deuz ar barrez hag a
dleje beza bet furoc'h, abalamour d'ho oad,
ha pa ne ve ken, rubanou o doa deuz ho
zokou, sonjet em euz o doa c'hoant d'en em
verza. (1) » Ar c'homzou-ze a gavaz ho hent.
An dansou koulsgoude ne ehanjont da vad
nemed d'ar bloaz 1833. An Aot. Person en
doa lavaret : « Ma tanser c'hoaz, ez in kuit. »
Er bloaz 1848 e oue great c'hoaz eun easea
koulsgoude ; an Aot. Vianney a lavaraz :
« Mar bez an distera trouz ez in kuit dioc'htu,
ne jommin mui ganeoc'h. » Guelet a raimp
n'eo ket evit ober aoun hebken e komze evelse.

_______

(1) Evel ma rea neuze an dud yaouank paour, o divije
c'hoant mont d ar zervich, evit arc'hant, e plas ar re binvidig.

An den zantel oc'h ober d'an dansou eur vrezel hag a badaz keit amzer, pemp bloaz var-n-ugent benag, a verk d'eomp pegen noazuz eo an dansou en eur barrez. Ar blijadur-ze a ra ober kalz a bec'hejou, mouga a ra ar vuez kristen hag ar vertuziou er famill kerkoulz hag e kalon pep hini, ha dre ma koueze an dizurchou, e velet an urz vad hag an honestiz kristen o ren. Breman, eme an Aot. Vianney, ma 'z it da glask ar plac'h yaouank a vije guechall en dansou hag en nosveziou, e peleac'h e kavit anezhi ?

Er gear pe en iliz. Er gear, n'eo ket avad o kaozeal divar benn plijadurezou sot ar bed, nag o koll he amzer o sellat er mellezour, pe oc'h ober he fenn skanv, fae a ra var an traou-ze breman, karet a ra al labour, rei a ra an dorn d'he mam, pe en ti pe er meaz, ober a ra skol d'he breudeur ha d'he c'hoarezed yaouankoc'h, ha lenn a ra 'leoriou talvouduz d'he ene. Ma ne ma ket er gear, it d'an iliz hag e kavot anezhi o pedi, o trugarekad Doue da veza distroet anezhi divar an hent a gass da goll. Breman ez eo modest, laouen, madelezuz evit an oll hag eaz da garet ; guelet a rer e ma ar peoc'h en he c'halon hag he c'herent a zo eüruz ganthi.

« Eun den yaouank en doa lavaret ne

'z ache mui d'an hostaliri. Kement a boan a laka breman da dec'het, a ma lakea guechall da gaout eun digarez benag da vont ennhi; he spered a oa leun a draou fall ar bed, guechall; breman e vel peger zot edo, hag e sonj en he ene hag en he zilvidigez. » Parrez Ars a deue, e guirionez, da veza eur barrez kristen.

An drouk spered, trec'het euz eun tu a glaskaz meur a vech sevel deuz eun tu all, o lakad da dalvezout evithan an eureujou hag an dizurch a vez d'ho heul. Mes an tadou hag ar mamou a reaz ho dever evel ma tleffent ober atao, hag an eureujou ne deujont ket da veza derveziou a bec'het, evel m'ac'h erru re aliez, siouaz !

* * *

Pa zigouezaz an Aot! Vianney en Ars, unan deuz ar gourc'hemennou torret an aliesa, oa hini ar zul. Mar d'eo pec'het ober goal implij ouz ar zul o tansal, ez eo ken pec'het all lakourat, hag an Aot. Person a falvezo d'ezhan, a grenn, ober d'ar zul beza da Zoue. An den, epad he veach poaniuz var an douar-man, en euz ezom da gaout eun dervez var zeiz da ehana; an dervez-se eo ar zul ker laouen evit ar c'hristen. Neuze e c'hell he galon hag he gorf diskuiza, etre divreac'h ha

var galon Jesus, 'evit kregi adare el labour
goudeze, gant muïoc'h a nerz kalon, ha kemeret
he vaz da gerzet a dreuz skuisder ha tristidigez
ar vuez-man. Mes red eo e plijfe d'ezhan an
ehan a ra bep sizun, red eo e ve laouen, rak
an-den a rank kaout goueliou. An iliz her
goar mad ha pourveet e deuz da beb tra. Hi,
hag hi hebken 'a oar rei d'ar bobl ar goueliou
a ra vad d'an ene. Evit se an dud n'o deuz
da ober nemed mont d'an iliz, digar eo d'an
oll ha guisket gant he dillad da zul, an ezanz
a ro c'houez vad, ar c'han a laka laouenedigez
er galon, kompren a rer e ma ar paour aman
er gear, koulz hag ar pinvidig, oll ez int
bugale da Zoue.

Aot. Person Ars a gomprene pegen kaer eo
ar zul, ha petra lavar d'an eneou ; adalek he
vugaleach en doa tanveat peger mad eo ar
zul. Oc'h erruout en Ars, e kavaz he iliz vian
ïen ha noaz. N'en doa ezom netra evithan he-
unan, evit he Vestr avad e falveze d'ezhan
kaout an traou kaera. Pa brene eun dra
benag e lavare : « Plijadur em euz o kreski
arrebeuri an Aotrou Doue, pa 'z eo ker brokuz
evidomp : roet en euz he c'hoad beteg ar
berad diveza, hag er gommunion en em ro
d'eomp a bez, gant kement so d'ezhan. »

Red eo eta karet an iliz hag heulia mad ar

zul, ha var ar zul eo e prezege an aliesa an Aot. Person, rak ne 'z euz netra ken noazuz d'an ene hag al labour da zul.

« Labourat a rit, emezhan, mes ho labour a zo noazuz d'ho korf koulz ha d'hoc'h ene. Ma ve goulennet digant ar re a labour da zul : Petra oc'h euz great ? e c'helfent respont : Guerzet em euz va ene d'an diaoul, staget em euz va Zalver ouz ar groaz, nac'het em euz va badiziant. Evit eun netra e rankot gouela ha skrijal hed an eternite.... Pa velan unan benag o labourat da zul, e sónjan e ma o charéat he ene d'an ifern... Fazia a rit o kredi e c'hounezit muioc'h ; daoust hag eiz real pe eur skoet a c'hell beza lakeat er valanz gant ar gaou a rit ouzoc'h hoc'h-unan, o terri lezen Doue ? Kredi a rit eo al labour a ra pep tra ! hag ar c'hlenved, hag ar c'hollou ? nebeut a dra a zo aoualc'h avechou evit lakad ho labour da vont da netra : eur barr goall amzer, eun nosvez skorn... Pep tra zo en dorn Doue ha pa en euz c'hoant e c'hell skei, daoust a n'eo ket hen ar c'hrenva ? Daoust hag ehana a c'hell da veza mestr ? Petra c'hounezit o labourat da zul ? Lezel a rit an douar evel m'e ma pa 'z it kuit, ne gasit netra ganeoc'h. Ah ! n'eo ket eaz mervel pa oar stag ouz traou an douar. »

« Ar zul, emezhan c'hoaz, a zo da Zoue, he
zervez eo, ma karje e vije bet d'ezhan oll der-
veziou ar zizun, roet en euz c'huec'h d'eoc'h
ha dalc'het unan evithan. Peseurt guir oc'h
euz-c'houi eta da gemeret ar pez n'eo ket
d'eoc'h ? Ar madou laeret, evel ma ouzoc'h,
ne dalvezont netra, hag an dervez laeret da
Zoue ne vezo ket talvouduz d'eoc'h kennebeut.
Me anavez daou hent da zont da veza paour :
labourat da zul ha laerez. »

Ar gomz-se a garie lavaret aliez, ha var fin
he vuez e klevet anezhi ganthan aliesoc'h
c'hoaz ; marvad e oueze guelloc'h pegen guir
ez eo.

Dre ma teuet da anaout guelloc'h he zan-
telez hag he binijennou rust, e sentet guel-
loc'h outhan, hag abenn nebeut bloaveziou,
morse den ne laboure da zul, nag epad an
eost zoken. Ar zul a oa da Zoue, e guirionez,
ha d'ar beden, evit diskuiza.

Eur zulvez a viz gouere, al labour a oa en
he vella, hag an ed astennet var ar park o
c'hortoz beza endramet. Da goulz an oferen
bred an avel a oa krenv hag ar c'houmoul du
ha teo, lec'h oa da gaout aoun. An Aot. Person
a bign er gador, difen a ra dastum netra,
prometi a ra zoken, d'he baresioniz muioc'h a
amzer gaër eget ne oa ezom evit ober an eost.

Evel ma lavare a c'hoarvezaz, an amzer vad a badaz pemzek dervez c'hoaz.

« Epad ar foenn edon en Ars, a lavar unan, ar zizun a oa bet fall, a vec'h 'm'o doa kavet an dud eur pennad sec'hor da falc'hat, ha d'ar zul goude, an amzer a oa kaër meurbed. Daoust da ze ne veliz den er foenneier. Va den mad eme oun-me, d'ar c'henta n'em gavaz ganen, evit gouzout petra lavarje, ho foenn a vezo kollet ! Ne 'm euz aoun ebet, emezhan, an Hini en deuz he roet d'eomp, a vezo madelezuz aoualc'h evit he zioual ive ; hor person zantel a zifen labourat da zul, ha ni a dle senti outhan. »

Doue a ro atao he vennoz d'ar zentidigez, ha tud Ars a oa mad an traou gantho, ne jomme paour nemed ar re a laboure da zul, dre guz. Du-man, eme eun den mad, doujanz ar bed a zo troet var an tu gin.

Divezatoc'h pa greskaz an dud en Ars, pa oue red sevel tiez nevez evit digemeret ar belerined, ar zul ne jenchaz ket evit se, den na laboure, na kouer nag artizan. An Aot. Person, zoken, en doa c'hoant ne vije guelet *Omnibus* ebet o tont hag o vont, hag ar belerined, o c'houzout kementse, a rea ar pez a c'hellent evit miret da zigouezout pe da vont kult, d'ar zul.

Diou hostaliri a oa en Ars pa erruaz an
Aot. Vianney. Ar re-man eo a goll an dud
divar ar meaz hag a ra poan spered d'ar
bersoned. An hostaliriou a zo, re aliez, a
eneb d'an iliz, mar d'int leun, an iliz a jomm
goullo, hint eo a laz ar zul, evit ar oazed da
viana.

An Aot. Vianney, a dra zur, ne glaske ket
noazout d'ar re a zalc'he anezho, koulsgoude e
ranke komz divar ho fenn, abalamour d'an
dizurchou, ha ne zalc'he morse evithan he-
unan ar pez a zonje divar benn an hostaliriou.
Nebeut a nebeut an oll a deuaz da lavaret
evelthan, hag an diou hostaliri a gouezaz. En
tiez-se e savaz diou *hôtel* evit repui an dud
estren pa deuaz mare ar pelerinachou, ha da
zul e vijen atao serret, nemed pa vije red rei
da zrebi ha da eva d'ar belerined.

Ars a deuaz da veza eul leac'h santel, dis-
henvel ouz ar bourkou all. Ne glevet ket d'ar
zul d'abardaëz, evel e meur a leac'h so, ka-
naouennou tud vezo na re all. N'eo ket al
lezennou eo a laka an urz vad da ren hag a
chench an dud, nerzusoc'h eo mouez eur
beleg santel, mar d'eo var dud leal en deuz da
velet.

Miret da labourat da zul, kass an dizurchou
d'an traon a zo kalz, a dra zur evit mad eur

barrez, n'eo ket aoualc'h koulsgoude evit ma vezo ar zul da Zoue. Lemmel digant ar bobl ar blijadur, heb rei d'ezhan netra en distro, a zo rei leac'h d'ezhan da veza inouet. Evit ma vezo ar zul d'an Aot. Doue, e rank labour ar c'horf rei plas da labour an ene. Al labour-man a ra vad d'an den, hag a ra d'ezhan sevel he zaoulagad varzu Doue, ha tostad outhan. An Aot. Vianney, soursiuz euz he baresioniz, evel eur vam euz he bugale, a gav an tu da ober d'ar zul beza talvouduz d'an oll.

Eun dudi eo beza en Ars, da zul pe da c'houel. Kalz tud a vije ouz an daol zantel hag ar pedennou ne ehanent ket, koulz lavaret, araok amzer ar pelerinaj zoken. Goude ar Gousperou e vije kanet Komplidou ; goude litaniou ar Verc'hez, var gan ive, an Aot. Person a lavare ar chapeled hag an oll a jomme. Da zerr-noz, ar c'hloc'h a zone adare, ha tud ar barrez a zirede a nevez d'ar peden-nou, hag an Aot. Person a lavare eur gomz benag divar benn Aviel an deiz.

Ars a oa deut da veza eur barrez dispar. Pa zone ar c'hloc'h da greiz-deiz, e velet an dud oc'h ehana e kreiz ho labour, hag o lavaret an *Angelus*, en ho fenn noaz. Ne glevet mui an trouz hag ar chikan a vez peurvuia da heul ar vesventi. An dud a ie aliez da govez ha da gommunia, ha bep sadorn a oa, evit ar c'hovesionou, evel pa vije bet eur gouel kaër d'ar zul varlerc'h.

Meur a vech ez oun bet a dreuz ar parkeier epad an eost, a lavar unan hag a veze aliez en Ars, n'em euz klevet morse na pec'hi, na blasfemi, na komzou louz. Eun dervez e roen meuleudi da unan deuz ar barrez, hag hen a lavaraz, heb klask tro : « Aman ne domp ket guelloc'h eget el leac'h all, koulsgoude en divije mez oc'h ober ar pez a livirit, pa 'z omp ken tost da eur zant. »

Unan benag a jomme kaledet koulsgoude, an drouk a zo e pep leac'h, ha p'en em gav etouez kement a vad ez eo goasoc'h c'hoaz. Mes an nep a anaveze ar vro-ze hag a oar petra edo pa zigouezaz an Aot. Vianney, a rank lavaret : ar vad en euz great ar beleg santel-ze d'he barrez, eo he genta mirakl.

## NAVED PENNAD

*An Aot. Vianney en euz soursi deuz he barrez.*
*Labourat a ra ive er paresiou all.*

D'ar mare ma komzomp anezhan, parrez Ars e doa eta chenchet tu. Bian oa koulsgoude evit ar c'hoant en doa an Aot. Vianney da ober vad, hag ar re a c'houarne an eskopti a ginnigaz d'ezhan eur barrez vrasoc'h, ervez ma lavar an Aot. Monnin. Ster ar Saone, deut deuz he c'hanol gant an doureier braz, a viraz outhan da vont da velet he barrez nevez, ha tud Ars a gasaz unan benag ouz ar pennou bras d'an eskopti, da lavaret ec'h assante an Aot. Vianney, chomm er barrez, hag o doa ar baresioniz c'hoant braz e chomje gantho.

An Aot. Vianney a garie he barrez ha karet oa ive. Kalet oa evithan he-unan hag eun tamik rust evit ar re all, mes gouzout a reat ez oa evit ho mad. An amzer ha gras Doue a rai d'ezhan dousad, ha ne vezo guelet ennhan nemed madelez ha karantez. Karet a rea lakad he baresioniz da zisken ennho ho-unan ha da

zonjal ervad, ha pa zigoueze eur goall dra
benag e lavare d'ezho ez oa ho fec'hejou
penn abek a gementse.

Eur dervez, eur bar grizill spountuz a
zraillaz an eost hanter zare dija ; ar re gosa n'o
doa biskoaz klevet hano a gement-all, hag ar
skridou, o rei d'eomp d'anaout ar goall-eur-ze a
lavar : « An Aot. Person, er mintin-man, en
euz lavaret d'eomp gouela, n'eo ket var ar
c'holl, mes var hor pec'hejou, penn abek d'ar
c'hollou : « C'houi zastum hoc'h eost, emezhan,
heb kaout sonj e Doue, a ro an eost d'eoc'h.
Kalz a bec'h, hag Hen en euz lavaret : Me fell
d'in diskuez d'eoc'h ez eo d'in, an eost-se ;
téc'hit, me ia d'he gemeret ha d'he gass da
netra. »

An Aot. Vianney a gomze dalc'h-mad d'ar
re a vije ouz he zelaou divar benn trugarez
Doue hag he justis, ha klask a rea aliez lakad
en ho c'halon aoun ouz barn an Aotrou Doue.
Digeri a rea dirazho hag an ifern hag ar bara-
doz, ha ne vije morse ken helavar ha pa
gomze divar benn levenez an den just ha deuz
poan-spered ar pec'her.

Ne gave ket d'ezhan e kreske aoualc'h
karantez Doue etouez he baresioniz, ha bep
an amzer e c'halve d'he zikour he genvreudeur
deuz ar paresiou tosta. Aoun en doa ne raje

ket mad he-unan, ha pa vije béleyen all gan-
than, e vije dienkrez, rak kredi rea edont oll
furoc'h ha guelloc'h sklerijennet egethan. Pa
vije eta eun *adorasion* benag, Aot. Person
Sant-Thrivier pe hini Jassans pe Chaneins a
deue da zarmoun ha da govez da Ars. Doue
a skuille atao he vennoz var an derveziou
zantel-ze; ar bec'herien a zistroe da Zoue hag
ar re vad a deue da veza guelloc'h.

« Biken, a layar eun test, ne vezo gouezet
pegement a c'hrasou a zilvidigez en euz skuil-
let Doue dre bedennou an Aot. Vianney, ha
dreist oll dre zakrifiz santel an oferen, epad
ar Jubile. An oll eneou a zo bet renevezet,
hag er zarmon diveza, an Aot. Person a lavare :
« Va breudeur, Ars n'eo mui Ars. Meur a
vloaz a zo abaoue ma n'euz ket bet kement a
chenchamant er barrez. Guelet em euz meur
a Vision hag a Jubile, n'em euz guelet e neb
leac'h, eneou kerkoulz troet hag aman. »

Daou Jubile a oa bet, tost an eil d'egile, ha
meur a hini a gave d'ezho ez oa re. An Aot.
Vianney o rei da c'houzout pe da vare e
tigore an eil, a gomze evelhenn : « Va migno-
ned, pa teuffe eur roue pe eun den pinvidig
benag da rei d'eoc'h mil skoet, ha ma plij
ganthan goudeze rei d'eoc'h mil skoed all, piou
a gaffe ne ve ket mad an dra-ze ? Piou ne ge-

merfe ket an eil mil skoet abalamour d'ar
mil skoet kenta en euz bet ?

Ne oa ket aoualc'h d'ezhan ober vad en he
barrez, kinnig a rea d'he genvreudeur mont
da rei an dorn d'ezho. Pa vije ezom ouz unan
benag, ez eat d'he glask, pa vije eur beleg
benag klanv, hen eo a ie da ober al labour.

Aliez e vije e parrez Misérieux, rak an Aot.
Person en doa daou vloaz ha pevar-ugent.
Er presbital-ze ez oa tri baotrik yaouank er
skol, hag ar re-man o divije plijadur o sellet
piz ouz an Aot. Vianney. Lavaret a reant ez
oa eur zant. Pa c'hellent, e vijent atao en he
gichen, hag ar pez a rea d'ezho chomm sebezet,
a lavare unan anezho divezatoc'h, oa guelet
pegen treut edo ha pegen dizec'het oa he
zaouarn hag he vizaj, hag ive guelet ne falveze
d'ezhan morse drebi netra.

Ar Misionou a roaz tro d'ezhan da labourat
er paresiou all. En unan anezho e tiskuezaz
ken sklear pegement a c'halloud en doa var
an eneou, ma teuaz he vuez zoken da veza
chenchet goudeze. Ar Mision-man eo hini
kear Trévoux, roet gant an tadou Chartreuzed.
An hini a oa e penn ar Mision, an Aot.
Ballet, en doa anavezet an Aot. Vianney er
seminer hag a c'houlennaz diganthan dont da
zikour kovez.

Ar Mision a badaz pemp sizun, hag an Aot. Vianney a ie deuz ar gear d'ar zul d'abardaez, pe d'al lun vintin; ober a rea tost da deir leo var he droad, e kreiz ar goanv. D'ar zadorn da noz e tistroe; ha beteg ar zul vintin e chomme da govez tud he barrez.

Petra a gasaz ar re genta, e Trévoux, da zaoulina, e kovesion eur beleg ken dister, person eur barezik vian var ar meaz? Marvad ne ouzont ket ho-unan, mes goude beza bet, ez oant ken euruz, ma kasent d'ive, kement hini a anavezent. An Aot. Vianney a gemere he damik pred e ti an Aot. Morel, Heman a oa e penn eur skol e kear, anavezet en doa anezhan e Verrières. « En ho ti, emezhan, ez oun easoc'h, c'houi a lezo ac'hanon da zrebi ar pez em bezo c'hoant. » Eur vech an amzer koulsgoude e ranke mont d'ar presbital, hag eun dervez, he genvreudeur beleyen, evit ho flijadur, a c'hoanteaz gouzout pegement a dalveze he zillad, hag ober invantor d'ezhan. An Aot. Vianney a c'hoarze gant ar re all. Ar re-man koulsgoude, a glaske, en eur c'hoarzin, ober vad d'ezhan, ha pep hini a roaz eur guennek benag evit dressa ar pez en doa ar muia ezom. D'ar zadorn goude ec'h erruaz ganthan eur bragou voulouz nevez. An Aot. Vianney a lavaraz bennoz, ha nebeut amzer goudeze ez a d'ar gear, dre eun amzer ién ha skrijuz.

Pa zigouez e beg ar c'hra hanvet ar Bruk, e kav eno eur paour hanter visket, o krena gant ar riou. « Riou oc'h euz, va mignon, n'eo ket guir ? » Mont a ra eun tam a gostez, ha kerkent e tistro, he vragez nevez ganthan en he zorn, da rei d'ar paour. Nebeut derveziou goudeze, he vadoberourien a c'houlennaz diganthan kelou divar benn kest he vignoned. Heb nec'h ebet e respontaz d'ezho en eur c'hoarzin : « Ar pez oc'h euz roet d'in am euz prestet *à fonds perdus*, da eur paour a oa duhont e krec'hen ar Bruk. »

Person Ars a goveseaz al loden vrasa deuz an dud, e Trévoux, hag an dud desket dreist pep tra : Ar varnerien, an dud e karg, an dud a lezen, oll edont o kovez ganthan. Ar Sous-Préfet a gomze divar benn an den zantel gant kalz a respet, meuli a rea he furnez, he zousder, start atao var an hent eün ; « Person bian Ars, emezhan, a zo bet didruez evit an nosveziou hag an dansou a vez du-man, rezoun en euz koulsgoude, ha me a zento onthan. »

Ne oa hano e kear, nemed divar benn ar sklerijen en doa an Aot. Vianney evit bleina un eneou, hag en dervez diyeza e tremenaz ouspen ugent heur er govesion. Da ziv heur dioc'h ar mintin, an Aot. Morel a deuaz da denna anezhan er meaz, he zougen a rankaz, koulz lavaret, var he vele, ken skuiz ez oa. Div heur goudeze, Aot. Person Ars a oa o kovez adare.

Mision burzuduz an Trévoux a lakeaz hano an Aot. Vianney da veza brudet dre ar vro. Adalek neuze e klasket he gaout e pep leac'h, ha Jubile ar bloaz 1826 a roaz tro d'ezhan da labourat e meur a barrez : Montmerle, Sant-Thrivier, Savigneux, Chaneins, Sant-Bernard. Er barrez-man ne oa nemethan o labourat, hag ar barrez a jenchaz buan. Pa zone ar c'hloc'h, an oll a zirede d'an iliz, den ne laboure. Ar servicherien a grie forz evit beza lezet da vont da zelaou Aot. Person Ars. « Guelloc'h eo ganeomp, emezho, e talfec'h eun dra benag divar hor c'houmanant evit an amzer a dremenimp en iliz. » Hag Aot. Person Sant-Bernard a lavare, en eur c'hoarzin : « Eul labourer mad am euz kavet, labourat a ra kalz ha ne zreb netra. »

An Aot. Vianney a oa bet, eun dervez, pedet da zarmon evit eur gouel kaër, en eur barrez vraz, stag ouz Villefranche. Hen ne falveze ket d'ezhan, rak, emezhan, n'oun ket din. An Aot. Person a zalc'haz mad, en eur

lavaret e tigoueze ar gouel d'eun dervez
pemdez, ha ne vije ket kalz a dud. An Aot.
Vianney, re vad, n'hellaz ket refus. Kouls-
goude ar gouel a erru heb m'en deuz bet amzer
da zonjal en he zarmon, rak kovez a ranke
heb ehana. D'ar mare-ze ne gave ket c'hoaz
ken eaz pignat er gador da zarmon, ha ma rai
divezatoc'h, hag en eur vont ez oa klanv,
koulz lavaret, evel ma vez kalz p'o deuz da
zarmon. Ar re n'o deuz ket bet da gaozeal
evelse dirag an oll, n'ouzont ket peger poa-
niuz eo. « Ar spered a zo neuze, evel ma
lavare hen, evel eun den hag a rankfe bale
heb divesker. » Kredi mad a rea ne gavche
na sonj en he spered na ger da lavaret.

Pa zigouezaz, epad ar gousperou, e kavaz
eun ilizad tud ; dijentilou Villefranche a oa
deut oll pa glevchont lavaret oa Aot. Person
Ars a dlie sarmon ; ouspenn ugent beleg a oa
er c'hœur. Ar prezeger paour a oa nec'het
braz. Goude beza goulennet sklerijen digant
an Hini en euz lavaret rei mouez ha komzou
d'he ebestel, pa vije red, evit ober vad, ez a er
gador. Ne glask ket sebezi an dud gant kom-
zou kaër ha flour, rei a ra da gompren d'an oll ar
guirionezou zantel ; komza ra divar benn karan-
tez Doue, gant kement a dan, ma ra skuilla
daelou d'ar re ne oaint ket kustum d'hen ober.

Ma labour heb ehan evit mad an eneou, ne ankouez ket he hini he-unan ; santel a rank beza evit santelad ar re all. Ne ankouez ket an diskuiz er beden, evel ma lavare Hor Zalver. Lezel Doue a gostez evit labourat pa dleer hen ober, ha dont da Zoue kerkent a ma c'heller dre ar beden, setu lezen ar zent, hag an Aot. Vianney a zave dalc'h mad he galon varzu Doue, e kreiz he labour.

Kement a hano a oa dija divar benn Aot. Person Ars, ma ne c'hortozet ken ma teuje da labourat er pareziou ; an eneou ankeniet o doa kavet an hent da vont da Ars, hag ar belerined kenta a ziskoueze an hent d'ar re all. Divezatoc'h kement hent a gass da Ars a vezo leun a dud. Ouspen ugent mil den ar bloaz (1) a ie da Ars pa oa klevet hano deuz an traou burzuduz a dremene eno.

___

(1) Ugent mil eo ar gont roet gant Sous-Préfet an Trévoux, pa c'houlennar ar groaz a enor evit an Aotrou Vianney (28 Even 1855).

## DEKVED PENNAD

*Ti Providanz Ars. — Poaniou braz an Aotrou Vianney.*

Ne 'z euz pennad ebet, e buez an Aot. Vianney, kaëroc'h marvad, eget an dek vloaz ma 'z eo bet komanset an dud a bep renk, da zout deuz ar paresiou tro-var-dro, hag a bell zoken, da govez da Ars, ha da c'houlen kuzuil digant an Aot. Person. Kalz grasou en euz bet an den zantel, epad an amzer-ze ha kalz a boan en euz bet ive ; hag ar burzudou a veler en Ars d'ar mare-ze, a zo bet 'great, an darn vuia anezho, en dro da di ar Brovidanz, savet evit ar vugale.

An Aot. Vianney en euz bet kavet atao diez beza bet ken nebeut var ar studi en he yaouankiz, ha c'hoant en doa e vije bet desket mad ar vugale. En eur zigouezout en Ars, evel ma veler e kaierou an demezel Ars, e roaz kalz a leoriou en he barrez ; kredi a rea ne c'helle ober netra guelloc'h eget sikour tud he barrez da zeski eun draïk benag. Mes, siouaz, an aluzen-ze ne dalveze

netra e kalz tiez, ne c'houiet ket lenn, ha
kementse a roe c'hoant d'ezhan da zevel eun
ti, ha da rei skol evit netra.

Karet en divije ive sikour kement den paour
ha maleüruz a vele en dro d'ezhan, mes
ar pez a lakeaz en he benn eo kaout eun ti
evit sevel ar plac'hed bian n'o doa na tad na
mam. Pa 'z ea da zikour he genvreudeur er
parésiou all, en doa guelet ez oa kalz emzi-
vaded er vro, rak ar c'harter hanvet pleben
an Domb, ne oa ket iac'huz hag an dud ne
vevent ket koz. Goulen a rea digant sant
Visant a Baol, tad an emzivaded, ha bet
person dre-eno ive, deski d'ezhan penaoz
ober vad da gement a vugale, d'ar merc'hed
bian dreist pep tra, abalamour ma oa muioc'h
a zanjer evitho.

Ne dremene morse dre ar bourk heb ober
eur zell c'hoantuz var eun ti neyez a oa eno,
doareet brao ha tost d'an iliz. « Setu aze,
emezhan, hag a c'helfe rei lojeiz da galz a
vugale ; eaz vije d'in mont di denz an iliz, da
velet va bugale, da ober katekis ha da
zrebi va zamik boued. »

Ar mennoz-se a c'hrizienne dounnoc'h
bemdez en he spered, mes araok lavaret ger
da zen e falveze d'ezhan kaout sklerijen Doue.
Lakad a reaz ober eun naved d'ar Verc'hez

« Kement, emezhan, e kar ar beorien, mi-
gnoned he Mab, ma teuio, a dra zur, da rei
skoazel d'in. » Ha pa zonjaz d'ezhan e c'helle
kregi el labour, e prenaz an ti.

Ugent mil lur a goustaz, hag an hano a
Brovidanz a oue roet d'ezhan.

Ar re o deuz lavaret e verzaz neuze he vadou
e Dardilly, evit prena an ti-ze, a fazi, rak
n'euz bet morse madou en he hano; kant
skoet ar bloaz a deue d'ezhan deuz ar gear,
hag ar c'hant skoet-se a zo bet paeet d'ezhan
beteg he varo. Marteze avad en devoa lavaret
rei meur a vloaz deuz he bansion evit paea
he di.

Eul labour evel he-man n'eo ket peurc'hreat,
koulsgoude, pa 'z eo savet an ti. Piou a vezo
lakeat e penn an ti-ze? An Aot. Vianney a
reaz neuze eun dra ha ne oue ket kavet goall
vad gant he genvreudeur beleyen. Marteze,
abalamour ma roe Doue sklerijen d'ezhan var
an amzer da zont, en doa c'hoant da ziskuez
d'ar re a deuje, hanter kant vloaz var he
lerc'h, penaoz e rankchent ober pa ne vije
ken a sœurezed; hag el leac'h lakad he di
etre daouarn ar sœurezed, e klaskaz diou
blac'h yaouank deuz he barrez. Kaout a reaz,
diou desket brao : Benoite Lardet ha Cathe-
rine Lassagne. Beza o doa eur spered eün hag

af zantelez a glaske. Ho c'hass a ra epad eur
bloaz da di sœurezed Fareins ewit peur-oben
ho studi ha deski penaoz e vez renet eun ti
skol. Goudeze e teuont d'ar gear da zeski
gant an Aot. Person penaoz heulia ar haou-
rentez, ar zentidigez, an humilite hag an
fizianz e Providanz Doue. Ho buez eo hini ar
sœurezed, mes petra benag ma tlient sevel
huel e skeul ar zantelez, n'edont ket din,
emezho, da zeugendillad priejou Jesus-Christ.

Heb dale, an Aot. Person a roaz laboun
d'ezho. Unan, emezhan, a vezo ar penn hag
eben ar galon. N'euz netra ken kaer, netra
hag a zaffe kement d'ar galon hag amzer genta
ar Brovidanz. Dorn Doue a vije guelet eno
bemdez, hag a hourvee da hep tra.

Catherine Lassagne e deuz lavaret penaoz
e tremene an traou. « Ne oa en ti nemed eur
podadik amann hag eun nebeut fourmaj
seac'h pa errnez an diou demezel; digaset o
doa deuz ar gear ho guele hag ar pez a oa
red. Ne oa ket eun tam bara. Goude heza
neteat an ti, e tlient mont d'ar gear da c'hor-
tozm'o devije aun dra benag da zrebi. Kouls-
gonde e lavarjont etrezho: Chommomp
matteze Providanz Doue a zigaso lein
d'eomp. » Guir ez oa; mam unan anezho a
devez da zonj d'ezbi ouz he merc'h hag a

gasaz he lein d'ezhi. Aoualc'h oa evitho ho
diou, hag eur pennad goude, eben a oue
digaset he zam d'ezhi ive. Ne oa ket eta berr
ar boued, hag en dervez varlerc'h a oue poazet
bara.

Nebeut amzer goude, ec'h erruaz ive eur
plac'h yaouank deuz Jassans, Marie-Jeanne
Chaney ; houman oa ar vreac'h, deut da
zikour ar penn hag ar galon.

An Aot. Vianney a zigoraz neuze eur skol
evit netra da verc'hedigou ar barrez, ha gou-
deze e kemeraz ive deuz ar paresiou all ; ar
re-man a ranke digas ho boued gantho, petra
benag ma chomment da loja er skol, ha ne
c'hellet kemeret nemed deuz ar plas a oa. An
ti a oa great dreist pep tra, evit an emzivaded
paour, ha kenta ma oa gallet e oue kemeret
diou pe deir. Ar skol a oa re vian hag an
Aot. Person a reaz sevel. Neuze e teuaz da
veza mestr masouner, kalvez, darbarer, hen
eo a rea ar pri, ne ehane da labourat nemed
da govez e rankche mont.

Araok pell amzer, gant sikour an dud vad,
gant gueneien a deue ha n'edot ket var hed
anezho, gant sikour Doue kentoc'h c'hoaz, e
oue gallet kaout plas da dri ugent plac'hik,
maget ha lojet er Brovidanz. Er penn kenta,
an A. Vianney en doa great eur gest ha gant

an arc'hant dastumet e prenaz eur park benag
en hano ar vugale, lakad a rea labourat
anezho ; easoc'h e kavaz koulsgoude ho fermi
d'an Aot. Comte de Cibeins. Petra oa an
dra-ze évit beva kement a vugale ?

N'edont ket oll bugale kennebeut, karet a reat
guelet o tigouezout merc'hed yaouank pemzek
pe c'huezed vloaz, kollet gantho ho c'herent
ha bet savet, pennad aman, pennad ahont, o
servicha gant ne oar den piou nag e peleac'h.
Anavezet zo bet eo d'ar re-ze e rea ar Brovi-
danz ar muia vad, dioc'h ma lavar Catherine
Lassagne. « A veac'h emezhi, m'o divije
klevet katekis an Aot. Person, ma kave d'ezho
ne 'z oaint mui ar memes tud, anezho ho-
unan e c'houlennent ober eun distro var ho
buez, gant keuz ha glac'har, hag a c'houde-
vech e chomment start var hent ar vuez
kristen. »

Ar re a vije kemeret d'an oad a c'huec'h,
seiz vloaz, a dlie chomm beteg ho fask kenta,
da viana. Divezatoc'h e klasket d'ezho plasou
mad, da zervicha, rak ouspenn lenn, skriva
ha kounta a zeskent, deski a reant ive griat,
ober stam, goalc'hi, fera, aoza boued ha
kement tra a dleffe an oll verc'hed gouzout
ober. Meur a hini a ie da zervicha epad an
anv hag a zistroe d'ar Brovidanz epad ar

goanv, rak pa ne vije mui a labour evitho, e
kavet ez oa talvouduz d'ezho dont da c'horren
ho ene en ti zantel. Kalz o deuz kavet, er
Brovidanz, an hent da vont d'ar gouent, hag
an Aot. Vianney eo a verke d'ezho e peleac'h
trei; peurvuia e roe d'ezho dillad, arc'hant
ho beach hag an dispignou kenta. Ar re a oa
galvet da zemezi, n'o doa ive nemed' heulia
aliou mad an Aot. Vianney. Hen oa eun tad
evitho, rei a rea d'ezho eun nebeut arc'hant
evit sevel ho ziegez, ha ne falveze d'ezhan ho
lezel da zemezi, nemed kristen e vije an dud
yaouank a zeue d'ho goulen.

Ar Brovidanz a oa eur famill gristen, ha
daoust ma velet assamblez, bugale ha mer-
c'hed yaouank, darn o chomm en ti, darn
all e ti ho c'herent, an urz-vad a rene; labourat
a reat dirak Doue, pedi a reat anezhan ouspenn
diouz ar mintin ha diouz an noz. En ti paour-
ze, ar fizianz a oa e Doue hebken, hag epad
pemp bloaz var-n-ugent ez eo chommet en he
za divar an aluzen gant 6 pe 7.000 lur dispign
bep bloaz.

Neuze eo e lavare an Aot. Vianney, e kave
digor atao yalc'h Providanz Doue. Kerkent a
ma kave eur guennek benag, e prene ed,
keuneud, guin, ha n'euz ket bet manket a
vara aliez.

An Aot. Vianney a lavare d'ar vestrezed :
« Ar re o deuz kalz a beadra a zo atao o
klemm, eun dra benag a vank d'ezho atao, hag
ar re n'o deuz netra, ne vank netra d'ezho.
Bevomp eta sioulik divar goust Providanz
Doue, rak atao e ma var evez evit miret ne
vankfe netra d'eomp. Doue a gar ac'hanomp
muioc'h eget ar guella ouz an tadou pe ar
vam denera. N'or beuz da ober nemed en em
lakad etre he zivreac'h, evel eur bugel var
galon he vam. Ar vugale baour-man n'int ket
ho pugale, n'oc'h ket ho mam, e guirionez ;
guelit koulsgoude a difizianz o deuz ouz ho
karantez hag ho madelez evitho...

Epad pemp bloaz var-n-ugent, an Den
Euruz a velaz sklear pegen guir oa kementse.
Anaout a rea komzou an Aviel : « Klaskit da
genta rouantelez Doue hag he justis, hag an
traou all a deuio d'eoc'h var ar marc'had. E ti
ar Brovidanz ne glasket nemed beza zantel, ha
netra ne vanke. Meur a vech koulsgoude, an
dienez a zo bet denet beteg an treujou. Doue
neuze marvad, a falveze d'ezhan ober skouarn
vouzar, evel ma ra eur vam pa zeu da guzet
ouz he bugale ar pez e deuz ar guella da rei
d'ezho, evit ho lezel da c'houlen ; guelloc'h e
vez kavet goudeze. »

Eun dervez ne oa mui a vleud, ha pevar

ugent den da veva, e peleac'h trei ? Unan deuz
ar vestrezed, Jeanne Filliat a lavar da Vari
Chaney, an hini a rea ar bara : « Ha ma ve
lakeat an toaz e go gant an nebeut bleud a
jomm ? » « Ia, eme Vari, guir eo, koulsgoude
e ve mad kaout avis an Aot. Person. »
Mont a ra d'he gaout. « Ar milinér, emezhi,
n'euz ket digaset ar valaden d'ar gear, ha
gant ar pez a vleud a jomm, a weac'h ma
c'hellimp ober daou vara. » Ia, va merc'h, a
lavar an Aot. Vianney, lakit an toaz e gô
gant ar pez a zo, goloit al laouer doaz, ha
varc'hoaz grit evel kustum. » « Mari a heuliaz
ger evit ger kement en doa lavaret an Aot.
Person. « N'ouzoun ket petra c'hoarvezaz en
dervez varlerc'h, eme Vari Chaney, pa 'z oun
bet eat da verad an toaz, e kreske hag e
kreske atao etre va daouarn, a veac'h ma
c'hellen lakad dour aoualc'h, seul vui e lakean,
seul vui e c'houeze hag e kreske, beteg ma
oue bar al laouer-doaz, souezet marvad, o
velet ober kement a vara gant kennebeut a
vleud. Evel peurvuia, e c'helliz eta ober dek
torz vara a zaou lur var-n-ugent pep hini,
evel pa vije bet eur zac'had braz a vleud, e
leac'h an dornadik a oa en dervez araok.

Eun dervez, an Aot. Vianney eu doa da
baea kalz a ed, gortozet oa bet ganthan pell

aoualc'h, hag hen he-unan ne grede mui goulen ma vije apellet c'hoaz. Kemeret a ra he vaz hag ez a eun nebeut var ar meaz da vale, he chapeled en he zorn. Dizale e vel eur vaouez o tont varzu ennhan : « N'eo ket c'houi eo Aot. Person Ars ? emezhi. » — « Eo, va merc'h. » — « Setu aman arc'hant, a zo lavaret d'in rei d'eoc'h. » — « Evit lavaret oferennou eo ? » — Nan, emezhi, ho pedi a rer hebken da lavaret eur beden benag. » Ar vaouez a ieaz kuit heb rei he hano, hag an ed a oue paeet.

Eur vech all an Aot. Vianney a lavaraz d'an Aot. Tailhades, unan deuz ar re a zo bet o sikour anezhan en he barrez : « Me zo leun a enkrez, rak ouspenn mil skoet a rankan. Ah ! arabat kaout dle. » — « Bezit dizoursi, Aot. Person, an Aotrou Doue a zo aze. » En dervez varlerc'h, goude ar c'hatekis, an Aot. Person a lavaraz d'he gure : « Ez an da gonta var arc'hant. » Ha nebeut amzer goude e ma distro, al levenez o para var he dal. « Ac'hanta, emezhan, arc'hant so, breman ez omp pinvidik, n'euz ket pell ez oa kement a aour ganên, ma 'z oa beac'h d'in bale, leun oa va godellou. » — « E peleac'h, eme an Aot. Tailhades, oc'h euz-hu kavet kement a arc'hant ? » — « En eun tu benag », emezhan.

He vadoberourien o doa, marvad, lavaret
d'ezhan derc'hel evithan ho hano, pe marteze
n'ho anaveze ket, rak aliez an dud vad a lakea
ho aluzennou da dremen dre he zaouarn, hep
en em rei d'anaout, hag an Aot. Vianney ne
glaske ket ho anaout kennebeut. An dra-man
a zigoueze ganthan meur a vech, hag en
despet d'he humilite e ranke lavaret aliez :
« E guirionez, ni zo kolladennet gant an
Aotrou Doue. »

Doue en euz diskouezet dre verkou skleroc'h
c'hoaz, pegement e plije d'ezhan ti ar Brovi-
danz, rak evit miret outhan da goueza, en euz
great meur a virakl. Setu aman ar c'haera
deuz ar re a zo bet hano anezho. An Aot.
Person ne gomze ket divar benn ar re all ;
divar benn heman e komze aliez, abalamour,
emezhan, ez oa eur gentel roet d'ezhan, evit
m'en divije muioc'h a fizianz goudeze.

Ne oa ken a vara en ti, nag ed kennebeut,
nag arc'hant, siouaz. An dud vad ma 'z ea an
Aot. Vianney d'ho c'haout pa vije berr an
traou er Brovidanz, n'hellent mui rei, ken
kestet oaint bet. Hen a zonj ez eo, en taol
man, dilezet gant Doue, ha kement a boan
spered en euz, ma n'eo bet ken maleüruz
nemed eur vech all en he vuez : en dervez ma
kredaz ne c'helje biken echui he studi.

Neuze ez oa eat e pelerinaj da vez St-Francès-Régis evit goulen sikour hag ez oa bet selaouet. Kemeret a ra eta relegou St Francès-Régis hag ez a d'he c'hriniol, da guzet ar relegou-ze, dindan eun dornad ed a oa c'hoaz eno.

En dervez varlerc'h, mestrezed ar Brovidanz a deu da lavaret d'ezhan n'o deuz netra da zrebi : « Neuze e rankomp eta kass kuit ar vugale baour ! » a lavar hen en eur ouela. Mont a ra koulsgoude d'ar c'halatez assamblez gant Jeanne-Marie Chaney, ha digeri a ra an or evel p'en divije aoun oc'h ober. Ar c'halatez a oa leun.

Ma c'heller gouzout a santel eo eun den o velet he humilite pa zeu Doue da ober evithan eun dra gaër benag, e c'heller lavaret ez oa Person Ars eur zant, e guirionez. Petra benag ma 'z eo leun he galon a joa da c'hellout rei bara adare d'he vugale, e pleg he benn evel eur bugel paket oc'h ober drouk. Mont a ra he-unan da gass ar c'helou d'ar Brovidanz hag ar pez a lavar a zo evit en em damall he-unan. « Difizianz em euz bet ouz Doue, va bugale vian geaz, c'hoant em boa d'ho kass kuit, pa ne oa ken a voued, ha Doue en euz puniset ac'hanon. » Den all ebet ne grede ez oa eur gentel d'ezhan digant Doue, an oll a velaz aman eur mirakl kaër great gant he zantelez.

Ar barrez a bez a ieaz da velet an ed hag ar burzud a oue buan anavezet tro var dro. Ar miliner, galvet raktal, a lavare n'en doa bis-koaz guelet guiniz ken kaër, hag an Aot. Person a gonte ar burzud ive, abalamour, emezhan, ez oa bet great gant S<sup>t</sup> Francès-Régis.

Meur a vloaz goudeze, an Aotrou Devie, Eskop Belley, deut ive da Ars, a c'houlennaz guelet ar presbital. Sevel a reaz beteg ar c'halatez, heb lavaret evit petra, hag o lakad he zorn oc'h ar voger, e lavaraz evelhen :: « Beteg aman eo e teue ar guiniz, Aot. Person ? » N'eo ket, Aotrou-n-Eskop, a respontaz an Aot. Vianney, rak ne zonje ket evit petra oa ar goulen-ze, beteg aman eo, » hag e lakeaz he zorn kalz hueloc'h. An Aotrou-n-Eskop a ziskennaz neuze heb lavaret netra ken, aoun en doa da c'hlaza humilite an Aot. Person, ha klevet en doa gant an hini a ouie ar guella, ar pez a glaske gouzout, hag a oa bet kontet d'ezhan ken aliez gant re all.

Goude ar burzudou-ze, an Aot. Vianney a lavare : « Na peger mad eo en em lakad oll hag evit atao etre daouarn Providanz Doue, klask lakad eun dra benag a gostez, ha kaout difizianz ouz Doue, a zo dizec'ha eienen he

vadelez. Sonjet em euz aliez n'or beffe netra
ma klaskfemp tec'het araok ar baourentez. Ar
fizianz eo a c'houlen Doue diganeomp, ha pa
vez karget, hen hekken, da gaout soursi
ouzimp, he vadelez a rank dont d'hor sikour. »

Dre gomzou evelse eo e teue an Aot.
Vianney da rei nerz-kalon da vestrezed ar
Brovidanz pa deue derveziou ankeniuz var-
nezho, hag ar merc'hed santel-ze a gomprene
ho mestr ; beva a reant gant joa er binijen hag
avechou en dienez. M'o doa nec'hamant gant
eun dra benag, ne oa ket gant traou ar bed-
man, mes gant aoun ne garjent aoualc'h an
Aotrou Doue hag ho bugale. Ar re-man a oa
ive evel ho mestrezed, n'o doa ket aoun e
vankche bara d'ezho, ho fizianz o doa lakeat
ive e Doue heb marc'hata, ha ma ne oaint ket
bet atao goall vad araok neuze, e teuent buan
da chench, o velet pegement a zoursi a gemeret
ouz ho c'horf koulz hag ouz ho ene. Deski a
reant abred karet Doue hag he drugarekad
da veza roet d'ezho mamou ker mad ha ker
zantel.

An Aot. Vianney a c'houlenne digant ar
Brovidanz kemeret perz er vad a rea. P'en
divije ezom deuz eur c'hras benag, e c'hou-
lenne pedennou digant ar vugale, rak kredi
mad a rea e vijent atao selaouet abalamour

ma oaint yaouank ha paour. Ar vugale oa en em glevet evit ma vije atao meur a hini anezho dirak ar Zakramant, d'ar zul ha d'ar yaou, epad an deiz, evit rapari da Galon Jesus, dreist pep tra pa vije klevet hano ouz eur goall dra benag.

Da vugale ar Brovidanz eo e reaz da genta an Aot. Vianney ar c'hatekis, ha den n'helfe lavaret ped ene a zo ket lakeat var an hent mad dre ar c'hatekis-se ker brudet epad tregont vloaz. Da daol an *Angelus*, ha drebet lein gant an oll er Brovidanz, pa vije skubet ar gambr vraz, a vije ar vugale ennhi o trebi, o labourat, hag o studia, an Aot. Vianney a errue. Peurvuia ec'h azeze var gostez an daol hag ac'hano e rea he brezegen pe he gatekis d'ar vugale, bedet e dro d'ezhan. Aman e komz heb aoun ebet, hag heb beza kemeret kement a boan da zeski ar pez a dlie lavaret; lezel a ra he galon da gaozeal, ha ne glask nemed lavaret evel ma teuont, an traou kaër ha zantel a zo en he spered. Evelse eo deut da veza unan euz ar guella prezegerien en he amzer. Ar pez a glaske lakad da genta e kalon ar vugale eo ar guirionezou kristen, aoun rak ar pec'het hag euz barn an Aotrou Doue.

Ouspenn ar vugale a deue da zelaou; tud ar barrez hag ar belerined, rak kommanz a reant dont da Ars, a zirede pa gavent eur pennad amzer, ha komzou an Aot. Vianney a rea vad d'an oll. He brezegen a vije atao plean hag eaz da gompren, evel an Aviel, mad evit ar vugale koulz, hag evit an dud, desket. Ne gomze ket evel ar re all abalamour ma oa eur zant braz, ha tan he galon a domme ive kalon ar re a vije o selaou. Epad eun heur e komze, hag ar re a vije bet ouz he glevet a ie kuit, sklerijennet ho spered ha guelleat ho c'halon. An dud a greske da zont koulsgoude hag ar gambr a deuaz da veza re enk, red oue eta mont d'an iliz. Ar c'hatekis ne jenchaz ket evit se, chomm a reaz atao ar pez oa bet er penn kenta, hag an Aotrou Vianney a deuaz da veza eur c'haozeer dispar.

* *<br>* *

Da heul ar grasou kaër e teu peurvuia ive poaniou braz d'ar zent. An Aot. Vianney en euz bet kalz da c'houzanv epad var dro dek vloaz. An dud o deuz great brezel d'ezhan, a bep tu hag e pep feson. Kaout a rer da lavaret e kement a ra, goapeet ha disprijet eo abalamour d'he baourentez ha d'he binijennou rust, abalamour d'ar vuez a, rene, Doue a leze ober, evit diskuez ez oa burzudou. Ars.

deuz'he berz'hebken, ha n'o doa an dud netra
da velet varnezho, pa 'z eo guir ar re a dleje
beza bet'er penn kenta o rei an dorn da zikour
ar vad a rea Ars d'ar vro a bez, a oa bet ar
re genta o klask miret ouz ar vad-se da veza
great.

Pa ne rea an Aot. Vianney nemed mont da
ober ho labour epad ma vijent klanv, pa ne
rea nemed prezeg ha kovez epad ar misionou,
ar veleyen n'o doa ket a veuleudi aoualc'h da
rei d'ezhan ; mes o velet kement a dud o
vont da Ars, digaset gant ar brud en doa an
Aot. Vianney, he genvreudeur a glemme.
Guelet a reant 'ho faresioniz o tilezel ho iliz
evit redek da Ars, hag abalamour ma oa ho
dever kemeret soursi ouz an eneou fiziet
ennho, e kavent digarez da lavaret meur a
dra a eneb Aot. Person Ars.

Al loden vrasa anezho a oa nec'het o velet
eun dra ken nevez. En hon amzer ne veler
ket aliez, evel guechall, ar burzudou a ra ar
zantelez, hag ar veleyen-ze o doa aoun na
deuje an traou iskiz a dremene en Ars da
ober gaou ouz ar relijion en eun amzer ken
difeiz. Ouspenn, etouez an dud a ie da Ars e
kavet, er penn kenta, kalz deuz ar seurt a
veler, e pep leac'h, var dro ar c'hovesionou,
goazed, ha merc'hed muioc'h c'hoaz, eneou

skorpuluz o klask ar peoc'h heb he gaout
morse, tud diboell o klask kovesored da
lavaret eveldho, o c'houlen kuzuil hag aliou ha
n'e ma ket en ho spered heulia… Eaz eo
kompren e rea ar re-man gaou ouz an Aot.
Person pa ne oa ket c'hoaz anavezet mad,
rak eur vech distro d'ar gear, e lakeant ar pez
a blije gantho var benn an Aot. Vianney, a
eneb beleyen ho farrez, en eur lavaret e kave
mad, hen, ar pez a reant. Kementse a lakeaz
meur a berson da zevel a eneb Aot. Person
Ars, ha meur a hini, en eur zonjal e reant
marvad evit ar guella, a gave da lavaret aba-
lamour ma 'z ea kement a dud d'he gaout.
An Aot. Vianney, a vec'h m'en doa gallet
echui he studi ha kaout digor er seminer, ne
oa ket eta goall desket hag an oll a rede d'he
gaout koulsgoude. Ar pez a rea d'ar veleyen
kredi n'edont ket pell euz ar virionez, oa
guelet penaoz en em gomporte ar re a ie aliez
da Ars. N'o doa mui kement a zoujanz evit ho
beleyen, dispenn a reant avizou ho c'hove-
sored en eur zerc'hel re start d'ar pez en divije
lavaret d'ezho Aot. Person Ars. An darn
vuia euz ar re a oa a eneb an Aot. Vianney, a
zonje d'ezho e reant mad, evit profit an eneou
hag ar relijion. Abalamour da ze ez euz klevet,
deuz ar gador, difen mont da Ars, gant aoun

da gaout aliou ha ne vijent ket atao skleri-
jennet aoualc'h.

Divezatoc'h, pa deue da zonj d'an Aot.
Vianney ouz an amzer-ze, ker poaniuz evithan,
e lavare : « Neuze ne brezeget ket var an Aviel,
mes divar benn paour keaz Person Ars. » E
guirionez, ar prezegennou-ze ne vezent ket
selaouet, hag an dud a greske atao da vont
da gaout an Aot. Vianney.

Neuze e oue skrivet d'an Aotrou-'n-Eskop
evit rei d'anaout d'ezhan petra dremene. An
Aot. Person a glevaz buan ez oa hano anezhan,
ha zoken, meur a hini deuz he genvreudeur,
a deuaz da lavaret d'ezhan, evit he vad, var
ho meno, e tleje dilezel he garg, gant aoun da
ober muioc'h a zrouk eget a vad, rak, emezho,
ma teu kement a dud aman, ez eo abalamour
ma renit eur vuez dishenvel ouz kement hini
all a zo, hag abalamour ma 'z euz kement a
stranerez divar benn an diaoulou.

An Aot. Vianney ne oue tam souezet o
klevet ez oat ken rust evithan, rak n'hellet
ket lavaret divar he benn kement a zrouk a
ma sonje anezhan he-unan. Bemdez edo var
hed ma teujet d'he gass kuit euz he barrez.
« Kredi a rean, emezhan, e tleje an oll kaout
dispriz evidon, abalamour ma oan chommet
keit all da viret ne vije great vad er barrez. »

'Ar zantelez ne vir ket deuz ar galon da ranna, hag an Aot. Vianney ne gavaz netra ker poaniuz hag ar groaz a deue d'ezhan aberz he genvreudeur. Koulsgoude e tigemeraz anezhi a galon vad, eüruz oa zoken, rak an disprij o doa evithan, a rea d'ezhan kass pell diouthan an aoun en doa da goll he humilite pa vele kement a dud o tiredeg d'he gaout hag o taoulina dirazhan, evit kaout he vennoz. « Da viana, emezhan, an oll ne faziont ket ganen, beza ez euz hag a oar petra dalvezan ; bennoz a lavaran d'ezho, rak ober a reont d'in en em anaout va-unan. »

Divezatoc'h, pa gomze en he gatekis, divar benn ar c'hroaziou o deuz ar gristenien da zougen var hent ar vuez-man, e teue da zonj d'ezhan ouz ar bloaveziou poaniuz-se hag e lavare : « Ar groaz, lakad ac'hanomp da goll ar peoc'h ? Oh, nan ; hi eo e deuz roet ar peoc'h d'ar bed, hi eo ive a dle hen lakad en hor c'halon. Hor poan a deu d'eomp abalamour ne garomp ket ar groaz. Kaout aoun da gaout poan a gresk ar boan, hag eur groaz douget, evel ma teu, hag a volontez vad, n'eo mui eur groaz. Klemm a reomp var hor poaniou, muioc'h a leac'h on deffe da glemm ma n'or beffe poan ebet, pa 'z eo guir ar groaz a ra d'eomp beza henvel ouz Jesus-Christ. —

Ne 'z euz den eüruz var an douar nemed an neb a zo, ar peoc'h en he ene, e kreiz poaniou ar vuez ; an oll boaniou a zo skanv pa oar unanet gant Jesus-Christ. Ar groaz eo an donezon, an aluzen a ro Doue d'he vignoned. Red eo goulen karet ar c'hroaziou, neuze e teuont da veza dous. Va-unan em euz tanveat kement-man epad pevar pe bemp bloaz. Bet oun tamallet e gaou, disprijet e pep fesoun ! Oh, ia, kroaziou em boa, evel re veac'h em boa gantho ; goulennet em euz karet ar c'hroaziou, ha neuze ez oun bet eüruz. Arabat klask gouzout a beleac'h e teu ar groaz, digant Doue e teu atao. Doue he digas evit rei leac'h d'eomp da ziskuez d'ezhan hor c'harantez. »

An hini a oa mennoziou ken kaër en he galon, ne golje ket buan ar peoc'h. « Oh ! emezhan, pa deuio deiz ar varn, ni vezo eüruz da veza bet poan, ha da veza bet izeleat ha lakeat dindan treid ar re all. »

Aotrou Person Ars a oa gant ar virionez en dervez ma lavare en doa bet kroaziou, ouspen ar pez a c'helle dougen, rak tud ar bed ive a rea brezel d'ezhan, hag ar brezel-man a oa kalz krisoc'h, rak ar re-man, ne ruzient ket evit he damall e gaou, dre gasoni outhan. Ar re genta a rea goap ouz he nebeut a zeskadurez, tud ar bed a lavare e rene eur vuez fall. Bet en euz digantho lizerou, hano den ebet varnezho, hag a rebeche d'ezhan traou spountuz. Bet o deuz staget, epad an noz, var mogeriou ar presbital, paperou leun a draou mezuz, a eneb d'ezhan.

Ar re-man, marvad, a oa tud hag o doa kavet e lavare re, en he zarmoniou, a eneb an dud fall, hag e vire outho da c'hellout pec'hi ken eaz, o lakad re all da zistrei da Zoue.

An Aot. Vianney a bardone d'ezho hag a lavare divezatoc'h gant dousder : « Nan, ne oaint ket drouk, mes gouzout a reant muioc'h eget ar re all ; va anaout a reant guelloc'h ; eüruz edon da veza bressét dindan an treid evel pri an hentchou. » E fallagriez an dud-ze ne vele nemed madelez Doue, rag an disme-ganz a daolet varnezhan, a vire outhan da jomm da zonjal er veuleudi a gleve deuz eun tu all, hag an Aot.-n-Eskop, emezhan, o c'houzout petra dremen, a ranko va c'hass kuit euz va farrez, evel ma veritan.

Kaera tra a zo en he vuez, d'ar mare-ze, eo guelet anezhan o labourat heb ehana, gant kement a aket hag araok ; hag o velet anezhan ken kaloneg gant he zever, den n'en deffe lavaret e sonje, ennhan he-unan, ne oa ket din da ober al labourou-ze. Divezatoc'h,

unan benag a c'houlenne diganthan penaoz
en doa gallet, epad keit amzer, kaout aoualc'h
a basianted hag a beoc'h en he galon, evit
ober he zever. « Kalz talvoudusoc'h eo dirak
Doue, emezhan, ar pez a rer heb plijadur ;
bemdez edon o c'hedal beza kaset kuit, ha da
c'hortoz, e rean pep tra evel pa ne dlejen
morse kuitad. »

Setu azé pegen burzuduz oa humilite an
Aot. Vianney, pegen distag oa diouthan he-
unan evit ober bolontez Doue. Deuz he zoare
da gomz divar benn ar bloaveziou poaniuz-se,
ez euz leac'h da zonjal eo neuze e roaz Doue
d'ezhan he c'hrasou kaera. A dra zur, epad
an amzer-ze eo e kreskaz ar pelerinaj, beteg
lakad an dud da veza souezet.

Seul vui e rer brezel d'ar zantelez, seul vui
e rer d'ezhi beza anavezet. Dont a reat dija
deuz kement bro zo, deuz ar re bella, da
gaout an den dister-ze, kuzet en eun toul
parrez ; da gaout an den dizesk ha diskiant,
evel ma lavare lod, evit dizoloi d'ezhan ar
pez a oa ar guella kuzet er galon, da c'houlen
diganthan eur beden. Hen 'n euz lavaret
meur a vech e roe Doue hag an dud d'ezhan,
kement tra a c'houlenne. Azalek neuze eo e
veler he viraklou hag an oberou mad en euz
great gant an aluzennou braz a roet d'ezhan.

# EUNNEKVED PENNAD

*An diaoul a ra brezel d'an Aotrou Vianney.*

Ar brezel aberz an dud a badaz var dro dek vloaz, hag epad pevar pe bemp ez oa bet poaniuz meurbed evit an den zantel. Epad an oll ainzer-ze, hag araok, ha pell goude en doa ive da enebi ouz an diaoul, ha kement-man a roe leac'h d'an dud da lavaret goasoc'h c'hoaz.

Ar zent peurvuia o deuz bet pep hini he loden euz ar poaniou, evit ho c'hass d'an huela pazen er zantelez, ha pep hini en euz bet da c'houzanv dioc'h ma veve. Ar re a veve etouez an dud evit ho gounit da Zoue, evel sant Francès-Régis, o deuz bet da c'houzanv aberz an dud. Ar re a veve pell euz ar bed, evit soursial hebken ouz ho ene, evel sant Anton, o deuz bet da c'houzanv aberz an drouk-spered.

An Aot. Vianney en euz bet an eil hag egile, rak beva a rea etouez an dud, hag en he brespital ez oa eun ermit, e guirionez. Brezel an drouk-spered, koulsgoude, ne oa ket great evit ober d'ezhan pec'hi, mes evit miret outhan da labourat kement evit gounit eneou.

Leveromp dioc'htu ive d'ar re o deffe c'hoant
da c'hoarzin pe da gaout douetanz o lenn ar
pez a lakeomp aman : ne vezint ket ar re
genta oc'h ober goap, rak ne zonjint, ne livi-
rint nemed ar pez a zo bet lavaret en amzer
an Aot. Vianney, gant he genvreudeur zoken,
rak pa oue klevet lavaret e teue an diaoul da
ober trouz da Aot. Person Ars, ne oue ken
kaoz er vro, a dost hag a bell.

Easa a zo da anaout e buez an Aot. Vianney
eo he verzerenti aberz an diaoul, rak hen he-
unan eo en euz anzavet petra dremene. Ne
ranket ket poueza kalz evit ober d'ezhan
kaozeal divar benn ar brezel-ze, abalamour
ma krede e c'helle kementse he ziskar da zaou-
lagad ar re all ; ne gomze morse avad deuz ar
pez a c'helle he zevel. Kredi a rea ez oa eun
dismeganz evithan beza goall gaset gant an
drouk-spered, hag abalamour da ze ne ranket
ket he bedi da gounta historiou ar *Grappin.*
An hano-ze a roe d'an diaoul. « An drouk-
spered, eme unan deuz ar veleyen a oa dive-
zatoc'h onz he zikour, a lez ac'hanomp-ni
trankil ». — « Ia, eme an Aot. Vianney, aba-
lamour ma 'z oc'h fur. »

Setu aman eta, ervez m'en deuz lavaret he-
unan, penn kenta he verzerenti.

Da genta e oue tentet gant an disesper. He

bec'hejou tremenet a vije atao dirak he zaou-lagad ; kredi a rea ez oa serret an env ha digor an ifern dirazhan, ha ne rea netra vad. Ar sonjou-ze a oa ankeniuz meurbed evithan, rak he feiz a oa krenv, ha leac'h en doa da gaout aoun ne vijent deut da viret outhan da ober vad. Enebi a reaz start koulsgoude, hag an drouk-spered, o velet e rea kement a vad, ha ne c'helle ket he zistrei dioc'h he zeveriou a veleg, a glaskaz eun tu all da noazout d'ezhan.

An Aot. Vianney ne gredaz ket raktal an traou iskiz a zo hano anezho aman, ne gredaz nemed pa oa anet sklear n'hellent dont nemed a berz an dioul.

C'huec'h vloaz a oa abaoue m'edo an Aot. Vianney en Ars, ha savet en doa ti skol ar vugale, pa gommansaz an trouz er presbital. Setu aman petra lavar divar benn ar vech kenta ma teuaz an drouk-spered var he dro :

« Da nav heur noz eo e teuaz an diaoul da ober trouz d'in evit ar vech kenta. Klevet a riz tri daol pounner var an or borz, evel pa vije bet c'hoant d'he bruzuna gant eun orz. Ha me d'am frenestr ha da c'houlen : Piou zo aze ?, Den na respontaz, netra ne veliz. Mont a ranken d'am guele pa oa deut ar poent, goude beza en 'em lakeat dindan skoazel ar

Verc'hez Vari ha va Eal mad. N'edon ket
c'hoaz kousket pa gleviz tri daol all kalz kren-
voc'h ; ha me er meaz ha da c'houlen adare :
Piou zo aze ? Den na respontaz.

» O klevet an trouz er vech kenta, me
zonje d'in ez oa laëron hag o doa c'hoant
dont da gerc'hat an ornamanchou kaër roet
gant an Aot. Ars ha gorennet er presbital.
Mad e veffe eta kaout sikour. En dervez var-
lerc'h e pediz daou zen dispount da zont da
gouskat d'ar presbital, gant aoun e vije bet
ezom. Dont a rejont meur a zervez dioc'htu,
klevet a rejont trouz ive, heb guelet netra,
ha kredi mad a reant, n'eo ket tud a rea an
trouz-se. Va unan em euz gouezet, heb dale,
n'eo ket a berz an dud e teue. Eun nosvez, da
hanter noz, tri daol spountuz a zo skoet var
an or ; e kreiz ar goanv ez oa, hag an erc'h a
oa doun, a nevez kouezet oa, zoken. Ha me er
meaz ha d'an traon buanna ma c'hellen ;
lakeat em boa em fenn krial forz ha goulen
sikour ma veljen al laëron. Souezet e chom-
man pa 'm euz digoret an or, ne velan den, ne
glevan netra, ha zoken, ne velan roud ebet
var an erc'h etal an or. Adalek neuze n'em
boa mui douetanz ebet : an drouk-spered eo
a zo o klask va spounta. En em lakad a ran
etre daouarn Doue, oc'h e bedi da veza va

difennour ha da zigas he Elez d'am zikour, ma
teuje an drouk-spered a nevez var va zro. »
Ma klaske an diaoul spounta an Aot. Vianney,
n'en doa ket skoet fall, rak an Aot. Person en
euz lavaret ez oa prest da vervel gant ar
spount, en he vele, er penn kenta ma kleve trouz;
koll a rea ar iec'het ha cheuch a rea bemdez.
Tud kalonek a ginnigaz d'ezhan diouall ar
presbital, ha mont da gouskat adare en eur
gambr tost d'he hini. Eun nebeut tud yaouank,
armou gantho, a zavaz en tour evit klask
guelet guelloc'h ac'hano kement a dremenje
var dro ar presbital. Spountet int bet meur a
vech 'an eil hag egile, unan koulsgoude
muioc'h eget ar re all. André Vercher, karer
ha kalvez deuz he vicher, a oa he dro da vont
da gouskat d'ar bresbital; he fuzuil karget a
lakeaz etal he vele. Da hanter noz e klevaz en
he gambr hag en he gichen, eun trouz speun-
tuz, kredi a reaz edot o trailla an arrebeuri,
hag e kouezent a dammou dindan an taoliou
a gleve. Krial a ra, a bouez pénn, da c'houlen
sikour, hag an Aot. Vianney a deu d'he gaout.
Neuze gant ar goulou, e klaskont hag e fur-
chont e pep korn, netra...
Pa 'z eo sur an Aot. Person ne deu ket an
trouz aberz an dud, e lavar d'ar re a deue d'he
ziouall, ne dal mui ar hoan d'ezho dont :

kustumi a rankan, emezhan, da glevet trouz;
hag ar verzerenti-ze a bado pemp bloaz ha
tregont.

An trouz a chenche aliez, heb ehana morse
pell amzer. Peurvuia da hanter noz, e kleve
tri daol pounner var dor ar presbital; an
enebour a zo erru. Goude beza great toduon
var an delechou, dre ma tostae, ec'h errue
er gambr. Kregi a rea e ridochou ar guele, ho
difreta a rea evel pa vije o vont d'ho dif-
framma. Ar Person paour oa souezet o velet
e chomment en ho fez.

Aliez ive e skoe var dor ar gampr, evel
p'en divije c'hoant da c'houlen digor ha
kerkent e teue ebarz ; oja rea ar c'hadoriou,
diblas an arrebeuri, furchal kement toul a oa,
hag oc'h ober goap e lavare : Vianney,
Vianney ! Aliez e vije gourdrouzou en he
c'hinou : « Dreber patatez, d'eomp-ni e vezi,
pe ni velo, d'eomp ez out. » Evelse e roe
d'anaout pegement a boan a rea d'ezhan
pinijen an Aot. Person. Avechou ive ne
gemere ket ar boan da bignat, hag e krie
varnezhan deuz ar porz, ha goude beza
hoppet e tre c'helle, e rea trouz evel eun arme
var droad pe var varc'h, o tremen. Meur a
vech e tremene he amzer o planta tachou,
a daoliou morzol, e kreiz ar gambr, pe o

faouta koat, o kelc'ha barikennou, pe oc'h eskennat al lambrusk, evel eur c'halvez o labourat en ti ; avechou all e c'hoarie tabourin var an daol, var ar chiminal pe var ar pot dour ; atao var an traou a rea ar muia trouz. An Aot. Person a grede e kavche he di freuzet abenn ar mintin.

Guechou all e kleve anezhan d'an traon, dindan he gambr, oc'h ober trouz evel eur marc'h o c'haloupat, o sevel beteg an treustou, ha pa goueze d'an douar, e kleve trouz he bevar droad houarnet. Aliez e save gant an delechou evel eun den, eur boutou pounner en he dreid, hag ez ea d'ar c'halatez, a zioc'h penn an Aot. Person, da ober trouz, a hed an noz, evel ma raffe eur vanden denved o tremen. Penaoz kouskat en eun ifern evelse ?

Ma c'houzer mad petra rea an diaoul evit miret ouz an den zantel da gouskat, hag hen o kaout kement a ezom koulsgoude da repos, ne ouzer ket petra rea he-man evit en em zifen. Marvad e kreske he binijennou hag he bedennou, hag avechou e chomme an trec'h ganthan. Eun nosvez, an Aot. Person, muioc'h poaniet eget kustum gant kement a drouz, a lavaraz da Zoue : « Kinnig a ran d'eoc'h ar boan a ra din chomm heb kouskat, evit konversion ar bec'herien. » Kerkent an trouz a ehanaz hag ar paour keaz merzer a c'hellaz kouskat eun nebeut.

Epad meur a noz dioc'htu, en euz bet klevet er porz, kement a doduon hag a iouc'hadek spountuz, ma krene gant an aoun. Kaozeal a reat ken krenv, oll assamblez, ha ken dichek, en eur vouez n'eo anavezet gant den, ma lavare ez oa bet an diaoulou oc'h ober *kambr an depuleed* en he borz.

An traou iskiz-se, ma karit kredi, a ieaz brud anezho ; an oll a gaozee divar benn ar pez a dremene e presbital Ars ; lod a grede, lod all ne gredent ket, evel ma tigouez atao. Koulsgoude n'heller ket lavaret en divije bet an Aot. Vianney c'hoant da lakad den da fazia ; an neb en deuz he anavezet a c'hoar mad ez oa guelloc'h ganthan mervel eget lavaret eur gaou. Ne oa ket, kennebeut, buan da gredi, ha ne 'z euz ket guelloc'h test egethan. N'eo ket eur vech hebken ez euz bet trouz, na kant, mes ouspenn kant guech ar bloaz, epad tregont vloaz. He-unan e komze aliez divar benn ar pez a dremené, ha ne ranket ket goulen diou vech evit gouzout diganthan petra gleve. Ar veleyen eo ar re a grede an nebeuta e teue an diaoul da ober trouz, kaout a reant da lavaret en Aot. Person Ars, ha klask a reant ive petra c'helle beza penn abeg da gementse.

Kredi a reant ez oa ar c'holl kouskat ha
pinijennou rust an Aot. Vianney, kaoz da
bep tra. « Ma kurje an Aot. Vianney beva
evel ar re all, ma kouskfe, ma 'trebfe evel an
oll, ne vije ket ken gonllo he benn. »

An Aot. Granger, person Sant Thrivier, a
zaremprede kalz an Aot. Vianney abaoue ma
oa en Ars, gouezet en doa he anaout, ha kalz
a istim en doa evithan. Mont a reaz d'he bedi
da vont da labourat d'he barrez, evit ar
Jubile braz a oa neuze, er goany 1826.
Aotrou Person Ars ne glaske nemed ober vad,
mont a reaz epad teir zizun da Sant Thrivier,
bep an amzer e sarmone ha kalz a dud en
doa da govez. He genvreudeur n'hellent ket
chomm heb komz d'ezhan deuz ar brud a oz
dre ar vro, divar benn he zaoulou hag e
lavarent, evit c'hoarzin : Noc'h euz nemed
ober evel an oll, hag an diaoulou a lezo
ac'hanoc'h e peoc'h. »

Eun abardaez, ar re a gave da lavaret
ennhan, a zavaz buelloc'h ho monez hag a
reaz muioc'h a c'hoap : « An oll historiou-ze
emerbo, ne 'z int nemed grakerez. » An Aot.
Vianney ne lavare ger, kredi a rea ez oa an
oll deskutoc'h egethan, hag el leac'h kaout
poan apered, ez oa joa en he galon da veza
disprijet. Eur pennad goude, ar c'hoarzerien

a ia da gouskat, dizoursi kaër gant an diaou-
lou; tud desket ma 'z int, e c'houzont mad
petra c'hell an diaoul ober, ha ne gredont
nemeur historiou Person Ars. Mes da hanter
noz ez int diunet en eun taol, eun trouz
spountuz a glevont, an ti a zo chenchet tu
d'ezhan, an dorojou a strop, guer ar prenes-
cher a zanz, ar mogeriou o orjel; an oll a zo
var zao ken buan ha ma lavaran, ha breman
e teu da zonj d'ezho en devoa lavaret an Aot.
Vianney : « Ne viot ket souezet ma tigouez
ganeoc'h klevet trouz en noz-man. » Redeg a
reant d'he gampr... « Savit buan, ar presbital
a ia da goucza. » Oh ! gouzout a ran petra zo,
it da gouskat, n'oc'h euz aoun ebet da gaout. »

Var dro eun heur benag goude, an Aot.
Vianney a glev eun taolik kloc'h da c'houlen
digor; disken a ra, hag etal an or e kav eun
den deut a bell evit kovez ganthan. Mont a ra
d'an iliz, ha beteg an oferen e chomm da
govez, rak an dud a deue abred.

Bevech ma kreske an trouz hag ar vrezel
aberz an diaoul, an Aot. Vianney a vije var
hed da gaout eur pec'her braz benag da
c'hounit da Zoue, hag ar pez a zonje a zigoueze
peurvuia.

An diaoul koulsgoude ne rea ket beindez
ar memez labour; ne oa ket aoualc'h d'ezhan

ober trouz, evit spounta an den zantel, klask
a rea troiou nevez, rak n'eo ket ijin a vank
d'ezhan. Aliez ez ea da guzat dindan he vele,
ha zoken dindan he benn vele, hag e chomme
eno epad an noz da iudal pe da grial forz,
avechou e klemme, ec'h huanade, avechou
all e terme evel eun den gant eul labour start
benag, meur a vech e vije ganthan an rankou-
nen evel eur c'hlanvour var he dremenvan :
« An drouk-spered a zo fin, a lavare eun der-
vez an Aot. Vianney, er c'hatekis, mes n'eo
ket krenv : sin er groaz a ra d'ezhan tec'het.
N'euz ket c'hoaz tri zervez, e rea jolori a zioc'h
d'am fenn, evel pa vije bet o tremen kement
kar a zo e Lyon... deac'h da noz ez oa eur
vanden diaoulou oc'h oja va dor ; mad, great
em euz sin ar groaz hag oll ez int tec'het kuit. »

Eun nosvez, an Aot. Vianney a zo diunet a
daol, ha santout a ra ez oar o tibrada anezhan.
« A nebeudou, emezhan, e tibraden ouz va
guele, buan e riz sin ar groaz hag ar Grappin
a dec'haz. » Eun hosvez all, an diaoul en em
c'hreaz pluek boug ha douz meurbed, eaz evit
kouskat, hag er memez amzer e teue anezhan
huanadennou klemmuz. Er vech-man an Aot.
Person a oa spountet da vad, aoun en doa e
vije bet an dra-ze noazuz d'he ene. Pedi a
reaz Doue hag an enebour a dec'haz kuit.

An Aot. Vianney a oa bet galvet d'eur mision e parrez Montmerle, hag an diaoul hen heuliaz evit klask miret outhan da ober vad. An nosvez kenta a dremenaz oc'h ober tro ar gambr ganthan, hag hen en he vele, guele hag all ; ar merzer paour n'hellaz ket serri eul lagad, mont a reaz abred d'an iliz evel kustum, hag èno e kavaz kalz tud o c'horloz beza koveseat.

En eur vont da Jubile Sant Thrivier, an Aot. Vianney a oa he-unan, araok an deiz, var he droad, en eur lavaret he chapeled, pa velaz an ear entanet en dro d'ezhan; a bep tu d'an hent, ar girzier a oa evel pa vije krog an tan ennho. An drouk-spered, o c'houzout pegement a vad a raje an den zantel d'an eneou, en doa c'hoant d'he spounta evit miret ne 'z ache penn-da-benn. El leac'h kaout aoun koulsgoude, an Aot. Vianney a oa eüruz, imor fall an drouk-spered a verke sklear d'ezhan e raje kalz vad epad ar Jubile, ha kementse a erruaz.

Ar pez a ra d'eomp kompren peger braz oa fallagriez an diaoul, eo histor taolen ar Verc'hez. An daolen-man a oa stag e neac'h an delechou, etal dor ar gambr, hag an Aot. Person a garie kalz anezhi. Bemnoz an daolen a vije goloet a bri hag a lousdoni. Kaër vije

7

he goalc'hi, en dervez varlerc'h e vije lousoc'h eget biskoaz, hag an Aot. Person a rankaz he c'hass kuit evit ne vije ket labezet.

Re hirr e ve konta, penn da benn, ar brezel great d'an den zantel, padet eo bet keit hag he vuez ; anavezet mad eo koulsgoude, rak an Aot. Vianney a garie komz divar benn an traou-ze. Atao e responte d'ar goulennou a reat d'ezhan, avechou e komze da genta divar benn an troiou fall great d'ezhan gant ar Grappin. « Hirio, emezhan, ez eo bet o skrabat va dor, n'euz ket lezet ac'hanon da gouskat ... Hirio ez oa drouk ennhan, c'houeza a rea evel eun ejen ... » Hag o lavaret se, an Aot. Vianney a rea evelthan.

Araok fin he vuez, ar vrezel a gouezaz eun nebeut ; an diaoul ne deue ken da viret outhan da gouskat ; ne deue nemed goude ar pred a gemere an Aot. Person, epad ar pennadik ma chomme da repos, rak ezom braz en doa. Neuze e chomme e toul an or da c'hrognal evel eun ours, pe da arzal evel eur c'hi ; avechou e c'halve anezhan dre he hano, gant eur vouez rok, hag e lavare : « Vianney, Vianney, deuz 'ta » evel pa lavarje d'ezhan ez oa kalz tud da govez.

Goulen a rer avechou ha kemeret en euz bet an diaoul eur c'horf, eun dro benag, da ober brezel da Aot. Person. Ars. N'hellomp lavaret nemed an daou dra-man : An Aot. Vianney a velaz, da deir heur deuz ar mintin, eur pez ki du, sounn he vleo, hag he zaou-lagad evel diou c'houlaouen, o skrabat an douar er vered, e leac'h ma oa bet beziet, nebeut amzer araok, eun den maro heb he sakramanchou. Lavaret en euz ive ez eo bet en em ziskuezet an diaoul, d'ezhan, dindan furm al loened hanvet askel groc'hen. Nijal a reant en dro d'ezhan, he gambr a oa leun, hag ar mogeriou a oa du, kement oa anezho.

Ouspenn an Aot. Person en euz klevet an traou on deuz komzet divar ho fenn, hag ive ouspen ar re on deuz great hano anezho, kalz re all o deuz klevet c'hoaz.

Pa oa ar reuz en he voasa, eur beleg yaouank deuz eskopti Lyon, a deuaz da Ars da ober eur retret. An Aot. Person a lavaraz d'ezhan, gant madelez, chomm da gouskat er presbital, hag an Aot. Bibost a lavare e kleve an diaoul bemnoz. « He vouez, emezhan, a oa gouez ha skiltruz, klevet em euz, sklear ar c'homzou-man : Vianney, Vianney, petra rez aze ? kea kuit, kea kuit. »

Er bloaz 1842 e teuaz da Ars eun archer. An den-man, savet da hanter noz, a oa o c'hor-toz an Aot. Person, e porchet an iliz gant eun

nebeut tud all. Da c'hedal ma vije digoret an
iliz, e reaz eur gamet benag en dro d'ar pres-
bital. Bet oa maleüruz, hag ar boan spered a
zigase anezhan da Zoue. Koulsgoude ne ouie
ket c'hoaz a kovez a raje ; c'hoant en doa da
veza kristen, hag aoun en doa ive. Kerkent ez
eo tennet deuz he zonjou, gant eun drouz ha
ne anaveze ket, hag a deue deuz ar presbital.
Chomm a ra da zelaou. Eur vouez krenv ha
skiltruz a lavar meur a vech dioc'htu ar
c'homzou-man : « Vianney, Vianney, deuz 'ta,
deuz 'ta. » Pellad a ra neuze hag he galon a
zant o lammet. Eun heur a zone en tour. Ker-
kent ive e c'herru an Aot. Vianney, goulou
ganthan. Kaout a ra an archer, spountet c'hoaz,
hag e lavar d'ezhan n'en doa ket aoun da
gaout. Kass a ra anezhan d'an iliz hag araok
beza klevet ganthan he vuez, e lavar d'ezhan :
« Va mignon, bet oc'h euz poan spered ha rann
galon, ho pried a zo maro goude beza bet eur
bugel, mes bezit fizianz, Doue ho sikouro. Lakit
da genta urz vad en ho koustianz, goudeze,
c'houi a lakaio urz vad en hoc'h aferiou. » Ne
glasken mui enebi, eme an archer, koueza riz
d'an daoulin evel eur bugel, da ober raktal
va c'hovesion. Ken strafilet edon ma ne ouien
ket kalz petra lavaren, mes an Aot. Person a
zikoure ac'hanon. Diskleria a reaz d'in meur

a dra ha n'helle ket anaout anezhan he-unan;
chomm a rean sebezet. Ne greden ket, araok, e
c'heller lenn evelse e buez hag e kalon an
dud. »

Er Brovidanz ive, var lavar Catherine hag
ar vestrezed all, e klevet epad an noz trouz
tud o sevel en delechou pe o vale er c'halatez;
klasket so bet a bep tu, heb kaout netra.

Leveromp ive ez euz bet deut tud da Ars
hag a oa an drouk spered ennho, daou anezho
a oa anavezet mad en Ars, ha bevech e kavent
eun ehan benag en ho foan, dindan bennoz
an den zantel.

An traou iskiz e maomp o paouez komz
divar ho fenn, ken guir ha ker spountuz, ne
lakaint da veza souezet nemed ar re ne gom-
prenont netra er zantelez. Unan benag a
lavaro marteze ez omp eat a eneb ar skiant
vad, o lavaret hag o kredi anezho. Guir e veffe,
marteze, ma vije bet hano ouz traou da veza
komprenet gant skiant an den, mes ar re-man
a ia pell en tu all. Ma n'hell ket skiant an den
ho c'hompren, n'en deuz da ober nemed sevel
huelloc'h, rak nac'h eun dra abalamour n'her
c'homprener ket, n'eo ket ken nebeut ervez
ar skiant vad. Petra deuffe ar virionez da veza
ma n'heller ket kredi ar pez a veler hag a
glever? Ar burzudou man a zo bet sellet piz

outho gant ar re o deuz galloud ha gouiziegez evit kementse, ha rankout a rer ho c'hemeret evel m'e maint ; ma n'eo ket guir traou ken sklear ha ken anavezet, e c'helfet lavaret ez eo ar vuez-man he-unan eun uvre. Kaër zo ober ha lavaret, atao e vezo meur a dra ha ne c'heller kompren nemed lakeat e vent var gount eur galloud hag a zo dreist hini an dud.

An diaoul ne ehanaz da vad da ober brezel d'an den zantel, nemed c'huec'h miz benag araok he varo.

* *

Ar vrezel a rea an dud d'an Aotrou Vianney a ehanaz kentoc'h. An Aotrou Devie, eskop Belley ne oa ket buan da gredi an teodou fall, re a skiant hag a vadelez en doa evit kondaoni eur beleg var lavarou ar re all. Ober a reaz eun enklask piz var buez hag oberou Aot. Person Ars. An daou vikel vraz a deuaz da Ars evit guelet petra dremene, goulen a rejont meur a dra digant an Aot. Person, ha ne gavent netra da lavaret, na var he oberou na var he gomzou. Pedi a rejont anezhan kouls-goude da rei d'anaout d'an Aotrou-n-Eskop ar c'hudennou ar muia roestlet a gavche er c'houstiansou, ha da verka d'ezhan penaoz en divije diluiet anezho. An Aot. Person a zentaz, hag heb gortoz pell e kasas d'an eskopti daou c'hant deuz ar pez en doa kavet an diesa da eüna. An Aotrou Devie a reaz he-unan an examin varnezho, hag a gavaz en doa an Aot. Vianney roet atao ar respont mad, ha great ar pez a oa da ober. Diou vech hebken an Aotrou-n-Eskop a lavare en divije roet eur respont eun tamik dishenvel dioc'h hini an Aot. Vianney ; hag adalek neuze an Aot. Devie ne lezaz mui lavaret ne 'z oa ket guizieg an den zantel, pa. 'z eo guir en doa gallet dont a benn ouz kement all a govesionou deuz ar re ziesa. Lavaret a rea : « N'ouzoun ket a braz eo deskadurez an Aot. Vianney, mes gouzout a ran en euz kalz a sklerijen. »

Kaozeal a reaz ganthan meur a vech ive hag abred e velaz en doa eur zant en he eskopti. Eun dervez ma oa meur a hini o kaozeal dirazhan divar benn person Ars, e lavaraz, o poueza var he gomzou : « Ia, Aotronez, an Aot. Vianney a zo eur zant hag a dleffemp oll kemeret evit skuer. » Ar c'homzou-ze a reaz tro an eskopti.

Guella difen en doa koulsgoude an Aot. Person ne oa ket an Aotrou-n-Eskop, he humilite eo a c'houneze an oll, nebeut ha nebeut. Eun dervez, a lavar an Aot. Monnin, en doa bet, digant eur beleg all, eul lizer

kalet meurbed, evelhenn e tigore al lizer-ze :
« An neb en deuz ken nebeut studiet ha c'houi
ne dleffe morse mont en eur gador goyez. » An
Aot. Person, ha ne gave ket amzer da respont
d'ar bern lizerou a deue d'ezhan bemdez, a
skrivaz raktal, er vech-man. « Nag a leac'h em
euz-me d'ho karet, va breur ker, 'ne 'z euz
nemethoc'h-c'houi hag a anavesfe mad
ac'hanon. Pa 'z eo guir oc'h euz ar vadelez da
gemeret soursi ouz va ene paour, me ho ped
d'am zikour da gaout ar c'hras a c'houlennan
pell zo : da vont kuit deuz va farrez, pa n'oun
ket din da jomm ennhi, evit mont en eul
leac'h distro benag da ouela var va faour keaz
pec'hejou. » An hini en doa skrivet al lizer a
deuaz da c'houlen pardon. Ar vrezel ker poa-
niuz evit an Aot. Vianney a goueze eta a
nebeudou. He genvreudeur a zistroaz da genta,
buannoc'h e veljont ar virionez, hag evitho ez
oa aoualc'h he anaout evit distrei ; an darn
vuia euz ar re a oa bet a eneb d'ezhan, a
deuaz da veza he vella mignoned.

Etouez tud ar bed, meur a hini a deue da
Ars evit ober goap ha klask diskar an den
zantel hag ar Religion ive, mes o velet santelez
ha buez pinijennuz an Aot. Vianney, e ran-
kent douja ha ne oaint ket evit miret da veuli
ar zant. Setu aze penaoz e chomm an trec'h

gant an humilite, setu aze nerz burzuduz ar zempladurez.

An Aot. Vianney en devoa c'hoaz eur goall daol da gaout aberz an dud, koulsgoude, eur boan hag a vennaz ranna he galon. Ar Brovidanz, ti he vugale a denner diganthan. Kaout a reomp ez eo mad komz aman, raktal, divar benn ar glac'har-ze, daoust ma ne heuillomp ket ar bloaveziou hini hag hini.

Ti ar Brovidanz a rea joa an Aot. Vianney, ha guelet on deuz petra rea Doue evit derc'hel an ti-ze en he za. Kalz vad a rea, tri-ugent plac'hik pe merc'hed yaouank a zavet ennhan, ha kaout a reant eno ar pez oa red evit beva, labour ha deskadurez kristen. Diou blac'h yaouank, an diou c'hoar Filliat, o doa kemeret plas ar vestrezed koz, ha pep tra a ie mad.

Ti ar Brovidanz, koulsgoude, ne blije ket d'an oll, iskiz e kavet anezhan, ker paour ha renet evel ma oa ; ne oa nag eur skol nag eun hospital, hag an dud fur, var ho meno, a gave da lavaret e pep tra : er viskamant, er boued, el labour, ha n'ouzoun e petra c'hoaz. Ar vad var an douar-man, a vez atao great brezel d'ezhan. « Aoualc'h eo d'eomp gouzout e reomp vad, a lavare an Aot. Person, lezomp an dud da gaozeal ha deomp atao gant an hent eūn. »

N'hellas ket koulsgoude derc'hel he di evel m'en doa great anezhan, ha kementse a reaz eur boan vraz d'he galon. Pounnera kroaz en euz bet eo houman. Doue n'helle ket rei goasoc'h taol d'he zervicher. Ar Brovidanz a oa he labour, henvel outhan he-unan, d'ezhi en doa roet he venneien, he labour hag he galon ; bemdez epad pemp bloaz var-n-ugent, en doa ranket pourvei bara ha traou all d'he vugale. Pa vije eun dra benag diez var he spered, e lavare d'ar vugale vian pedi, hag atao, emezhan, e vijent selaouet. « Peden [ar vugale a ra da Zoue plega atao, hag hi eo a zigas kement a bec'herien da Ars. » Eun taol pounner oa eta, rankout dilezel an ti karet-se, ha koulsgoude, an den zantel a blegaz he benn dindan bolontez Doue, rak kredi a rea start e rea mad Doue, o tistaga evelse he galon dioc'h kement tra zo er bed-man.

An inspecteur ive a gave da lavaret var an ti, hag unan benag deuz Ars, tud a lorc'h hag ourgouilluz a zavaz en eun tu ganthan, abalamour ma kavent diez kass ho bugale d'ar skol, etouez ar beorien. Setu aman petra lavar Catherine Lassagne. (Ar plac'h santel-man e doa komprenet abred ez oa lakeat gant Doue da veva etal eur zant, ha dioc'htu en em lakeaz da skriva kement tra a vele hag a gleve.) « An droug-spered, emezhi, a gave diez guelet ar vad a rea ar Brovidanz, lakad a rea pennadou en dud, ha ne glevet, dre oll, nemed tamall ac'hanomp e gaou, evel pa vije bet hon ti eur beac'h re bounner evit an oll : Ma n'eo ket eur vez, eme an teodou fall guelet kement a verc'hed yaouank, hag a c'helfe gounit ho boued, o tremen ho amzer o lavaret paterou. Koulsgoude e teuet aliez da c'houlen anezho diganeomp, ha ni a roe, evit mont e plas, ar re o doa tremenet en ti an amzer merket ; ar re all a zalc'hemp, hag ar re o doa ezom domestiked a c'hrosmole a eneb d'eomp. »

Ouspenn, tud a skiant, beleyen zoken a zonje e vije bet guelloc'h kaout sœurezed, hag a badche atao, el leac'h demezeled hag a deuje da vankout abred pe zivezad. Lavaret a reat ive ne oa ket goall desket ar vestrezed skol ; guir eo, aoualc'h o doa koulsgoude hag ouspenn ar pez so red evit sevel bugale da vont da zervicha ; deski a reant lenn, skriva, labourat, ha kement tra o doa ezom da c'houzout.

Ar pez a lavaret a rea poan spered d'an Aot. Vianney, hag a c'helle martcze, emezhan, ober d'ar skol koueza ; aoun en doa, dreist pep tra, ne c'helje ket padout goude he varo, ha daoust pegen rannet ez oa he galon ec'h heuliaz an ali deut d'ezhan deuz an eskopti.

E miz du 1847, an Aotrou Vikel vraz ha superiorez urz sœurezed Sant Joseph, a deuaz da Ars evit en em glevet gant an Aot. Vianney. Assanti a reaz raktal, hag ar Brovidanz, hag ar chapel edot o sevel, a oue roet da sœurezed Sant Joseph de Bourg. Ar Brovidanz a oue great ganthan eur gouent evit ar vugale.

An Aot. Vianney koulsgoude en doa lavaret e rankchet ober skol evit netra da vugale baour ar barrez, hag evelse, eul loden vad ouz ar pez en doa great, a chomme c'hoaz.

Neuze e c'hoanteaz ive ober ar memez tra evit ar baotred vian. Ar barrez a zelaouaz he vouez ha pep hini a roaz ar pez a oa en he c'halloud. An Aot. des Garets a beur gerniaz ar ialc'had, hag an 12 a viz meurz 1849, e oue digoret ar skol evit netra d'ar baotred. E penn ar skol e lakeaz Frered ar Famill zantel deuz Belley.

An daou vestr skol nevez, ne zalejont ket da gaout kals darempred gant an Aot. Person. Frère Athanase a zo bet sekretour d'ezhan, meur a vech ; bet eo test er prosez great evit diskleria an Aot. Vianney *Den eüruz*, bet en euz perz e gloar he vignon. Ar Frère Jérome, a rea an Aot. Vianney he vignon anezhan, a

vije atao ganthan, sakrist oa, ha pa vije re a
dud, hen eo a zioualle anezhan, gant aoun na
vije flastret. Bep mintin e sikoure anezhan
da lakad he zillad oferen, hag hen eo ive en
euz lianet anezhan.

Adalek ar bloaz 1849, ar skol a oa eta evit
netra en Ars. Evelse, an den diskiant ha
dizesk ervez ma lavare an dud, an hini a oa
bet great goap anezhan, eo koulsgoude an
hini en euz ar muia skiant, pa 'z eo guir oc'h
ober al labour-ze, en euz lakeat Ars da veza
hanter kant vloaz araok ar c'heariou hag ar
pareziou all, e France.

An Aot. Vianney a velaz dorn Doue e leac'h
ma n'en divije guelet unan all nemed falla-
griez an dud, ha gant ar virionez ez oa, rak o
tehna ar Brovidanz diganthan, Doue a lakea
he zervicher var an hent great evithan. Labour
ar Person zantel ne oa ket beza e penn eun ti
evit sevel bugale, n'euz forz pegement a vad
a rea; digaset oa bet gant Doue evit skleri-
jenna eneou hag ober d'ezho distrei var an
hent mad. Hiviziken ne rai netra ken. Pell
araok 1835, an Aotrou-'n-Eskop Devie en doa
lavaret d'ezhan ne dlie ket mont d'ar retrejou
gant ar veleyen all. « Da betra e teuit aman,
emezhan, n'ouzoc'h ket ez euz du-ze eneou ouz
ho kortoz? » ha breman beteg fin he vuez ne

gavo ket zoken div heur bemdez, nag evit dis-
kuiza na zoken evit ober labour all ebet
nemed kovez, sarmoun ha rei sklerijen hag
aliou mad d'ar re a zirede d'he gaout. Kement
a'dud a deue da Ars, ma oa re verr he amzer,
hag an Aotrou-'n-Eskop a rankaz digas
sikour d'ezhan. Missionerien an eskopti a
deuaz da jomm da Ars.

## DAOUZEKVED PENNAD

*An Aotrou Vianney a glask dilezel he barrez.*
*He glenved. Dont a ra zikour d'ezhan.*

Nebeut amzer goude beza digouezet en Ars,
an Aot. Vianney a zonjaz dilezel he blas.
Mont a reaz da Lyon da skei var dor kouent
ar C'habusined ; mes an tad Léonard, goude
beza selaouet mad anezhan a lavaraz : « Ho
plas n'e ma ket aman, it da labourat d'ho
parrez ; koulsgoude pa garit kement urz ar
Gapusined, me ho tigemero e Trede Urz
sant Francès.

An Aot. Vianney a zistroaz eta d'ar gear,
mes divezatoc'h, o velet kement a dud o tont

d'he gaout a bep tu, e teuaz aoun d'ezhan ;
penaoz dougen eur beac'h ken pounner,
emezhan, hen ken dianaoudeg hag heb iec'het ;
n'en divije ket a amzer aoualc'h evit pedi.
Eun nozvez eta, var dro ar bloaz 1840, ez a
kuit deuz he brespital. Mont a ra beteg ar
groaz a zo var hent Villefranche. Eno e
chomm a zav en eun taol kount hag e lavar
ennhan he-unan : « Daoust a bolontez Doue
eo ez affen kuit ? ober d'eun ene hebken dis-
trei da Zoue, hag hen ne dal ket muioc'h
eget an oll bedennou a c'helfen da ober en
eul leac'h distro benag. » Distrei a ra d'ar
gear en eur lavaret : « Derc'hel a rin keit
ha ma c'hellin. »

He labour hag he binijennou a vije bet
aoualc'h evit peur-gass meur a hini all, sklear
oa ne veve nemed dre virakl. Ar vro ne oa
ket iac'huz hag an derzien a deue aliez d'he
velet. Peurvuia e vije gant ar goentr hag he
boan benn ne ehane morse. Koulsgoude e vije
seder atao, den n'en divije lavaret, ouz he velet
hag he glevet, en divije bet eur boan benag.
Er bloaz 1842, e kouezaz klanv ; ar c'hlenved
ne badaz bet pell hag he vedisin a lavare :
« N'em euz aoun ebet gant he iec'hed, sklear
eo ez euz unan all o kemeret soursi anezhi ;
a greiz ma sonjer ez a da vankout, e

veler, anezhan o sevel, krenvoc'h eget bis-
koaz. »

Er bloaz 1843 ez oa muioc'h a dud en Ars
eget biskoaz, hag an Aot. Vianney a oa he-
unan, den d'he zikour. Epad miz mae e rea
bemdez eur brezegen, da noz, d'ar re a deue da
viz Mari. En trede dervez en em gavaz ken
diez, ma n'hellaz ket mont penn-da-benn.
Neuze e klaskaz lavaret ar pedennou, n'hellaz
ket echui ken nebeut. Disken a reaz raktal
deuz ar gador brezeg hag ez eaz d'he vele, ha
buan oue guelet ez oa goall glanv. En der-
veziou varlerc'h, tri vedisin, var he dro
assamblez, a lavaraz ne oa mui leac'h da
gaout fizianz e vellaje. Ar barrez a oa gla-
c'haret. Ar pennad lizer-man, skrivet gant
an itron des Garrets, deut d'ar maner goude
maro an demezel Ars, ha ken douget hag
hi evit an iliz hag evit an Aot. Vianney,
a verk d'eomp pegement a anken a oa er
barrez.

« Hor Person zantel a zo klanv, ker klanv
m'on deuz leac'h da gredi ez eo prest he
gurunen en env. N'helfen ket lavaret d'eoc'h
pegement a anken, a aoun hag a zaelou a zo
er barrez... Goulou a zo var elum dirak pep
aoter, pep hini a zo he chapeled en he zorn, o
pedi. En derveziou kenta e ranket dioual ar

presbital, an oll o doa c'hoant da vont da velet an Aot. Person ha da gaout he vennoz, eur vech c'hoaz. Ne oue gallet pellad an dud nemed o lavaret d'ezho e vijé roet d'anaout pe da vare e c'helje an Aot. Person rei he vennoz d'an oll assamblez. Breman e komprenan tristidigez an Ebestel pa lavaraz Hor Zalver ez ea kuit digantho. ».

Ken dister oa ar c'hlanvour, ma rankaz ar vedisined difen kaozeal outhan ; sempla a rea dalc'h-mad, ha kement hini a deue en ti a ranke lemmel ho boutou. Skolaër ar barrez, Pertinant, hag a vijé noz deiz var dro an Aot. Person epad he glenved, a ranke chomm en eur c'horn, etal penn ar guele evit ne c'helje ket ar c'hlanvour he velet zoken. Seiz beleg a oa assamblez en Ars, pa lavaraz kovesour an Aot. Person, e krede ez oa deut ar mare da rei d'ezhan he sakramanchou diveza. Ar vedisined hag ar veleyen a lavare ne vijé ket sonet ar c'hloc'h pa deuje d'ezhan he Zoue, mes an Aot. Vianney a glevaz anezho hag a lavaraz : « Sonit ar c'hloc'h, red eo d'ar baresioniz pedi evit ho Ferson. »

Pa zonaz ar c'hloc'h ne jommaz den en tiez, ar barréz a bez a deuaz varlerc'h ar Zakramant beteg ar presbital. An oll o doa c'hoant da glevet komzou diveza an den zantel, ha da

velet eürusted ha karantez an ene pur ze, o
vont da gaout Doue evit mad. Ar veleyen, an
Aot. Comte des Garets hag he zaou vab, hag
unan benag hebken deuz ar re a vije er pres-
bital, a ieaz er gambr, ar re all a raukaz
chomm daoulinet var an delechou, er porz ha
var ar blasen, o ouela hag o pedi.

Pa oue goulennet digant an Aot. Person a
kredi a rea oll guirionezou ar relijion, e lava-
raz : « N'em euz bet morse douetanz ebet
varnezho.» — Pardoni a rit d'hoc'h enebourien?
— « N'em euz biskoaz, dre c'hras Doue, klas-
ket ober drouk da zen ebet. »

En dervez varlerc'h, ar medisin, krog e
dorn ar c'hlanvour, a lavaraz krenv : « N'euz
mui nemed eur vunuten benag da veva. » An
Aot. Vianney a glevaz ar setanz, ha gant ar
spount, o sonjal er varn, e c'houlennaz digant
Doue pellad c'hoaz an heur-ze.

Pevar miz goudeze, e konte d'he famill, e
Dardilly, an enkrez hag ar spount en doa bet :
« Va c'hiniterv, emezhan, d'an itron Fayolle,
deuz Ecully, pa viot var dro re glanv ha
toc'hor, evit ho zikour da vont dirag Doue, ne
ehanit morse da gomz d'ezho, keit a ma
velot eun ezen vuez ennho. Setu aman petra
zo bet c'hoarvezet ganen-me, n'euz ket pell :
An oll o doa dilezet ac'hanon, den ne lavare

ger, ha me a oa o c'hortoz mont dirak va
barner, pa lavaraz ar medisin : « N'euz mui
nemed eur yunuten benag da veva. » O
klevet kementsé, e lavaren ennhon va-unan :
Abenn eur munut benag e vezi dirak Doue,
ha da zaouarn a zo goullo ; hag o sonjal ez
oa kement a dud etal an or, deut a bell evit
kovez, e liviriz da Zoue, goude beza goulennet
skoazel digant ar Verc'hez Vari ha santez
Philomena : « Va Doue, ma c'hellan ober vad,
va lezit c'hoaz var-an douar. Ha kerkent em
euz santet va nerz o tont d'in. »

Epad ma tistroe buez en Aot. Vianney, ez
oa eun oferen evithan ha goulennet ganthan,
var aoter santez Philomena. Pertinant a velaz
mad, var he vizaj, ar pez a dremene en he
galon, ha setu aman petra en euz lavaret, pa
'z eo bet test er prosez great evit diskleria an
Aot. Vianney *Den Eüruz*. « Araok an oferen,
an Aot. Vianney a oa evel eun den hag en euz
aoun, n'edo ket evel araok, brasoc'h oa he
spount hag he anken ; kredi mad a rean ez
oa deut he heur diveza. Mes pa bignaz ar
beleg ouz an aoter, e veliz ez oa dizamet, en
eun taol kount ; beza oa evel pa velje eun dra
benag hag a rea plijadur d'ezhan. A vec'h ez
oa echu an oferen ma lavaraz d'in : « Va
mignon, n'oun mui tam ar memez tra, pare

oun. » Evidon-me a grede mad en doa guelet eun dra benag.

Klevet em boa anezhan o lavaret goustadik ha meur a vech, haño santez Philomena, ha kredi a rean ez oa bet he *Sañtez vian* ouz he velet ; ne greden goulen netra diganthan koulsgoude. »

Ar c'hlenvet en doa tec'het, e guirionez, hag an nerz a deue buan ; nebeut derveziou goudeze, d'ar guener, an naontek a viz mae, e c'hellaz beza kaset d'an iliz, rak he zougen a ranket, koulz lavaret ; eaz eo kompren pegement a vall en doa da vont. Kenta a reaz oa koueza d'an daoulin dirak an Tabernakl, marvad evit kinnig da Zoue an amzer a roe d'ezhan da veva c'hoaz ; ac'hano ez eaz da chapel santez Philomena, hag eno e chommaz pell da bedi, rak dreizhi, emezhan, en doa bet ar pare. An oferen genta a lavaraz a oue evel eur gouel braz er barrez ; « hag epad eiz dervez, eme ar skolaër kalonek, ez oun bet eat gant an Aot. Person d'an iliz etre eun heur ha diou, ker zempl oa c'hoaz, ma ne vije ket bet evit chomm var yûn beteg ar mintin. Pa errue, e sonet ar c'hloc'h, ha kement den a oa er bourk a zirede d'an oferen. » Ne skuizent ket o sellet euz ho Ferson karet, hag ho levenez a zirollaz pa glevchont anezhan, ar

c'huec'h a viz even, oc'h ober he gatekis evel
kustum.

Ho levenez ne Ladaz ket pell koulsgoude,
rak lavaret a reat e koljent, heb dale, es-veo,
an hini a oa nevez diframet digant ar maro.
Lavaret en doa : mont a rin keit a ma c'hellin,
hag ar c'hlenvet en doa miret outhan da vont
ken ; breman e kred e c'hell mont da dremen
an nemorant deuz he vuez en eul leac'h distro
benag.

Er bloaz 1839, eur beleg deuz eskopti
Montpellier, an Aot. Tailhades, deut e pele-
rinaj da Ars, a oa bet chommet da zikour
anezhan, tri pe bevar miz, distrei a reaz,
zoken, meur a vech, abalamour ma kave ez
oa kaër ha talvouduz evithan, tremen eun
nebeut amzer gant eur person ker zantel ; hag
an Aot. Person a gomprene mad ive, pegen
talvouduz e vije d'ezhan kaout eur c'hure.
Lavaret a reaz d'an Aotrou-'n-Eskop, e karje
kaout unan benag d'he zikour ; hag an Aotrou
Devie a zigasaz d'ezhan an Aotrou Raymond,
person Savigneux. Epad dek vloaz e chommaz
ganthan. An Aotrou Vianney a garie kalz ar
beleg yaouank, hag he-man en doa meur a
vech goulennet, evel eun enor, mont da
gemeret perz e labourou ar Person zantel.

Pa velaz an Aot. Vianney he gure nevez,

yaouank, mad da labourat ha c'hoant d'ezhan
da ober kalz a vad'; kalz guelloc'h egethan ha
muioc'h desket, emezhan, e sonjaz e raje mad
lezel he barrez ganthan ; evit mad ar barrez,
emezhan e rea an dra-ze, hag hen a 'z ache
en eun tu benag da echui *he baour keaz buez*,
evel ma lavare.

Epad an noz etre an eunnek hag an daouzek
a viz guengolo eo e reaz an taol. N'en doa
lavaret ger da zen, nemed da vestrezed ar
Brovidanz. Unan benag a glevaz koulsgoude
hag ar c'helou a redaz buan. Strafuillet eo an
oll, an eil a c'houlen digant egile a guir
eo ar pez a leverer ; en em glevet a rer hag ar
presbital a zo diouallet mad. E penn kenta
an noz ne veler, ne glever netra, mes etre eun
heur ha diou, e veler goulou hag an Aot.
Person o vont er meaz dre an or adrèn.
Meur a hini a glask he ziarben hag hen a red
araok. Ar-re a oa etal an iliz o c'hortoz digor,
a gerz var he lerc'h ive, mes hen ne zelaou
den, mont a ra atao, dre eun hent treuz ana-
vezet mad ganthan hag heb dale eo kollet an
tress anezhan.

Pertinant, he vignon fidel, a zo ganthan,
ha seiz heur a lakeont da vont beteg Dar-
dilly. He voutou zo leun a c'hoad, a vec'h
ma c'hell chomm en he za, ha ken skuiz

eo oc'h erruout er ger ma rank mont d'he
vele.

Neuze e veler o trei en tu gin ar pez a verk
ar barabolen en Aviel, evel ma lavar an itron
des Garets, an danvad eo a ia da glask ar
pastor. An Aot. des Garrets a red da Zar-
dilly, n'hell ket kaout an Aot. Person, daoust
m'e ma eno, hag e skriv d'ezhan eul lizer
leun a anken, evit merka d'ezhan he c'hlac'har
ha glac'har ar barrez a bez. Catherine Lassa-
gne a skriv ive, hini all ebet n'euz kement a
c'hlac'har hag hi. Lavaret a ra d'an Aot.
Person ne jomm mui ganthi, nemed pemzek
bugel er Brovidanz, ha rei a ra d'anaout
d'ezhan, e ma an Aot. Raymond o klask en
em glevet gant an Aotrou-'n-Eskop divar he
benn. Unan deuz hostizien Ars en doa aoun
da veza bet kaoz d'ezhan da vont kuit, skriva
a ra ive. « Aot. Person, emezhan, dont a ran
d'ho pedi da jomm ganeomp, lavaret em euz
d'eoc'h, adare e lavaran, mar deuz eun dra
benag em zi hag a zisplije d'eoc'h, n'oc'h
euz nemed lavaret, me rai ho polontez. »

Al lizeri-ze a ieaz doun e kalon an Aot.
Vianney, ne oa mui ken start en he zonj, ha
guelet mad a rea n'helje biken kuzet ouz an
dud a rede var he lerc'h. Adalek ar bemzek,
ne glaske mui kement en em guzet, ha kalz

tud a oa dija en dro d'ezhan. Pelerined Ars, pa glevchont e peleac'h edo, a redaz beteg Dardilly, d'he bedi da zelaou ho c'hovesion kommanset en Ars. Kaout a rankaz, evit-se, ar galloud da govez e Dardilly, digant Arc'heskop Lyon, rak Ars ne oa mui stag ouz Lyon, mes ouz Belley. He gerent a dost hag a bell a deue d'he velet ive ; d'ar zul e teuaz bandennadou tud deuz Lyon hag eul loden vraz deuz re Ars a deuaz ive beteg ennhan.

Ars ne oa mui Ars, an Aot. Vianney n'en doa great nemed chench plas d'ar pelerinaj ; daoust hag evit se eo en doa tec'het? Ti ar Vianney a vije atao leun a dud, hag an Aot. Persón a gave diez guelet he gerent o kaout kement a jastre abalamour d'ezhan.

Ar sonjou-ze a oa en he spered pa zigouezaz an Aot. Raymond gant eul lizer digant an Aotrou-'n-Eskop. Ne oue ket digemeret mad, abalamour ma teue, marvad, da gerc'hat an Aot. Vianney ; n'hellaz he velet nemed en dervez varlerc'h, evit rei d'ezhan lizer an Aotrou-'n-Eskop.

An Aotrou Devie ne falveze ket d'ezhan ez ache an Aot. Vianney kuit deuz he eskopti, eur c'holl re vraz e vije ; kinnig a rea d'ezhan mont da Itron Varia de Beaumont, en eur rei da zantout en doa c'hoant e tistroje da Ars. En

em glevet a reont, an Aot. Raymond hag hen
d'en em gaout, en dervez varlerc'h, en eur
barrez, e kiken. Ar zeitek eta, an Aot. Vian-
ney a guiteaz Dardilly assamblez gant he
vreur, araok an deiz, gant aoun da veza
guelet, rak breman, tud Dardilly eo a ziouall
anezhan, c'hoant o deuz e chomfe gantho da
Berson. Kaout a ra an Aot. Raymond e bourk
Albigny, ha goude beza lavaret an oferen, e
klaskont eur c'har benag evit mont varzu
chapel Beaumont. O tremen dre eur bourk, a
zo var an hent, ez eont en iliz da lavaret eul
loden deuz an ofiz, hag araok ma 'z eo echu,
an iliz a zo leun a dud, rak Aot. Person Ars
a zo bet anavezet. Kaër en deuz klask tec'het
araok an dud, an oll a gerz d'he gaout, n'euz
forz e peleac'h ez a. Neuze an Aot. Raymond
a lavar d'ezhan ne c'hell ket lezel an dud-se
da vont kuit, heb lavaret d'ezho eur gomz
benag, evit mad ho ene. An Aot. Vianney a
zentaz ha biskoaz he gomzou ne oaint bet
kaëroc'h. D'ar pardaez an daou veajour a oa
etal Itron Varia Beaumont, hag en dervez
varlerc'h, epad ma oa o trugarekad Doue
goude an oferen, er chapel goz, an Aot. Vian-
ney a lavaraz d'an Aot. Raymond : « Dis-
troomp da Ars. »

Neuze ez achont da Savigneux, ar barrez a

oa e kichen, hag epad ma oa an Aot. Vianney o tiskuiza eun nebeut, e oue kavet eur c'har, hag an Aot. Raymond a gasaz unan araok da Ars, da lavaret oa erru an Aot. Person d'ar gear.

Tud Ars o doa poan o kredi, da genta, hag a falveze d'ezho guelet an hini a zigase ar c'helou. Eur vech sur ez oa guir, e oue galvet d'ar gear kement hini a oa o labourat er parkeier, ar barrez a bez a oa var zao ; an artizaned a leze ho labour, al labourerien a leze ho eost, ar merc'hed a leze ho ziegez evit redek d'ar bourk ; dont ha mont a reant, an eil da gaout egile, da c'houlen kelou deuz an Aot. Person, ha meur a hini a ieaz var an hent d'he ziambrouk. Erfin e klever ar gomz-man : « Erru eo. »

An oll a red varzu ennhan, o klask gouzout piou a velje anezhan da genta ; goazed, merc'hed, bugale, mesk ha mesk, o ouela, hag o c'hoarzin assamblez, o koueza d'an daoulin dirak an den zantel, o klask touch he zoudanen ; hag hen a c'hoarze gant kement a vadelez, en eur rei he vennoz. « Evit doare, emezhan, ez oa kollet pep tra, mad, e ma kavet pep tra adare. » Pokat a ra d'an Aot. des Garets, hag evit mont d'an iliz e ra tro ar blasen, harpet eun nebeut var breac'h an Aot. Raymond.

P'o deuz ar c'hleier ehanet da gana, an
Aot. Person a lavar ar pedennou diouz an noz,
evel ma rea peurvuia, hag he baresioniz a dru-
garekea Doue da veza digaset d'ezho ho Ferson
karet. En dervez varlerc'h an traou a dreme-
naz evel kustum, ha bourk Ars, goullo hag e
kaon eiz dervez a oa, a gavaz adare ar vuez.

* * *

Dek vloaz goudeze, ar memez anken a
deuaz da boueza var barrez Ars. An Aot.
Vianney, pa oue digaset beleyen all d'he
zikour, a zonje n'e doa mui he barrez ezom
outhan.
Er bloaz 1833, an Aot. Mury hag an Aot.
Convert, daou veleg gouiziek hag helavar, e
doa dastumet en dro d'ezho, eun nebeut
beleyen hag a oa ho labour ober misionou en
eskopti. Kement a ezom a oa, ma kavaz ar
visionerien re a labour dirazho ; re a rejont
zoken, ha seiz vloaz goude ez oaint maro ho
daou. An Aot. Camelet, unan ouz ar visione-
rien, a deuaz da veza ho superior ; mignon
braz ez oa d'an Aot. Vianney, ha diganthan
en euz bet meur a vech aliou mad ha zoken
peadra da ober misionou. Rak pa gleve an
Aot. Person hano deuz eur barrez benag,

dister ar feiz ennhi, e tastume buanna ma
c'helle daou vil lur da gass d'an eskopti, evit
rei bep dek vloaz eur mision er barrez-se.

Ar visionerien a garie kalz an Aot. Vianney,
hag an Aotrou-'n-Eskop Devie a zonjaz kass
unan benag anezho d'ezhan, evit he zikour.
Siouaz ar maro a deuaz d'ezhan re abred,
hag an Aotrou-'n-Eskop Chalandon, deut en
he blas, eo a gasaz ar visionerien da Ars. Da
genta ne oa nemed unan, an Aot. Toccanier,
ar re all a deue ive, pa vije ezom anezho. En
ho zouez ez oa an Aot. Monnin, an hini en euz
skrivet buez an Aot. Vianney, ha divar he
goust eo on deuz kemeret kalz deuz an traou
a lakeomp el leor-man.

En em glevet a reant ker mad gant an Aot.
Person, ma teujont heb dale da veza deuz Ars
ive, ha goude maro an Aot. Vianney e ouent
lakeat da zioual he vez. An Aot. Camelet, ar
superior, a deuaz da veza Person en Ars goude
an Aot. Vianney.

An Aot. Toccanier a oa mignon brasa an
Aot. Person, d'ezhan eo e lavare ar pez a vije
en he galon, hag an Aot. Toccanier a zo bet
an test kenta er prosez great evit lakad an
Aot. Vianney e renk an Dud Eüruz. Eun der-
vez, an Aot. Toccamier a oa distro, goude
beza bet eur pennad mad er meaz deuz ar gear,

hag an Aot. Vianney a lavaraz en eur zigeri he zivreac'h d'ezhan : « Ah ! va mignon, distro ez oc'h, pebeuz joa! Sonjet em euz aliez pegen maleüruz e tle beza ar re daonet en ifern, abalamour m'e maint pell ouz Doue, pa 'z eo guir, ez eo ker poaniuz dija var an douar, beza pell ouz ar re a garer. »

Koulsgoude, en dervez ma tenaz d'ezhan ar c'hure nevez-se, ken karet ganthan goudeze, an Aot. Person a oa eun tamik tenval he benn ; sonjal a rea adare dilezel he barrez. En dervez varlerc'h, d'ar zul, tri a viz guengolo 1853, an Aot. Vianney a ieaz da gaout Catherine Lassagne ha Jeanne Filiat, a oa en he zervij abaoue ma ne oa mui Providanz ebet, hag a lavaraz d'ezho, ez ache kuit epad an noz varlerc'h ; goulen a rea digantho beza mud var ar pez a lavare d'ezho. Koulsgoude, evel er vech kenta, eun dra benag a oue gouezet adare, ha da hanter noz, pa zigoraz an Aot. Person an or, e kavaz eno an Aot. Toccanier, frère Athanase ha frère Jérom. Frère Athanase a lavaraz d'ezhan : « Me ia da lakad son an tan goall. » — « Grit, eme an Aot. Person, gant eur gomz seac'h, ha lezit ac'hanon da vont er meaz. » An Aot. Toccanier a ra ive ar pez a c'hell, ha pa vel ne dal ket ar boan, e sonj laërez d'ezhan he leor da bedi. An Aot. Vian-

ney, pa ne gav mui he leor, a ia d'he gambr,
kredi a ra ez eo choûmet eno, ha n'hell ket
mont kuit hebdhan. Ar misioner, erru er
gambr kerkent hag hen, a lavar d'ezhan, en
eur ziskuez poltret an Aotrou-'n-Eskop Devie :
« Aot. Person, guelet a rit an Aotrou Devie,
sur oun e sell a dreuz ouzoc'h breman. Red
eo ober bolontez an Aotrou-'n-Eskop, epad he
vuez, ha goude ma 'z eo maro, muioc'h c'hoaz.
Sonj oc'h euz er pez a lavare d'eoc'h breman
ez euz dek vloaz ? »

An Aot. Person a gav diez, klask a ra la-
varet euh dra benag : « An Aotrou-'n-Eskop,
emezhan, ne c'hourdrouzo ket ac'hanon,
gouzout mad a ra em euz ezom da ouela va
paour keaz buez. » An Aot. des Garets, di-
gouezet ive, n'eo ket guelloc'h selaouet, an
Aot. Vianney ne zelaou den ; kass a ra a bep
kostez an dud a zo deut aleiz anezho var an
delechou, disken a ra adare, ha pa erru er
meaz, ez eo souezet.

An dud, difunet gant kloc'h an tan goall a
zo oll var zao, kredi a reont e ma an tan en
eul leac'h benag, ha kalz anezho a zo gantho
pe eur baill pe eur benvek benag all. Lod,
zoken, gant aoun n'ouzoun ket rak petra, a
zo gantho eur vaz pe eur fuzuil. Eur ger kouls-
goude a la deuz an eil ginou d'egile : « An

Aot. Person, an Aot. Person. » Hag ar ger-ze
a zigas d'ezho da zonj ouz ar pez a oa bet
erruet dek vloaz a oa. Lavaret a reont oll
assamblez : « Chommit ganeomp. »

« Neuze, eme an Aot. Toccanier (hen he-
unan, eo en euz lezet ganeomp penn da
benn, ar pez a leveromp aman), neuze e
kredis edo mad d'in poueza adare. Lavaret a
riz, a galon, ar c'homzou a lakea Doue d'in var
va muzellou, evelhen, tost da vad. Penaoz,
Aot. Person, e c'hellit-hu, ha c'houi oc'h
anaout ker mad buez ar zent, ankounac'had
nerz-kalon sant Martin hag ar c'hoant en
doa da ober vad? Pa oa dija var dreujou an
eternite, hag ar gurunen var he benn, koulz
lavaret, e klever ganthan ar c'homzon-man :
*Non recuso laborem*, ne fell ket d'in tec'het
ouz al labour. Ha c'houi a deuffe, araok an
noz da zilezel an ero hanter labouret ? Daoust
hag ankounac'heat o peffe ive komzou sant
Philipp de Néri : « Ha pa veffen digouezet e
toull dor ar baradoz, ma teuffe eur pec'her da
c'houlen diganen kovez, me lesfe ar baradoz a
gostez evit dont da govez ar pec'her paour-ze ».
Ha c'houi Aot. Person, a veffe kriz aoualc'h evit
lezel aze, hanter c'hreat, kovesion kement a dud,
deut a geit-all d'ho kaout ? Daoust ha n'oc'h
euz ket da respont da Zoue deuz ho eneou ? »

Ar c'homzou-ze a laka an oll da ouela ha da hivourdi. Tud ar barrez hag ar bele- rined a zo oll en dro d'an Aot. Person, kass a reont anezhan d'an iliz, en despet d'ezhan, he zougen a reont, koulz lavaret.

Mont a ra d'ar c'hœur, stoui a ra d'an douar, pedi ha gouela a ra eur pennad mad, ha goudeze ez a d'ar zakreteri da gaozeal gant an Aot. des Garets. Ac'hano e teu d'an iliz, daoulagad an oll a zo o para var- nezhan, ha raktal ez a d'he gador govez.

Pa deuaz an deiz, tud hag a vije peurvuia selaouet ganthan, a glaskaz ober d'ezhan chench mennoz; hen koulsgoude ne lavaraz ket e chomje. Mes, eun dervez benag goude, Doue a roaz d'ezhan da gompren en doa great mad lakad silvidigez ar bec'herien araok ar c'hoant en doa da vont en eul leac'h distro benag da bedi ; ha pa deuaz an Aot. Toocanier da' glásk gouzout perak en doa c'hoant da vont kuit, e respontaz : « C'hoant em boa da c'houzout, evit mad, bolontez Doue, breman, ma varvan Person, e c'hellin lavaret d'ezhan : C'houi eo a zo kaoz. »

M'en divije gallet tec'het, e vije bet eat da eur gouent Trappisted savet gant an tad Collin, bet kamarad skol d'ezhan, ha mignon braz. Eur gambr a oa renket evithan, mes

klevet e oue heb dale, o doa he baresioniz
miret outhan da vont kuit.

Er vech kenta ma klaskaz dilezel he barrez,
ez oa evit beza kapusin, ha pa n'hellaz ket
beza, ez eaz e trede urz sant Francès.

Er vech-man, el leac'h beza Trappist ez
eaz e trede urz ar Verc'hez; en amzer-ze e
c'hellet mont ouspenn en eun trede Urz.

An Aot. Vianney ne glaskaz mui tec'het
goudeze, ha daou vloaz goude, e velaz mad
ne c'helle ket dilezel he barrez eun dervez
zoken. Ar c'huec'h var-n-ugent a viz genver
1855, he vreur Francès a oa prest da
vervel, hag he vreur Jerom a deuaz gant eur
voetur da gerc'het anezhan. A veac'h
m'edo e penn an hent, ma kouezaz klanv
hag e rankaz teuler. Neuze e ra var he
droad var dro eul leo, en he zorn eur vaz, ar
seurt a vez o terc'hel ar vinien en he za er
parkeier, roet en doa eiz real evithi, rak,
emezhan, troc'ha eur pennad baz var eur
c'hleuz a ve laërez. E Parcieux e lavaraz
n'helle ket mont pelloc'h. An Aot. Toccanier
a ieaz he-unan da gass bennoz an Aot. Per-
son d'he vreur klanv, hag hen a zistroaz varzu
Ars. Heb dale e tigouez ganthan an *Omnibus*
a deue deuz Ars, hag ar belerined a oa ennhi
a ziskennaz oll pa veljont an Aot. Vianney.

Distrei a reont, oll assamblez, betek Ars
adare.

Breman e rankomp distrei var' hor giz evit
komz divar benn ar pelerinaj-se, a zo bet ken
aliez hano anezhan beteghen. Beza ez eo eun
dra iskiz meurbed, deuz ar re a zo bet ar
muia hano anezho, en histor an Iliz, epad an
naontek kantved. Guelet oa bet c'hoaz, heb
mar ebet, tud santel, bet d'ezho, evit ho
humilite, ar c'hras da ober miraklou ha da
gaout kalz a c'halloud var an eneou ; guechall
ez euz bet guelet, meur a vech, eur vro a bez,
o sevel evit mont da zelaou eun den zantel :
sant Bernard, sant Dominik, sant Françès,
ha tostoc'h d'eomp, sant Visant Ferrier, sant
Francès Régis, mes kredi mad a reat ne vije
guelet mui, rak an amzer, n'eo ket var vellad
ez eo eat abaoue, hag an naontek kantved n'eo
ket bet eun amzer a feiz krenv. An dud a skiant
ha fur var ho meno, ne maint ket o vont da
zaoulina dirak ar pez ne c'hellont ket kompren ;
hirio an dud desket a gav d'ezho ez int kalz
brasoc'h eget ne oa an dud desket guechall ;
koulsgoude pa velont eur zant, e plegont ho
fenn hag ho daoulin dirazhan, petra benag
n'en deo nemed eur Person divar ar meaz, an
distera etouez an dud, evel ma lavare. Aba-
lamour da ze on deuz mall da gomz divar

benn pelerinaj Ars, ha da ziskouez penaoz e
tenne an Aotrou Vianney an eneou d'he gaout,
evit ho gounit da Zoue, penaoz e sklerijenne
an eneou var ho stad a vuez ha penaoz e rea
kement a viraklou.

## TRIZEKVED PENNAD

*Pelerinaj Ars. Dervez an Aotrou Vianney*

Etre ar bloaz 1825 ha 1830 eo e kemeraz ar
belerined an hent da vont da Ars. Ar re genta
deut deuz ar paresiou all da gaout an Aot.
Vianney, a oa tud vad ha santel hag o doa
c'hoant da zevel huelloc'h e skeul ar zantelez;
d'ho heul e teue ive meur a hini da glask ar
peoc'h evit ho c'houstianz. Ar bec'herien a
ziredaz abred ive da gaout ar beleg santel-ze,
a zigemere anezho en eur ouela gantho; ar
beorien a deue da gaout an hini a oa paouroc'h
egetho hag a gave atao da rei, koulsgoude; hag
an dud glac'haret a deue da glask eur gomz
vad benag da lakad var gouliou ho c'halon.
Ar binijen rust a rea an Aot. Vianney, ar
burzudou on deuz guelet er Brovidanz hag ar

brezel a rea an diaoul d'an den zantel, a lakea
kalz a dud da zont d'he gaout.

Ar pelerinaj a greskaz buan goude ar mi-
raklou great en iliz Ars, pa oue guelet meur a
hini klanv o kaout ar pare dirak relegou
santez Philomena. Ar pez a zigase ar muia
tud koulsgoude, oa pedennou an Aot. Vianney
evit ar bec'herien. Doue a zo falvezet d'ezhan
ive, rei eur gentel d'ar re a rea goap ouz ar
govesion, o kass tud a villerou da govez gant
an den zantel. Rak, arabat ankounac'had eo
evit kovez e teue an dud da Ars, peurliesa ;
ar c'hovesour eo en euz great ar pelerinaj.

Abenn nebeut bloaveziou e teue kement a
dud, ma oue red d'ar goeturiou braz dont
deuz Lyon pemp guech bemdez el leac'h eur
vech ma teuent araok. Lavaret on deuz ez oa
bet deut ouz kostez Lyon ha Villefranche
hebken, pevar ugent mil den, en eur ober eur
bloaz.

Aliez ne vije ket a blas, ha tud ar barrez
neuze, ar re oa e meaz ar bourk, a ranke ive
rei lojeiz d'ar belerined ; meur a vech, sciz,
eiz, a ranke kouskat er memez kambr. Ke-
mentse a ziezamant a vije bet aoualc'h evit
troc'ha berr d'ar pelerinaj, ma ne vije bet
nemed eun dra great gant ar c'hiz pe gant ar
blijadur, mes aberz Doue eo ez oa, ha bemdez

e kreske. Guelet so bet tud pinvidik braz o
chomm en Ars meur a zervez, ha ne gavent
da zrebi nemed ar pez a zrebe an oll er barrez,
euruz c'hoaz pa c'hellent kaout ar pez a oa
red evit chomm iac'h. « Etal Aot. Person Ars,
eme eur pelerin, ec'h ankounac'hear petra zo
mad da gaout evit beva eaz; gueleou fall,
boued fall, sevel araok an deiz, kaset ha
digaset e kreiz eur bern tud... ne rer forz euz
ar ienien, an naon, ar zec'hed, ar skuisder,
ar c'holl kouskat, pep tra a gaver eaz pa
c'heller kaout eur gomz benag digant an den
zantel. » Kalz tiez nevez a oue ranket sevel
evit digemeret ar belerined.

A beleac'h e teue eta kement a dud ? Deuz
kement korn zo e France, deuz Breiz-Izel,
deuz ar Flandres, deuz ar Béarn, deuz Bro-
Zaoz, ar Belgigue, an Allemagne, ar Savoie.
Piou a lavare d'ezho dont ? Den, nemed ar re
a oa bet araok, rak ar c'hazetennou ne lava-
rent ger c'hoaz divar benn Aot. Person Ars.
En ho zouez e kavet tud a bep seurt renk hag
a bep stad; ar paour a vije e kichen ar pinvi-
dik, lod a zigase prof, lod all a c'houlenne
aluzen, oll e c'houlennent ar pare evit ho
c'horf pe evit ho ene. Tud dall, re vouzar,
tud kabac, klanvourien a bep seurt, a rea
kant leo hag ouspenn, kalz a deue var ho

zroad, pa c'hellent dont, ha leun ho c'halon a fizians. Tud koz, digor, dija ho bez, tud yaouank o klask ho hent, eneou a bep seurt; kalz a deue ive evit gouzout petra dremene ha meur a hini evit ober goap...

Ar Person zantel a vele bemdez, hag a hed an deiz, an oll dud-ze mesket'en iliz ha trovar-dro, gouzout a rea pegen gouliet oa ho ene gant ar pec'het, pe ho c'halon gant ar glac'har, ha da noz pa deue d'he gambr assamblez gant ar visionerien, e roe d'anaout d'ezho petra dremene en he galon : gouela a ranke en eur lavarat : « Red eo dont da Ars evit gouzout petra eo ar pec'het hadet gant Adam ; n'ouzer petra da ober, n'heller nemed gouela ha pedi. »

Tud Ars ne oaint ket souezet o velet tud a gement stad so, o tont da Ars ; ar gouiziegez, ar galloud, an danvez, an dud a lignez huel, a dle ive douja d'ar zantelez. An Aotrou Cardinal de Bonald, an Aotrou-'n-Eskop Dupanloup a zo bet en Ars, superiored kouentchou, meur a Brefet, profesored deuz ar re huella, tud a lignez ha d'ezho an hanoion kosa deuz France a deue ive. An tadou a famill a zigase ho bugale, ar re oa e penn ar skoliou, a zigase ho skolaerien, ar bersoned a deue gant ho farrez a bez. Er goeturiou ne oa ken hano

nemed divar benn Person Ars, hag oc'h
erruout he velet, e kement stal a oa, nemed
poltret an Aot. Vianney. A veac'h digouëzet, e
redet d'an iliz evit klask he velet, hag ar re
n'hellent ket he velet dioc'htu, a gomprene,
da viana, pegement a c'halloud en doa var
an eneou, o velet an dud en iliz.

Er c'hœur e vije hanter kant, tri ugent hag
avechou kant goaz o c'hortoz ho zro da vont
da govez d'ar sakreteri. Petra benag ma vije
kalz anezho, dizurch ebet ne velet en ho zouez.
Ne ziskuezent beza na skuiz nag inouet, pedi
eo a reant, ha meur a hini a velet anken ar
goustianz o poueza varnezho. Pa c'houlennet
digantho abaouë pe da vare edont eno, e
lavarent : « Abaoue div heur dioc'h ar beure,
abaoue hanter noz; lod a dremene an noz er
porched, o c'hortoz ma vije digoret an iliz.

Avechou, tud re abaff ne gredent ket miret
ouz ar re all da vont en ho raok, ha goude
beza tremenet meur a nosvez er porched,
n'hellent kaout tro ebet. Ar c'hovesour
zantel, pa oueze an dra-ze, ho digase he-
unan, hag a ziskueze kaout muioc'h a vadelez
evitho.

Da zeiz heur pe da eiz heur, deuz ar poent
ma veze ar bloaz, an Aot. Vianney a deue ouz
he govesion, hag an dud neuze a vije ker

stank, ma ranket digerri hent dirazhan, rak klask a reant kregi en he zaouarn pe en he zurpilis. Erru dirak an aoter, e koueze d'an daoulin dirak an tabernakl ; eno e chomme eur pennad heb flach, evel pa velje hor Zalver dirazhan. Goudeze e viske dillad an oferen hag he gurust a vije pe eun den benag a renk huel pe eur beleg. An enor-ze a vije goulennet gant kalz a dud. Goude he oferen, e teue da gichen ar balustrou evit benniga ar chapeledou, ar medallennou, an traou prenet evit derc'hel sonj ouz ar pelerinaj, hag ive ar vugale a vije digaset d'ezhan. Epad ma vije eno, troet varzu ar bobl, daoulagad an oll a bare varnezhan, hag o velet eun den ken treut ha ken seac'h, e chommet mantret o sonjal penaoz e c'helle herzel gant kement a skuisder. Klask a reat guelet he zaoulagad, an daoulagad-se ken dous ha ken lemm, hag a vele ken aliez a vech an traou ar guella kuzet er goustianz, pe a lakea, gant eur zell, ar glac'har e kalon ar bec'herien, aliez en despet d'ezho.

Goudeze e teue d'ar presbital da eva eur banne leaz, pa oue gallet ober d'ezhan kemeret eun draïk benag dioc'h ar mintin, abalamour ma oa erru var an oad, hag ac'hano e tistroe da govez ar oazed er sakreteri. Da zek heur ez ea d'ar c'hœur, hag eno, var he zaoulin hag heb harp ebet, e lavare he heuriou, ha pa vijent echu, e teue da draon an iliz da gaout ar re glanv hag ar re vac'haniet; dindan an tour ez oa eul leac'h evitho. Neuze e ranket aliez mont dre nerz d'an dud evit ober d'ezho rei plas, ha kement all a boan a vije o tistrei.

Eun tamik araok eunnek heur, bemdez, ha neuze e vije leun an iliz, e teue da zaoulina eun nebeut amzer dirak ar Zakramant; ha goudeze ez ea varzu ar gador brezeg. D'ar mare-ze ne vije ket pleget he benn evel peurvuia, sounn e vije, hag he zaoulagad leun a dan. Mar boa lent, neuze ne vije ket, hag ar pez a rea d'ezhan beza ken hardiz, eo abalamour ne ree forz petra vije lavaret divar he benn, na divar benn he brezegen.

An Aotrou Doue eo en deuz desket d'an Aot. Vianney ar pez n'en doa ket bet amzer da zeski er skoliou; roet en euz d'ezhan, ouspenn, ar pez a ro da nebeut, hag ar pez a glasker kement koulsgoude : ar c'hras da veza helavar. « Bet em euz, emezhan, eun dervez, ar memez mestr gant sant-Per. » Kementse a zo eaz da gredi evit ar re o deuz bet an eurvad da glevet anezhan oc'h ober he gatekis, da glevet he gomzou ken dishenvel ouz re ar

re all. He gomzou a deue deuz he galon, ken
entanet ha gant kement a nerz, ma 'z eant
doun e kalon an oll, ne glaske ket ar geriou
flour ha kempennet brao, ne glaske nemed
lavaret sklear ar pez a oa en he spered hag en
he galon, hag ar pez a lavare a ie ken eün ha
ken doun e spered hag e kalon ar re a vije o
selaou, ma c'hellet lavaret n'o divije neuze
nemed ar memez spered hag ar memez kalon
ganthan. Lakad a rea ennho ar feiz, an espe-
ranz hag ar garantez, ha setu aze ar guella
prezeger.

Oc'h erruout er gador e rea eur zell en dro
d'ezhan, var ar re a vije en iliz. Avechou e
chomme da zellet ouz ar memez hini, evit
lenn en he galon ha gouzout petra da lavaret.
Meur a hini o deuz anzavet, daoust ma kouste
d'ezho hen anzao, n'en doa komzet nemed
evitho, meur a hini all o deuz kavet en he
zarmoun, ho fec'hejou, ho zempladurez, ho
buez penn-da-benn. Goude beza lakeat sklear en
he spered petra lavarje, e tigore ar brezegen.

Ar zarmoniou a rea, er penn kenta ma 'z oa
Person, hag evit tud he barrez hebken, n'int
ket goall henvel ouz ar re a rea divezatoc'h.
Neuze e tremene kalz amzer o studia hag o
skriva he brezegennou, mes adalek 1826, pe
var dro, n'en divije mui kalz amzer da studia,

ha divezatoc'h ne gave ket eur pennad zoken evit sonjal er pez en divije da lavaret. Er penn kenta en doa aoun, o velet e ranke mont er gador goude eur bedennik verr d'ar Spered-Santel, hen hag en divije kement a boan araok o studia ; koulsgoude, pa zigore he galon evelse evit lavaret ar pez a oa ennhi, ha netra ken, eo e prezege ar guella ; deut eo zoken da veza unan ouz ar brezegerien guella a zo bet guelet, hag hini all ebet ne ouie guelloc'h egethan, lakad an dud da deuler evez d'ar pez a lavare.

Pa gomze divar benn an env, divar benn Jesus-Christ hag he basion, divar benn Zakramant an aoter, ar Verc'hez Vari, ken kaër, ken din da veza karet, divar benn gened an eneou zantel, gant kement a dan hag a deneredigez, en eur ouela, meur a hini a grede start e vele ar beleg santel ar pez a lavare. Kement a zousder a oa en he vouez, hag he benn a vije ken sklerijennet, ma oa anet eo Doue a gomze dre he c'hinou ; he zaoulagad a vije aliez leun a zaelou ha den n'helle chomm heb santout ive he galon o virvi hag heb skuilla daelou. N'euz bet den par d'ezhan evit rei da gompren d'an oll, dizesk ha gouiziek, an traou huella ha diesa deuz ar relijion, hag abalamour da ze eo e rea kement a vad.

Pa vije tud desket braz ouz he zelaou, e chomment sebezet, ne daolent ket pled d'he c'heriou, mes d'ar pez a lavare, santout a reant ez oa eun ene eo en em ziskoueze d'ezho, eun ene zantel, o komz divar benn traou zantel hag a zave ho spered varzu Doue; gounezet ganthan, ho c'halon a lamme hag an dour a deue en ho daoulagad. Daoust n'en doa ket eur yez flouret, evel on deuz lavaret, den ne zonje kaout da lavaret var gementse, pep hini en doa aoualc'h da ober oc'h en em varn he unan hag o sonjal en he zilvidigez hag en eternite, epad ma komze ar prezeger.

Eun dra burzuduz eo, e guirionez, e vije bet selaouet ken mad ha gant kement a blijadur gant tud ar bed, petra benag ne gomze nemed deuz traou ha ne gompren ket ar bed anezho ; komz a rea aliez deuz ar c'hroaziou a bouez kement var an den er bed-man, deuz ar baourentez, deuz ar binijen, deuz ar zilvidigez, ar maro, ar varn, an ifern... Red eo lavaret ive, hen he-unan a oa eur brezegen gaër.

Pa velet anezhan er gador, gant he vleo guen, he vizaj ken disliv ha ken treut ma veljet prest skler dreizhan, pa glevet he vouez huel ha lemm evel p'e divije c'hoant da doulla ar c'halonou, pa gomze deuz ar poaniou, ar baourentez, ar binijen, e ranket he zelaou hag he gredi, rak he-unan e rea da genta kement tra a lavare d'ar re all ober ; he garantez evit Doue hag an nesa, he humilite, he basiantet, he vuez penn da henn en eur ger, a roe kalz a bouez d'he gomzou, ha lavaret a c'heller : E sarmoun Aot. Person Ars, ar vertuz a oa o prezeg ar virionez.

Ne rea forz piou a vije ouz he zelaou, pe eskibien evel zo bet meur a vech, pe dud all a renk huel ha desket braz, morse n'en divije aoun ebet. « N'em euz aoun ebet o prezeg, emezhan, seul vui a dud e vez, seul vui e kavan brao ». Ha goude ar c'homzou-ze e lavare divar he benn he-unan : « Ar re ourgouilluz a gav d'ezho e reont mad atao ». Ha pa vije bet ar Pab, ar Gardinaled, ar Rouaned dirag he gador sarmoun, n'en divije lavaret na muioc'h na nebeutoc'h ; ne zonje nemed en eneou, ne glaske nemed lakad spered an oll da zonjal e Doue. Pa gomze divar benn ar pec'het, an dismeganz a ra ar pec'het da Zoue hag ar gaou a ra ouz an den, e lavare ken sklear ar pez a zonje, ma vije anet e rea vad d'ezhan dizamma he galon.

Kaout a rea kant tro da rei da gompren ar pez en doa c'hoant. O komz divar benn ar Spered-Santel e lavare : « Anez ar Spered-

Santel ez omp henvel ouz eur mean var an hent. Lakit en eun dorn eun tam spoën, eun éponj gleb, hag en egile eur mean, goaskit anezho, deuz ar mean ne deuio netra ha deuz ar spoën e teuio dour aleiz. Ar spoën eo an ene gant ar Spered-Santel, hag ar mean kalet eo ar galon heb ar Spered-Santel. »

« An ene hag a zo ar Spered-Santel ennhan, a gav ar beden dous ha mad ; re verr e kav atao an amzer roet d'ar beden; ha morse ne za koll guel a Zoue. » — « Ar Spered-Santel a zo en eneou zantel evel eur goulm var he neiz ; gori a ra an desirou mad er galon bur, evel ma c'hor ar goulm he re vian. »

Aliez e kave en he spered ar sonjou ar re gaëra, ha lakad a rea anezho da veza eaz da gompren. « Seul vui ec'h anavezer an dud, seul nebeutoc'h e karer anezho. Ar c'hontrol eo a zigouez evit Doue : seul vui ez eo anavezet, seul vui ez eo karet. Anaout Doue a laka er galon kement a garantez evithan, ma n'heller mui karet nemethan... An den a zo bet krouet dre garantez, setu perak ez eo ken douget da garet, ha ken huel eo ma n'hell netra var an douar leunia he galon, ne c'hell beza eüruz nemed pa gav Doue ha gant Doue. Lakit eur pesk var ar zeac'h, ne vevo ket pell ; setu aze an den heb Doue. »

« Er bed-man ez omp heb beza deuz
ar bed-man koulsgoude, pa 'z eo guir e
leveromp bemdez : Hon Tad pehini zo en env...
red eo eta gortoz, evit beza paeet, ma vezimp
digouezet er gear, en ti hon Tad, a zo en
env. »

« Meur a hini a zo nec'het gant ho foaniou,
var an douar ; kredi a reont, pa garer Doue,
eun nebeut, ne dleffet kaout na poan, na
kroaz, na diezamant ebet ; ar poaniou evit ar
re a gar Doue n'int ket evit kastiza, grasou eo
ez int. Red eo teuler evez euz ar rekompanz
kentoc'h eget euz ar boan : eur marc'hadour
ne zonj ket kalz er boan en euz, sonjal a ra
kentoc'h er pez en euz da c'hounit, hag
ouspenn-ze, ar boan a wask ac'hanomp a zo
nebeut a dra. »

« Hon teod ne dleffe nemed pedi, hor
c'halon karet, hon daoulagad gouela. »

« An den a zo bian ha braz assamblez. Ne
'z euz netra ken huel hag an den ha netra ken
izel : netra ken huel pa zonjer en he ene,
netra ken dister pa zonjer en he gorf, ha gant
ar c'horf eo e kemerer poan evel pa ne vije
zoursi ebet da gaout nemed outhan, ha pa
dal, koulsgoude ne 'z euz nemethan hag a
dleffe beza disprijet. »

« Ar bed a guz deuz an den an env hag an

ifern. Kuzat a ra an env, rak ma ve gouezet
pegen kaër eo, e klaskfet mont di, kousto pe
gousto, hag ar bed a ve disprijet. Kuzat a ra
an ifern, rak ma ouffet pegen kriz poaniou a
zo ebarz, e tec'hfe outhan kousto pe gousto
ive. »

« Ma ve lavaret d'ar re zo en ifern : « Ni ia
da lakad eur beleg etal dor an ifern, ar re o
deuz c'hoant da govez, n'o deuz da ober ne-
med dont 'er meaz. » Va bugale, a kredi a rit
e chomfe unan benag heb dont da govez ? Ar
bec'herien vrasa n'o deffe poan ebet oc'h
anzao ho fec'hejou, ha dirak an oll, zoken ;
an ifern a ve buan goulonteret hag ar baradoz
a ve leuniet. Mad, ni on deuz an amzer hag
ar voyen n'o deuz ket ar re zaonet, da lakad
urz vad en hor c'houstianz. »

An Aot. Vianney ne glaske nemed rei da
entent d'an dud dister, ar re all a entente ive.

« Red eo labourat er bed man, emezhan,
red eo brezelekad ha kaout poan, amzer
aoualc'h a vezo da ziskuiza epad an eternite. »

« Ma komprenfemp mad hon eurusted e
c'helfemp tost lavaret ez omp eürusoc'h eget
sent ar baradoz : Ar re-ze a zo o veva deuz ho
feadra, n'hellont mui gounit netra, el leac'h
ni a c'hell kreski bemdez hon danvez. »

« Hor pec'hejou a zo eur c'hrouanen e

skoaz menez huel trugarez an Aotrou Doue. »

An Aot. Vianney, epad he vugaleach hag he yaouankiz, o veva var ar meaz, a vele Doue e pep tra hag e pep leac'h, ha breman en he zarmoniou e teu da zonj d'ezhan ouz ar fleur, al labouset, ar prajeier, ar goaziou dour o redek ken flour, hag o kana ho c'hantik da Zoue.

« Ar re a zo pur ho c'halon, emezhan, a zo evel an ered hag ar guenili, ar re-man a vev huel en ear. Eur c'hristen hag a zo pur, a zo evel eul labouz stag divar bouez he droad gant eun neuden. Paour keaz labouz bian, ne c'hortoz nemed ma torro an neuden, evit nijal pell. »

« An Aotrou Doue a bardon d'ar pec'her gla-c'haret buanoc'h eget na denn eur vam he bugel ouz an tan. » — « Doue pa rank daoni eur pec'her, a zo evel eur vam hag a rankfe lezel kountel ar gillotin da goueza var gouzouk he mab. »

An Aot. Vianney a oa bet messaër hag a lavare er gador : « Red eo ober evel ar ves-saërien epad ar goanv, ar vuez a zo eur goanv hirr, ober a reont tan da domma. Bep an amzer ez eont da glask keuneud da lakad en tan-ze evit ober d'ezhan padout. Ma c'houffemp,

9

evel ar vessaërien, lakad traou e tan karantez
Doue, dre ar pedennou, hag an oberou mad,
ar garantez-se ne varfe ket en hor c'halon. »

N'euz forz var betra e prezege e save atao
beteg guirionezou kenta ar relijion ; komz a
garie divar benn ar finvezou diveza ; lakad a
rea peurvuia ar re a oa ouz he zelaou dirak
ho zilvidigez hag an eternite, ha na ehane da
lavaret e ranket karet Doue ; « ken eaz eo d'an
den karet Doue ha ma 'z eo d'al labouz kana. »
En he amzer diveza e lavare aliesoc'h c'hoaz :
« Va bugale, karit an Aotrou Doue... ker
mad eo... karit anezhan a greiz ho kalon. »

Setu aze ar prezeger zantel, hini all ebet
n'euz great kement a vad deuz kador ar
virionez, epad an naontekved kantved.

An tad Lacordaire a c'hoanteaz ive dont
da velet ha da glevet Aot. Person Ars. An
daou brezeger en em gavaz an eil gant egile
d'an tri a viz mae 1845, hag en dervez var-
lerc'h an eil a zarmonaz dirak egile. Dioc'h
ar mintin, an Aot. Person divar ar meaz a
lavare pardoni d'ezhan ma komze dirak pre-
zeger braz an Itron Varia, e Paris. Komz a
reaz divar benn ar Spered-Santel evit displega
ar virionez-man : N'euz forz pe 'z eo helavar
an hini a zo er gador, pe n'eo ket, vad a rai,
ma kar an dud selaou, en ho c'halon, mouez

ar prezeger ne veler ket, mouez ar Spered-Santel. Komz a reaz gant kement a nerz hag a zevosion ma ne glaske den, an tad Lacordaire nebeutoc'h c'hoaz eget ar re all, gouzout pe ez oa helavar ar prezeger, pe ne oa ket. Pep hini a zonje ennhan he-unan evit gouzout a selaouet mad en doa bet atao komzou an Aotrou Doue.

D'ar gousperou, ar prezeger dispar deut deuz Paris, a lavare ne dleje ket sarmoun pa 'z eo guir ne oa deut nemed da c'houlen kuzuil. Se oue lavaret ker brao ha gant kement a humilite, ma oa stad e paresioniz Ars, o klevet eun hevelep meuleudi roet d'ho Ferson gant eun den evel an tad Lacordaire. An Aot. Vianney, marvad, ne glevaz ket ar veuleudi-ze, setu aman, petra oa en he spered, d'ar mare-ze : Guella prezeger a oa neuze, en doa great eun akt a feiz hag a humilite o tont da Ars ; ha da velet piou !

Goude an dervez-se, ar belerined a zelaoue gant muioc'h c'hoaz a evez, komzou an Aot. Vianney, pa 'z eo guir an tad Lacordaire ho zelaoue gant kement a blijadur hag a brofit evit he ene. Biskoaz ne oa bet muioc'h a dud er c'hatekis da eunnek heur. An Aot. Vianney a lavare goudeze : « Ne gredan mui sevel er gador brezeg, abalamour ma 'z eo bet an

tad Lacordaire ennhi. Henvel oun euz ar prinz-
se ha ne grede mui sevel var he varc'h aba-
lamour ma oa bet an Tad Santel ar Pap var-
nezhan, eur pennadik. »

Ouspenn ar gonferanz a rea bemdez, an
Aot. Vianney a brezege ive da zul, da greiz
deiz, da daol an Angelus. Ar re o doa c'hoant
da gaout eur gador a ranke mont abred d'an
iliz, rak leun tenn e vije bep sul a dud a bep
bro hag a bep stad. Da c'hortoz ar zarmoun
e kanet kantikou, hag an Aot. Person a ie
var eün deuz he govesion d'ar gador zarmoun.
Peurvuia e komze divar benn an Aviel, ha
morse ne gomze gant kement a nerz. Aman
eo e velet ez oa eun abostol nevez digaset gant
Doue var an douar, aman eo e tiskueze ar
guella pegen tomm oa he galon, ha pegement
a c'hoant en doa da ober vad ha da zavetei
eneou. Lakad a rea kalon ar pec'her da deuzi
gant ar glac'har, hag al labour digoret gant
ar zarmoun, a vije peurliesa, peurc'hreat er
govesion.

Ne gomze koulsgoude nemed divar benn
hor Zalver Jesus-Christ, ha kement-man a
ziskuez d'eomp pegen kaer ha pegen nerzuz
eo an Aviel, eaz da gompren ha talvouduz
d'an oll. Eun dervez da c'houel ar Chande-
lour e lavare : « Ha sonjet oc'h euz ervad er

garantez birvidig a oa e kalon an den koz Siméon, pa zouge ar mabik Jesus etre he zivreac'h? « Breman, va Doue, emezhan, lezit ac'hanon da vervel e peoc'h, evel m'oc'h euz lavaret » ; n'hellaz koulsgoude, derc'hel ar bugel nemed eur pennadik. Ni, va breudeur a zo eürusoc'h eget Siméon, ni a c'hell he zerc'hel atao ganeomp, m'on deuz c'hoant, ne ma ket hebken etre hon divreac'h, en hor c'halon eo e ma. Na c'houi zo eüruz, kristen, va breur, mes ne gomprenit ket hoc'h eürusted, ma komprenfec'h, n'helfec'h mui chomm beo... nan a dra zur, mervel a raffec'h gant ar garantez. Doue 'n em ro d'eoc'h, kass a c'hellit anezhan ganeoc'h, e leac'h m'oc'h euz c'hoant, ne ra nemed unan ganeoc'h...

Sonj on deuz, a lavar an Aot. Monnin, da veza klevet anezhan, an eil zul ar c'horaïz, o komz divar benn an Ebestel, var menez Thabor, gant Jesus. Klask a rea rei da gompren eürusded an Ebestel, hag ez oa evel pa vije bet er meaz anezhan he-unan. « He velet a raimp, he velet a raimp; ah! va breudeur, a sonjet oc'h euz e kementse? Gwelet a raimp Doue... da vad... evel m'e ma, fas ha fas; hag epad eur pennad amzer ne lavare ken : « He velet a raimp, he velet a raimp. »

Pa gomze evelse e velet mad he feiz hag he garantez, avechou e ranke ehana, an daelou a vouge he vouez hag an oll a ouele ganthan, gounezet ho c'halon. O komz divar benn ar varn diveza, e chommaz var ar c'homzou-man: « It, tud milliget », hag e stagaz da ouela, n'heile lavaret ger all ebet, « milliget gant Doue ! kompren a rit, va breudeur ? milliget gant Doue ! Doue ha ne oar nemed rei bennoz, milliget gant Doue ha ne oar nemed karet ha rei pardon, milliget evit mad, milliget da viken. Oh ! pebeuz maleur ! » An oll a oa spountet.

Avechou ive e komze divar benn an amzer a dremene. Er bloaz 1830 ez oa bet diskaret meur a groaz e France, hag e kreiz he gatekis e lavare : « Kaër o devezo, ar Groaz a zo krenvoc'h egetho, n'he diskarint ket atao. Pa deuio Jesus-Christ da varn ar bed oll, ne dennint ket ar Groaz ouz he zaouarn. »

An Aot. Vianney n'en doa nemed eul leor, hag al leor-ze eo hor Zalver Jesus-Christ, he groaz, hag he varo ; al leor-ze a studie var he zaoulin dirak an tabernakl pe o skuilla daelou var he grusifi.

Mar boa buez en he gomzou, ne oa ket nebeutoc'h, a hent all, en he zoare da brezeg. Ar re n'o deuz anavezet anezhan nemed en he gosni diveza, pa n'en doa mui a zent ha pa ranke prezeg divar an aoter, azezet var eur skabel, ne ouzont ket petra eo bet, epad ugent vloaz, pa oa e kreiz he vrud. Neuze e pigne atao er gador ; aliez e skoe var ribl ar gador brezeg, sevel a rea var begou he voutou evel p'en divije bet c'hoant da zistaga ouz an douar ; buan è komze aliez, evel pa n'helje ket diarben aoualc'h ar mennoziou kaër a oa leun he galon anezho ; an daelou a vije aliez en he zaoulagad. Avechou e koueze he zivreac'h diganthan, he c'houzouk a stanke, he galon a zantet o lamet ; guelet mad a reat e karje lavaret kalz muioc'h. Ma ne c'helle ket lavaret kement tra a oa en he galon, piou c'helfe ? e roe da zantout koulsgoude d'ar re all ; aoualc'h oa, kalon an oll a lamme evel he hini, ho daelou a ruille.

Evelse e prezege an Aot. Vianney, ha pa ziskenne deuz ar gador [e ranke chomm avechou etouez an dud, derc'hel a reat anezhan evit komz outhan, rei a reat d'ezhan lizerou, arc'hant, traou a briz, goulen a reat he vennoz, tud klanv en em daole d'an daoulin dirazhan. Pell e vije o vont deuz ar gador, da draon an iliz evit selaou c'hoaz unan benag araok kreiz-deiz. Daou zen a ranke beza en he gichen, evit digeri hent pe evit

he ziframma, koulz lavaret, a douez an
dud.

Da greiz deiz e teue d'ar presbital, hag er
porz e kave c'hoaz meur a hini, ar re o doa
bet an eur-vad da veza lezet da vont di, evel
dre laër. Epad ma trebe eun dra benag e
lenne ive al lizeri a deue kement anezho da
Ars bemdez, hag a gomzimp divar ho fenn
divezatoc'h.

Pa deue an Aot. Person e meaz ar presbi-
tal, da eun heur nemed kart, e kave kalz a
dud o c'hortoz anezhan var ar blasen, rak
bemdez e tremene dre ar Brovidanz evit lava-
ret eur ger benag d'ar visionerien, a oa o
chomm eno. Mont a ranke e kreiz etre diou
renkennad tud, daou zen a vije ganthan,
unan a bep tu, anez da ze n'helje ket mont
penn-da-benn.

An Aotr. Vianney ne blije ket kalz d'ezhan
guelet an dud o tiskuez kement a zoujanz
hag o rei d'ezhan kement a veuleudi, er penn
kenta e klaskaz miret, heb dale, koulsgoude,
e lezaz ober, rak epad ar pennad amzer-ze, e
kave tro da rei meur a ali ha meur a gomz
vad d'an dud glac'haret. Rak pa 'n em gavet
nec'het gant eun dra benag, pa vije ezom
kuzuil pe sklerijen, ez eat d'he gaout, ha
meur a hini, o sonjal n'héljent biken erruout

beteg ar govesion, a glaske he velet er meaz
evit lavaret d'ezhan eur ger benag.

Pa deue, e klevet an oll o lavaret : « E ma
erru. » Dre ma tremene, ar pennou a stoue
pa roe he vennoz, hag an daouarn a glaske
kregi en he re. Tud mac'hagniet a ziskueze
d'ezhan ho izili paour ; ar re valeüruz a lavare
d'ezhan ho enkrez, pec'herien glac'haret a
anzave d'ezhan ho fallagriez a vouez huel, an
oll a lavare d'ezhan « va zad », ne gavent ger
all ebet evit merka an deneredigez hag ar
fizianz a oa en ho c'halon. A bep tu e c'hou-
lennet diganthan meur a dra : gant unan ez
euz hano deuz konversion he fried, gant unan
all deuz unan benag klanv, gant heman divar
benn he afferiou, gant hennez ouz he vugale.
Mont a rea goustadik, deuz an eil d'egile.
Selaou ha respont a rea gant dousder ha
pasianted.

Souezet ez oar o velet pegen buan e responte
da bep hini, avechou zoken araok ma vije
echu ar goulen. Ne oa den koulz hag hen evit
eüna raktal eun affer, ha goude beza bet o
c'houlen kuzuil digant re all araok, e kavet
ganthan atao eur sklerijen nevez, rak hen a
vele pep tra gant sklerijen Doue ; barn a rea
afferiou an dud heb klask plijout hag heb
aoun da zisplijout da zen.

Ar re n'o doa netra da lavaret hag a dalveze ar boan, a gleve ganthan geriou seac'h aliez : « Va zad, va lezit da lavaret d'eoc'h eur gomz hebken. » — « Va merc'h, ouspen ugent oc'h euz lavaret. » — « Va zad, pehini eo ya stad a vuez? » — « Ho stad a vuez eo mont d'ar baradoz. » Ar re avad o doa ezom, e guirionez, a gleve ganthan eur gomz vad benag evit ho afferiou, pe evit skanvad ho foan pe ho glac'har, hag ar re o divije ezom da gaozeal pelloc'h ganthan, a vije lavaret d'ezho mont d'he gaout.

Anaout a rea raktal ar re a oa pur ho c'halon, ha d'ezho e lavare gant teneredigez, lezel he amzer ganthan. « It, va merc'h, a lavaraz hen, eun dervez, da eur sœurez, c'houi n'oc'h euz ket ezom ac'hanon-me. »

Den ne oar pegement a vad a rea an Aot. Vianney, o tremen evelse etouez an dud. Eur gomz lavaret eno a zigase ar pec'her da govez, hag er govesion e vije peurc'hreat al labour. Doue eo a roe d'ezhan sklerijen, rak meur a vech en euz kavet dirazhan eneou, c'hoant d'ezho oll d'en em rei da Zoue, hag heb chomm da zonjal na da ober goulen ebet, e lavare da unan mont d'ar gouent, da unan all demezi ha da unan all chomm er bed heb demezi, ha guelet so bet e reant mad heulia he ali.

Eur beleg, oc'h ober skol en eur c'hloerdi bian, a skrive er bloaz 1856, da unan ouz ar visionerien : « Ezom em euz da velet an Aot. Vianney, ha ne garfen ket ober tro venn, rak n'hellan mont nemed da c'houel ar Pantekost ; livirit d'in, mar plij ha kaozeal a c'helfen ganthan ? » En dervez merket e teuaz, kant leo en doa great evit kaozeal tri munut gant an Aot. Person. Guelet on deuz anezhan, goudeze, a lavar an Aot. Monnin, hag ar joa a oa en he galon. « Pebeuz den ! emezhan ; ho sant en euz merket d'in, e daou c'her ar pez em euz da ober, ha den araok ne grede rei d'in eur respont, breman ez oun dinec'h. »

N'eo ket ar pez en doa desket eo a roe d'an Aot. Vianney kement a sklerijen, anet oa d'an oll, hag abalamour da ze, ne reat netra dre eno, heb goulen he ali, he vennoz, he bedennou hag aliez he aluzen, evit ar skoliou nevez hag oberou zantel all.

Kalz a belerined n'o deuz guelet an Aot. Vianney, pe kaozeet ganthan, nemed pa 'z ea evelse, etouez an dud ; n'o deuz klevet ganthan nemed eur gomz, ha kementse a zo bet aoualc'h evit ober vad d'ezho, ar rest deuz ho buez. Lod all a zo bet distroet da Zoue abalamour m'o deuz santet dorn ar beleg santel var ho zâl, ha guelet anezhan etoûez an dud, ken kaër oa he zousder hag he vadelez.

Pa zistroe deuz ar Brovidanz, e kave adare ar memez re, ha dre forz, meur a vech, e ranket ober plas d'ezhan da vont da chapel Sant Yan, etal he govesion.

Distro d'an iliz, e lavare da genta he c'housperou, var he zaoulin, ha goudeze e kovesee beteg pemp heur, ha da bemp heur ez ea d'ar zakreteri da govez ar oazed, evel ma rea dioc'h ar mintin.

Var dro seiz heur ec'h ehane eur pennad da govez, dont a rea deuz ar sakreteri, daoubleget ha skuiz, izel he benn, hag epad ma teue varzu ar gador zarmoun, daoulagad an oll a heulie anezhan. Tud ar barrez a zo deut breman ive d'an iliz evit ar pedennou. Lavaret a rea anezho gant eur vouez ken izel ma oa poan o klevet anezhan, a veac'h ma kredet tenna an alan gant aoun ne glevchet ket kement tra a lavare; mes pa lavare an akt a garantez evit Doue, an oll, koulz lavaret, a deue an dour en ho daoulagad.

Eur relijiuz brudet, en doa klevet lavaret ne c'hellet ket klevet Aot. Person Ars heb gouela. Dont a reaz da Ars, klevet a reaz anezhan oc'h ober he gatekis, kavet en doa kaër ar pez a lavare, he gomzou a oa eat

zoken doun en he galon, koulsgoude ne oa
ket bet gounezet beteg santout an daelou o
sevel d'he zaoulagad. Da noz, er pedennou,
pa lavaraz an Aot. Person : « Va Doue, me
ho kar a greiz va c'halon, » he gomzou hag
he vouez a deuaz da veza evel komzou hag eur
vouez dent ouz an env, hag ar relijiuz a zantaz
he galon strafuillet, n'hellaz ket miret da
ouela. Diez oa klevet anezhan en he gatekis,
pe o sarmoun heb staga da ouela. Da nav
heur, epad an anv, ec'h echue he zervez hag
ez ea da bedi d'he gambr ; n'eo ket he goan a
rea d'ezhan koll amzer.

---

## PEVARZEKVED PENNAD

---

*Ar Pelerinaj. An dud gounezet da Zoue en Ars*

---

« Pedomp evit ma tistroio ar bec'herien da
Zoue, a lavare aliez an Aotr. Vianney, hounnez
eo ar gaëra, an talvoudusa ouz an oll bedennou.
An den just a zo var hent ar baradoz, eneou
ar purkator a zo sur da zigouezout ive... El
leac'h ar bec'herien ! ar paour 'keaz pec'he-
rien... Nag a eneou a c'hellomp gounit dre

hor pedennou. Kement devosion zo a zo mad,
n'euz hini all ebet guelloc'h eget houman. »

He-unan e pede, lakad a rea da bedi ar re
a oa en dro d'ezhan, evit konversion ar bec'he-
rien, hag ar pedennou-ze eo o deuz digaset
kement a dud d'he gaout. Abalamour da ze
ne ranke ket mont d'ho c'hlask, gras Doue ho
digase d'ezhan heb rei ehan na d'ezho na
d'ezhan. Ne velomp e buez sant ebet eun dra
ker burzuduz.

« Aot. Person, a lavare d'ezhan, eun dervez,
an Aot. Toccanier, ma kinnigfe Doue d'eoc'h
mont raktal hirio d'ar baradoz, pe chomm
var an douar da c'hounit eneou, petra
raffec'h ? »

« Kredi a ran e chomfen. »

« Ha possubl e ve l ar zent a zo ken euruz
er baradoz, na tentasion, na poan, nag anken
ebet. »

« Guir eo, koulsgoude n'hellont mui kreski
gloar an Aotrou Doue dre al labour, ar bi-
nijen, ar sakrifisou great evit silvidigez an
eneou. »

« Ha chomm a raffec'h var an douar beteg
fin ar bed ? — « Koulsgoude ive » emezhan.

— « Neuze avad n'eo ket amzer a vankfe
d'eoc'h; daoust a sevel a raffec'h neuze ken
abred ? » — « Oh ia, da hanter noz, n'em

euz ket a aoun rak ar boan ; me a ve eürusa
den zo var an douar, anez ar zonj e rankin
mont dirak Doue da renta kount d'ezhan deuz
va faour keaz buez a Berson. »

Morse ne zantaz ourgouil en he galon gant
al labour dispar en doa bet digant Doue da
ober, he humilite eo a greske, rak kredi start
a rea ez oa bet dibabet gant Doue, abalamour
ne gave ket re all disteroc'h. « An Aotrou
Doue, emezhan, n'euz ezom ouz den, dreizoun,
e ra al labour gaër-ze, petra benag ne doun
nemed eur beleg ha ne oar netra, ma en divije
kavet unan all disteroc'h egetoun en divije
he gemeret ha ganthan en divije great kant
guech muioc'h a vad. »

Er memez dervez e lavare : « Biken ne
vezo gouezet, var an douar, pegement a be-
c'herien o deuz kavet ar zilvidigez en Ars. »
E guirionez, kement bini a deue d'he gaout,
a zistroe d'ar gear gant eun ene iac'h ha pur.
N'hellet ket enebi outhan, kement en doa a
vadelez hag a garantez evit ar pec'her ; he
zaoulagad ken dous, ken lemm, ken leun a
garantez, a c'houneze an eneou kerkoulz hag
he gomzou.

Meur a rumm tud a oa etouez ar re a deue
da govez da Ars. Lod, hanter c'hounezet
gant gras Doue dre ar remorchou goude eur

vuez fall, a deue da Ars, abalamour m'o doa klevet lavaret ez oa eno eur beleg hag a oa eaz mont da govez ganthan.

Eun dervez, e penn kenta ar pelerinaj, ec'h erruaz, e kreiz an noz, eur chalboter gant he gar, var blasen ar bourk. Var eün ez a da skei, heb damant ebet, var dor ar presbítal, ha da lavaret d'an Aot. Person disken. Heman souezet, ne lavaraz ger da genta. Neuze e sko adare, ha krenvoc'h c'hoaz. An Aot. Person a zisken, ha dirazhan e kav eur mel den hag a lavar d'ezhan : « Deuit d'an iliz, me rank kovez, ha dioc'htu. » — « Deuit, va mignon, » eme an Aot. Vianney. Kovez a ra an den, pokat a ra d'ezhan, zoken, hag o velet en deuz paz, e ro d'ezhan eur re lerou hag eur re chausonou.

Er bloaz 1842, eun den a renk huel a deuaz da Ars abalamour m'en doa klevet hano deuz an Aot. Vianney. Mont a eure d'ar zakreteri. Petra dremenaz neuze he en galon ? N'ouzer ket ; mes kerkent a ma velaz ar beleg santel, e lammaz da bokat d'ezhan. An Aot. Person ne oue tam zouezet evit se. Diskuez a ra d'ezhan ar skabel da zaoulina. « Va mignon, emezhan, it aze, me ia d'ho kovez. » An denman a oa bet aoualc'h d'ezhan guelet an den zantel, he galon a oa chenchet. Ne oa ket bet

o kovez daou ugent vloaz a oa; ha goude
beza great eur retret epad meur a zervez, e
reaz he zeveriou a gristen penn da benn hag
ez eaz d'ar gear, ar joa en he galon.

An Aot. Person a oa eun dervez all, o kovez
eur pec'her hanter c'hounezet da Zoue, hag
he galon a oa leun a anken, gouela a rea
dourek, abalamour an den-ze n'en doa ket a
geuz aoualc'h d'he bec'hejou. Heman, souezet,
a lavaraz : « Va zad, perak e ouelit
kementse? » — « Ah! va mignon, eme ar
zant, gouela a ran, abalamour c'houi ne
ouelit ket. » Ha kerkent, ar pec'her gounezet
a skuill daelou assamblez ganthan.

Gant ar seurt-se, labour ar beleg santel a
oa eaz; eur gerik benag lavaret d'ezho gant
madelez, he vreac'h lakeat en dro d'ho gou-
zouk gant karantez, aoualc'h ez oa evit tenna
ar pec'hejou deuz ho c'halon, ha lakad ennhi
eur guir glac'har. Ar pec'her a zave ac'hano
leun a joa, hag avechou e klaske lavaret, evel
ma c'helle, pegen eüruz e vije. An Aot.
Person a garie lavaret ar pez en doa klevet
gant unan bet o kovez evelse, ha nevez
distro da Zoue. « Va zad, na me zo eüruz!
ne garfen ket, evit mil lur, beza chommet
heb beza bet o kovez. Beteghen e kave d'in
ez oa eun toull aman, — hag e tiskueze he

galou. — Ne zantan ken anezhan, stanket eo ganeoc'h. »

Aliez ar bec'herien ne zistroent ket ker buan, kalz anezho ne oaint ket deut da Ars evit kovez. Lod a deue evit guelet petra dremene eno, evit guelet eun den h'ag a rea miraklou ; meur a hini a deue evit ober goap, goude beza lavaret ne vankchent ket da zizoloi troiou an oberer burzudou ; ha lod all evit klask guelet, a dost, emezho, ne 'z eo diazezet ar relijion nemed var feiz an dud berr a spered. Mes o klask paka e vijent paket hounan ; Doue, gant he vadelez, a lakea da dalvezout evitho, ar fallagriez a zigase anezho da Ars.

Pa zigoueze ar falz-doktored-se en iliz Ars, e velent abred ne oa ket a droiou kam eno ; ha p'o dije guelet an Aot. Person, e klaskent he velet a dostoc'h c'hoaz. Ar pez a dremene a blije d'ezho, selaou a reant ar c'hatekis, ar pedennou, ha deut evit tremen eun heur benag, e chommen meur a zervez hag e kemerent ho zro etouez ar re a oa o c'hortoz beza koveseat.

Unan euz ar re genta gounezet da Zoue gant an Aot. Vianney, a lavar d'comp an Aot. Monnin, a oue eur vaouez deuz Farcins. Heretik edo, kaout a rea d'ezhi beza desket ha

pa dal ne oa nemed ourgouilluz ha pennek ;
kemeret a rea kalz a boan evit gounit ar re
all d'he relijion. Dont a ra da Ars deiz eur
gouel d'ar Verc'hez, hag epad ar gousperou e
sell piz ouz an Aotr. Persón. Goude an ofiz,
an oll a zo souezet o velet anezhi o vont da
govez. Pell e chomm er gador govez hag an
dud a zonj ennho ho-unan : daoust hag hor
Person zantel, a dont a rai abenn ouz an
diaoulez-se. Gras Doue a zikouraz anezhan
hag ar vaouez, goude beza bet ar gelennadu-
rez a zo red, a c'hellaz tostad euz an daol
zantel. Ha zoken evit tec'het ouz he zud,
heretik ive, e teuaz da chomm da Ars. Gouela
a reaz var an amzer dremenet, he buez a oa
eur skouer vad evit an oll, hag he maro a oue
zantel.


Er bloaz 1852, Francès Dorel, penturer e
Villefranche, en doa daou vloaz ha tregont.
Pell ez oa en doa ankounac'heat hent an iliz.
« Deomp varc'hoaz da Ars, a lavaraz d'ezhan
unan ouz he vignoned, da velet ar Person, a
dremen an deiz hag an noz o kovez. » —
« Daoust a c'hoant e peffe da vont da govez,
te ive ? » — « Perak ne daffen ket ? » —
« Evèl ma kari ; deomp eta da velet,

hag epad ma vezi o kovez, me rai eun dro chasse. »

En dervez varlerc'h, Francès a gemer he fuzuil hag he gi, n'eo ket evit mont da chasseal, mes evit ne vije ket kredet e rea eur pelerinaj; hag an daou vignon en hent.

Digouezout a reont en Ars d'ar mare ma oa an Aot. Person o treuzi ar blasen, e kreiz an dud daoulinet dirazhan. Tostad a reont da velet. Ar beleg santel en em gav neuze dirak ar chasseour, ober a ra eur zell ouz ar c'hi, eur c'hi deuz ar re gaera, hag eur zell all ouz an den. « Va mab, emezhan, salo e vije hoc'h ene ken kaër hag ho ki. » Francès Dorel a deu ruz hag a bleg he benn... Eur pennadik goudeze ez oa oc'h ober he govesion hag o skuilla daëlou eharz treid an Aot. Vianney.

Er bloaz-se zoken, ez eaz d'an Trapp da Aiguebelle, ha divezatoc'h e oue relijiuz. He hano oa frère Arsène, hag he varo a erruaz er bloaz 1888.

Anton Saubin a ieaz ive d'an Trapp da ouela pec'hejou he yaouankiz, goude beza bet gounezet da Zoue en Ars. Heman a oa kere e Lyon. Savet mad oa bet gant eur vam gristen, mes da bemzek vloaz, siouaz, e kollaz anezhi,

hag adalek ar bloaz varlerc'h e lezaz kentelliou
mad he vam a gostez.

Grizien ar feiz, koulsgoude, a oa chommet
en he galon, ha c'hoant a deuaz d'ezhan,
zoken, da zistrei. Falgaloni a reaz, ha da seiz
vloaz var-n-ugent, en em roaz d'ar supersti-
sionou. Ar re ma oa en em lakeat dindannho
a rea d'ezhan guelet a bep seurt traou, noz
deiz e vije spountet gant ar sperejou. C'hoant
en euz da vont da Ars, hag he vignoned a
zizali anezhan : « Eno ez euz re a dud,
emezho, n'helli ket, zoken, guelet an Aot.
Person. »

An dra-man a oa er bloaz 1859, nebeut
amzer araok maro an Aot. Vianney, ha diez
oa, e guirionez, tostad outhan. Saubin a fell
d'ezhan mont koulsgoude. « Ma oar Aot.
Person Ars eun dra benag, evel ma leverer,
emezhan d'ezhan he-unan, e velo stad va
ene ha pegen nebeut a amzer em euz da
goll. »

Pa erruaz en iliz Ars, an Aot. Person a oa
daoulinet dirak santez Philomena ; distrei a
ra varzu ennhan, ha gant he zorn e ro
d'anaout e ma d'ezhan bremaïk. Eur pen-
nadik goudeze ez a ganthan d'ar sakreteri, da
zelaou he vuez. « Deuit varc'hoaz adare, eme-
zhan, ha goudeze ne velot mui netra. » Ne go-

veseaz ket anezhan, koulsgoude, gourc'hemen
a reaz d'ezhan mont da govez da Itron Varia
Fourvières.

An den yaouank a zentaz, kaout a reaz ar
peoc'h ha goulen a reaz digor e Trapp Itron
Varia an Erc'h, e departamant an Ardèche.


Francès Dorel hag Anton Saubin, ne oaint
ket bet var ar studi. An den ma 'z eomp da
gomz divar he benn a oa eun den desket.
N'hellomp ket lavaret he hano.

Heman oa eun den difeiz evel ma oa kalz
var dro ar bloaz 1830. Eur vuez fall a rene,
hag abalamour m'en doa spered, e kave ataô
eun dra benag da lavaret a eneb ar relijion.
El leac'h respont d'an dud a skiant ha guizieg
a gomze d'ezhan, e rea goap, easoc'h eo, hag
ar relijion, emezhan, a zo great gant ar veleyen
evit lakad an dud da fazia. Ne vire ket ouz
he bried da vont d'an oferen ha da govez, pa
blije ganthi, rak ar relijion, emezhan, a zo
mad evit ar merc'hed hag ar bobl. Re aliez,
koulsgoude e rea goap ouz he bried paour,
hag houman, el leac'h ober d'ezhan rebechou,
leac'h e doa da ober, a veve en he gichen,
evel eun eal leun a zousder.

Eun dervez e c'houlennaz diganthan mont ganthi da Ars. Assanti a reaz dioc'htu, eüruz, emezhan, da vont da gemeret eun tam plijadur divar goust an dud sot a grede troiou kam ar *sorser koz*. An hano-ze a roe d'an Aot. Vianney.

Digouezet en Ars ez a d'an iliz ; leun ez oa. Neuze e sell gant truez ha gant an doare da ober fae varnezho, ouz ar oazed hag ar merc'hed a zo o c'hortoz ho zro da govez. « Atao ar memez tra, emezhan, d'ezhan he-unan, ar bobl diskiant, prest atao da gredi kement hini a oar ober goap anezhan. Hag ar belegse, marvad, a zo eun trompler, a dra zur ez eo eun den heb deskadurez, daoust petra gav da lavaret d'an dud diskiant-man ? »

Epad m'e ma ar sonjou-ze en he benn, an Aot. Vianney a deu deuz'he govesion ; gant he zorn e tiskuez d'an Aotrou mont var he lerc'h d'ar zakreteri ; n'euz ket da varc'hata, ar zin-ze great d'ezhan a zo eur gourc'hemen. An den difeiz a zo nec'het maro, heulia a ra ar beleg ; mes pa lavar an Aot. Person d'ezhan mont d'an daoulin, e kav da lavaret. Ne fell ket d'ezhan kovez, n'euz ket a feiz. « It var ho taoulin, eme an Aot. Vianney, en eur zellet doun en he zaoulagad. »

Dindan an taol lagad-se, ar pec'her a gouez

d'an daoulin. Neuze ar c'hovesour a ziskuil
d'ezhan he oll bec'hejou, a verk d'ezhan an
deiz, an heur, an doare ha kement tra a oa
da heul he bec'hejou, hag an Aotrou a rank
anzao ez eo guir kement tra a lavar an Aotrou
Person. Sklerijen ar feiz a gav raktal digor e
kalon ar pec'her, hag ober a ra d'ezhan
lavaret, en eur ouela dourek : « Va Doue,
kredi a ran, me hoc'h ador hag ho kar a greiz va
c'halon, o pet truez ouzin ha roit d'in pardon. »

An den zantel a lavar d'ezhan neuze : « Va
mignon, it ha ne bec'hit mui. Bezit prest, rak
an Aotrou Doue a c'halvo ac'hanoc'h heb
dale. »

An den-man a zalc'haz mad hag a chommaz
prest, ha mad a reaz, rak daou vloaz goudeze,
o pourmen e Paris, e kouezaz maro d'an
douar, skoet en he benn. An intanvez ne oa
ket dinec'h gant silvidigez he fried ; mes
Aot. Person Ars a lavaraz d'ezhi : « Ho pried
a zo salvet, mes red eo pedi kalz evit he ene
paour. »


E penn kenta ar pelerinaj e kavomp en Ars
eur gonversion hag a lakeaz ar brud deuz an
Aot. Vianney da vont a bell. An hini a zis-
troaz da Zoue a oa eun den desket braz deuz

Lyon, hanvet Maissiat, hag hen he-unan eo
en deuz lavaret ar pez a zo tremenet ganthan.

« Eiz dervez-so edon o vont deuz Lyon evit
tremen eur miz e meneziou ar Beaujolais hag
ar Maconnais, evit studia ar broiou-ze. Er
voetur a ie da Villefranche e kaviz eun den
koz o vont da Ars. Sevel a reaz kaoz ganeomp,
hag hen a lavaraz d'in mont ganthan ive,
poueza a reaz zoken. « Deuit, emezhan, hag
e velot eur Person hag a ra miraklou. » —
« Miraklou eme oun-me, en eur c'hoarzin, ne
gredan ket er miraklou. » — « Deuit atao,
guelet a reot ha kredi a reo ive. » — « Ah !
en taol-ze, ma lakit ac'hanon da gredi, e
vezo poent krial : Mirakl... » N'euz forz,
deomp atao da ober eun tam tro da Ars, ar
bourk-se n'e ma ket pell ouz ar vro ma 'z an
d'ezhi. Mont a ran ganeoc'h. »

Digouezet eno, va mignon nevez a gass
ac'hanon da di an intanvez Gaillard ; on daou
edomp er memez kambr.

En dervez varlerc'h, mintin mad, e tifun
ac'hanon, en eur lavaret d'in : « C'hoant oc'h
euz da ober eur blijadur d'in ? deuit d'an oferen
ganen. » — « D'an oferen ! n'oun ket bet en oferen
abaoue bloavez va fask kenta. N'helfec'h ket
goulen eun dra benag all diganen ? » — « Dont
a reot, evit ober plijadur d'in. Eno eo e c'hellot

guelet an Aot. Person, ha gouzout petra
eo. Ne c'houlennan diganeoc'h nemed sellet
outhan ; me glasko d'eoc'h eur plas evit
gallout guelet mad anezhan. » — « Ne glaskan
ket kalz he velet, koulsgoude e karfen ober
plijadur d'eoc'h. C'hoant oc'h euz d'am c'hass
d'an oferen ? mad, deomp. »

Setu ni en iliz. Va den mad a gasaz ac'hanon
var ar bank a zo etal dor ar zakreteri. N'or
beuz ket pell da c'hortoz ; an or a zigor heb
dale, hag an Aot. Vianney a deu er meaz,
guisket evit an oferen. He zaoulagad a gavaz
va re, eur zell hebken, mes an taol lagad-se a
ieaz beteg va c'halon. Plega a rankan va fenn
ha gant va daouarn e kuzan va bizaj. Epad
an oferen e chomman heb loc'h ha goude
an oferen em boa c'hoant da vont kuit,
pa glevan, o tremen etal dor ar sakreteri
leun a dud : « It oll er meaz, it oll er meaz. »
Er memez amzer, e santan eun dorn treut
var va dorn, ha chachet oun d'ar sakreteri,
n'ouzoun ket kalz penaoz. An or a zo serret
varnomp, ha setu me dirak an hini en doa
pladet ac'hanon gant eur zell hebken.
Klask a ran lavaret eur ger benag : « Aot.
Person, santout a ran, var va c'halon, eur
beac'h pounner meurbed. » Eur vouez
ken dous hag hini eun eal, eur vouez dis-

henvel ouz mouez an dud a respont d'in :
« Va mignon, red eo d'eoc'h en em zizamma,
ar c'henta ar guella ; it aze d'an daoulin,
kontit d'in ho paour keaz buez, hag Hor
Zalver Jesus-Christ a gemero ar zamm var he
ziouskoaz, rak lavaret en euz : « Deuit d'am
c'haout mar d'oc'h bec'hiet ha me ho ti-
zammo. »

Neuze en em gavan ennoun va unan, hag
heb sonjal e maoun o kovez, e tisklerian d'an
den zantel va buez hed-ha-hed, abaoue va
fask kenta. Epad ma komzan, he zaelou a
gouez varnon hag e lavare : « Pegen mad eo
Doue ! Pegement en euz karet ac'hanoc'h. »
Ha me ne ouelen ket, dizammet edon kouls-
goude. « Va mignon, eme an Aot. Person,
deuit varc'hoaz adare. It breman dirak aoter
santez Philomena, livirit d'ezhi goulen evi-
doc'h digant Doue, distrei outhan da vad. »

Er sakreteri n'em boa ket gouelet, mes hen
anzao a rankan, etal aoter santez Philomena
em euz gouelet dourek. » En dervez varlerc'h
an Aot. Maissiat a oa en oferen a lavare an
Aot. Vianney evithan. Kommunia a reaz
goude beza bet nao dervez en Ars evit deski
ar pez a zo red. Chomm a reaz c'hoaz eun
nebeut derveziou, hag el leac'h mont da
studia ar meneziou, e tistroaz d'ar gear evit

tanvad guelloc'h, pell ouz an trouz, an eürusted a oa en he galon.

Ar re ma 'z omp o paouez komz anezho, a zistroaz da Zoue en taol kenta; meur a hini all a oue startoc'h ha pelloc'h o plega.

Eur pried difeiz, eur vreg kristen, setu aze an demeziou a gaver kement anezho hirio, siouaz, ha den ne oar nag a c'hlac'har a zo er famillou-ze. An itron X... dek vloaz a oa, ne rea nemed pedi ha gouela, o c'houlen digant Doue ma teuje he fried da veza kristen.

Eun dervez, an den-man a deuaz da Lyon evit he afferiou; he bried a deuaz ganthan, hag araok distrei d'ar gear e lavaraz d'ezhan : « Va mignon, mar kirit ez aimp d'ar gear dre Ars, n'eo ket pelloc'h, hag e velot ar Person zantel a zo kement a gaoz divar he benn. Aman ez euz goeturiou hag a ia di. » Assanti a reaz dioc'htu, evit ober plijadur d'ezhi. Ar c'hras kenta a oa kouezet e kalon ar perc'her.

An itron a velaz an Aot. Person, hag o tistrei d'an ti e leac'h m'edont diskennet e lavaraz d'he fried : « Va mignon, mont a dleffec'h da gaout an Aotrou Person, eun den eo ar seurt n'euz ket, eur zant evel a gavet guechall, kredi a ran e raffe plijadur d'eoc'h ober anaoudegez ganthan. » An Aot. X... a lavaraz ia, evit gallout anaout eun den

hag a oa kement a vrud anezhan e peb
leac'h.

Erru dirazhan, er sakreteri, e tiskuez
dezhan kalz a respet hag e ra he veuleudi evel
ma ra tud ar bed, abalamour ma oa ken ana-
vezet dre oll. An Aot. Person a gave diez
klevet traou evelse ha ne lavaraz ket kalz a
dra, ha pa glev an Aotrou o lavaret kenavo, e
talc'h anezhan, en eur lavaret : « Va mignon,
goall vuan ez it kuit, eun dra benag oc'h euz
c'hoaz da lavaret d'in. » — « Nan, Aot. Person,
n'em euz mui netra da lavaret d'eoc'h, n'oun
deut aman nemed evit ober d'eoc'h va gour-
c'hemennou. »

An Aotrou Vianney a zellaz outhan neuze
en he zaoulagad. « It aze, emezhan, » en eur
ziskuez d'ezhan ar govesion. — « Aot. Person,
n'oun ket deut aman evit kovez, divezatoc'h,
marteze, ne lavaran ket, evit hirio ne rin ket. »
An Aot. Vianney a zelle outhan atao heb
lavaret ger. — « Aot. Person, eme ar bourc'hiz,
n'hellan ket, n'em euz ket sonjet en dra-ze,
red eo d'in kaout amzer. » Hag en eur lavaret :
« n'hellan ket » e kouezaz d'an daoulin...

An Aot. Person a lavaraz d'ezhan distrei en
dervez varlerc'h evit peur ober he govesion. Er
vech-man, ar pec'her 'n em zavaz a grenn a
eneb gras Doue. O paouez mont er sakreteri

edo, pa velaz he bried anezhan o tont buan er
meaz hag o stroppa an or var he lerc'h.
« Petra zo, emezhi, klanv oc'h ? » — « N'oun
ket, deomp buan ac'halen. »

An itron X... a oa mantret. Kement e reaz
varnezhan m'ac'h assantaz chomm beteg an
dervez varlerc'h, ha zoken kaout oferen an
Aot. Person. Epad an oferen-ze, gras Doue a
reaz d'ar pec'her plega. An Aotrou X... a ieaz
anezhan he-unan d'ar sakreteri da c'houlen
peur-ober he govesion, ha chom a reaz meur
a zervez en Ars. He vreg, goude beza guelet
anezhan o vont e meaz an iliz ken dillo, hag en
eur lavaret ne 'z ache mui ennhi, a vel anezhan
breman o chomm var he gador, epad pell
amzer, eur c'hatekis en he zorn, o teski ar
guirionezou en doa ankounac'heat abaoue he
yaouankiz. Pa deuaz ar poent, e tosteaz ouz
an daol zantel gant kalz a feiz hag a zevosion.
Den n'helfe lavaret pegen eüruz oa he bried.

Evit derc'hel sonj euz eur c'hras ken kaër,
e reaz ober en he di eur chapellik, hag ennhi
e lakeaz imaj ar Verc'hez Santel, refuj ar
bec'herien. Eno e vije lavaret ar grasou
bemdez, ha pa deue unan benag d'he velet,
an Aot. X... a ziskoueze atao d'ezho he chapel
en eur c'houlen digantho eun Ave Maria, evit
ma kendalche var an hent vad.

Setu aman distro eun den yaouank hag a
enebaz ive, petra benag ma oa kraban ar
maro varnezhan.

Sylvain Dutheil a oa deuz Clermont-l'Hé-
rault. Eat abred da zoudard, e kouezaz klanv
gant an drouk skevent; distrei a rankaz d'ar
gear en eur stad reuzeudik hag he ene klan-
voc'h c'hoaz.

Eun dervez, o tremen dre gear Montpellier
e velaz, e stal eur marc'hadour leoriou, poltret
Aot. Person Ars. Chomm a ra eur pennad da
zellet outhan ha da ober goap. He c'hoar a oa
ganthan hag a lavaraz d'ezhan ne rea ket mad
o c'hoarzin evelse. Ma pije fizianz en den
zantel-ze, marteze e pareche ac'hanout. An
den yaouank a rea goap, goasoc'h goaz.
Koulsgoude, Person Ars ne da ket euz he
spered; epad an noz, en eun uvre, e vel
anezhan o kinnig d'ezhan eun aval hanter
vrein, hag en dervez varlerc'h e c'houlen
digant he vam kass anezhan da gaout ar
Person koz, evel ma lavare.

An Aot. Vianney ne ro ket d'ezhan ar pare
evit ar c'horf, he ene eo a fell d'ezhan parea.
N'eo ket eaz, rak an den yaouank ne fell ket
d'ezhan klevet hano deuz kovez, ha kouls-
goude he glenved a oasa bemdez. An Aot.
Person a zalc'h mad, daoust ma n'eo ket

selaouet he gomzou ; mont a ra bemdez d'he
velet da hôtel Pertinant, hag abenn eun nebeut
derveziou e teu a benn da ober d'ezhan kovez.
Ar bemp a viz kerzu 1855, ar c'hlanvour
daoulinet var bazen an aoter a reseo he Zalver
ha raktal ez eo douget d'ar sakreteri, er
goudor. « Na me zo eüruz, a lavaraz neuze
ar c'hlanvour paour, n'oun bet biskoaz ken
eüruz em buez. » Digouezet e ti Pertinant, e
lavar d'he vam : « Ar joa a ro d'in va c'hom-
munion, a ra d'in ankounac'had va foaniou ;
me fell d'in chomm atao e kichen an den
zantel-ze, me fell d'in mervel aman. » He
c'hoant a oue great outhan, rak, en noz
varlerc'h, e tremenaz.

An Aot. Person a gomzaz raktal, en he
gatekis, divar benn konversion ha maro
Sylvain Duiheil, ha meur a hini a lenve.
Meur a vech e komzaz c'hoaz goudeze, chommet
oa en he spered, abalamour, marteze, d'ar
boan en doa bet ganthan, pe marteze ive,
abalamour d'an hent e doa kemeret gras
Doue evit kaout digor en ene ar pec'her-ze.
« Eur c'hos imaj, emezhan, guelet e stal eur
marc'hadour leoriou ! »


Eun dervez, an Aot. Vianney a velaz eun

Aotrou o tont d'ar sakreteri. Deuz he stum
hag he zoare da gaozeal ez oa eaz gouzout ez
oa deuz eur renk huel. Tostad a ra ouz an
Aot. Person gant kalz a respet, hag an Aot.
Person, o kredi e teue da govez, a ziskuez
d'ezhan ar skabellik var behini e taouline
kement hini a deue da govez. « Aotrou Person,
eme an den-man, ne deuan ket da govez,
deut oun evit komz ganeoc'h ha guelet e pe
du e ma ar virionez. » — « Ah ! va mignon,
kouezet fall oc'h !... m'oc'h euz c'hoant da
zizamma ho kalon, it aze, var ar skabel-ze.
Meur a hini a zo bet varnezhi en ho raok ha
n'o deuz ket bet a geuz. »

« Aot. Person, va lezit da lavaret d'eoc'h
c'hoaz ne d'oun ket deut da govez, pa 'z eo
guir n'em euz ket a feiz. » — « N'oc'h euz ket a
feiz, va mignon, oh ! na trist eo ho toare,
truez em euz ouzoc'h ! C'houi a zo o veva en
denvalijen. Eur bugelik eiz vloaz, gant he
gatekis, a oar muioc'h egethoc'h. Me gave
d'in ez oan dianaoudeg, c'houi a zo muioc'h
c'hoaz, pa 'z eo guir ne ouzoc'h ket ar pez a
rank an oll gouzout ; p'o pezo kovesèat, o
pezo feiz. »

« Aot. Person, c'hoant oc'h euz d'am lakad
da ober eur farserez ganeoc'h ? »

« It aze d'an daoulin a lavaran d'eoc'h. »

Ar vadelez hag an dousder a oa er gomz-se, lavaret evit ma vije sentet outhi, a lakeaz ar pec'her var he zaoulin, en despet d'ezhan, koulz lavaret. Ober a ra sin ar groaz, n'en doa ket great pell a oa, ha diskuil a ra he bec'hejou. Pa zao ac'hano e ma he galon e peoc'h ha leun a feiz breman ; kompren a ra ez eo oberou ar feiz an hent berra evit kaout ar virionez hag ar feiz. An den difeiz n'euz ket pell c'hoaz a zo leun a joa, kavet en euz e sakreteri Ars ar peoc'h a glaske evit he ene ha ne gave ket e leac'h all. Lavaret a ra d'an neb he zelaou : « Na pebeuz den... ma vije bet great evelse d'in pell zo, me vije bet o kovez araok hirio. »

Er bloaz 1855, mis here, tud Ars o deuz guelet o tistrei da Zoue eun den a bevar ugent vloaz. Ar paour keaz-man a oa eun den disakr ha ne rea nemed toui. Hano Doue hag hano Aot. Person Ars a rea d'ezhan koll he benn. Evithan, an Aot. Vianney a oa eur sorser koz... Ar Person zantel pa glevaz hano anezhan a redaz d'an hotel d'he velet, rak ne falveze ket d'ezhan, a grenn, dont d'an iliz. Erru en he gambr e kouezaz d'an daoulin dirazhan, en eur ouela hag en eur lavaret : « Saveteit

hoc'h ene paour, saveteit hoc'h ene paour... »
An den koz a stagaz da ouela ive ha da lavaret
an *Ave Maria*. Ne ehanaz mui d'hen lavaret
goudeze. An Aot. Person a deue d'he govez
diou vech bemdez, hag eur gommunion zantel a
beurc'hreaz konversion an hini a zistroe ken
diyezat da Zoue. Guelet a rer eta, n'eo ket gant
komzou flour hag aozet brao eo e veze desevet
ar bec'herien en Ars ; buez an den zantel a
lavare d'ho c'halon komzou krenvoc'h c'hoaz
eget he vuzellou ; ar garantez a oa en he galon
hag en he zaoulagad, gras Doue, diskennet
var ho eneou, dre he bedennou, a chenche
anezho en eun taol kount, hag eur gomz
lavaret ganthan a zigase muioc'h a dud da
Zoue eget n'o divije great al leoriou kaera,
hag ar zarmoniou guella, great gant preze-
gerien all.

N'eo ket en Ars hebken e tistroe ar bec'he-
rien da Zoue, ar c'hras a ie ive d'ho c'hlask
d'ho c'hear. Setu aman, araok echui, eur
gonversion a n'eo bet skrivet c'hoaz e leor
ebet. Kazeten Parrez Ars (Annales d'Ars), miz
guengolo 1906, eo a gomz divar he fenn.

An itron Anna C... deuz Seine-et-Marne a
oa o chomm en eur gear deuz ar Beaujolais,
he fried a oa mestr ar gare eno, 1840. Heman
ne vire ket euz he bried da veza kristenez

deuz ar re vella, setu aze he oll relijion ; hag
he vreg a rea poan vraz ganthi guelet he goaz
ken difeiz, pedi a rea evithan, mes hen ne
chenche ket.

Er mare-ze ez oa kalz hano divar benn an
Aot. Vianney, hag an itron C... a lakeaz en he
zonj dont da ziskleria he foan d'an den zantel.
Pell e rankaz gortoz etal ar govesion, hag a
vec'h ma oa daoulinet etal an Aot. Persou
ma lavaraz heman d'ezhi, araok m'e doa
lavaret ger : « Mad oc'h euz great, va merc'h,
dont aman da bedi evit ma tistroio ho pried
da Zoue. Digorit hirio eun naved en enor
da santez Philomena, me bedo assamblez
ganeoc'h ; bezit fizianz, ar zantez vian ker
mad ha ken karet, a roio d'eoc'h ho koulen. »

Nec'het maro, ar plac'h-man a lavar d'he
c'hovesour : « Mes, va zad, penaoz e c'hellit-
hu gouzout evit petra ez oun deut aman ?
n'em euz lavaret ger da zen. » — « N'eo ket an
dra-ze eo, grit ar pez a lavaran d'eoc'h. » Ha
neuze e reaz d'ezhi kovez.

Kommanz a ra an naved e chapel santez
Philomena, hag er gear e raio ar rest. An
naved dervez a zo deut hag Anna C... ne vel
netra a nevez gant he fried. Koulsgoude en
dervez-se ez euz varnezhan eun doare nec'het,
tenval eo he benn ; hag a greiz oll e lavar :

« Anna, ne ri ket a c'hoap ouzin ? abaoue ar
mintin-man ez euz eur zonj iskiz em fenn, ar
sonj da vont da govez ne da ket diganen. »
Ar vreg eüruz ne reaz ket a c'hoap, mar kirit
kredi, ar pez a reaz oa pedi a galon santez
Philomena da beur-ober al labour. D'he zro
ive, eun tamik toutek, e tiskuil he beach hag
e lavar : « Hirio e man an dervez diveza deuz
an naved. » An Aot. C... a lamm he galon o
klevet ar pez a lavar he bried. « Dorn Doue,
emezhan, a zo anet aman, n'hellan ket enebi.
Penaoz kovez ? n'ouzoun ket va fedennou ha
pell zo em euz ankounac'heat va c'hatekis. »

An itron C... a ginnig neuze beza mestrez-
skol d'ezhan, ha nebeut amzer goude, an den
gounezet da Zoue a deu da Ars gant he bried
da govez gant an Aot. Vianney ha da gom-
munia. A c'houdevech e oue eur c'hristen
mad ha bet en euz eur maro zantel.

Aot. Person Ars a glaske atao ar bec'herien
vrasa. Seul vui e vije kouezet doun eun ene,
seul vrasoc'h e vije he druez hag ar c'hoant
da ober vad d'ezhan ha d'he zifframma a
skilfou an drouk-spered. Gouzout mad a rea
ez eo an ene mad sikouret gant Doue ha gant
he goustianz, el leac'h ar pec'her paour ne
gred ket sevel he zaoulagad varzu Doue, na
disken e goeled he galon, rak ne gav ennhi

nemed rebechou ; ne jomm ganthan nemed trugarez ar beleg.

Gant ar re a zistroe da Zoue en Ars, ne c'hoarveze ket ar pez a veler re aliez, siouaz, chomm a reant var an hent mad atao goudeze. Tud pladet pell a oa gant ar ioulou fall ha ne 'z euz, koulz lavaret, pare ebet evitho, tud kouezet ken izel a ma c'heller koueza, a zave en eun taol, gounezet evit mad gant gras Doue.

Ar re a oa troet gant ar bed, heb beza re fall, a zante en ho c'halon c'hoant da veza guelloc'h, pa velent an Aot. Vianney, pa glevent anezhan o prezeg. He vuez a oa eur brezegen evit an oll, he zantelez a rea rebechou d'ar pec'her, rak ar pec'her o velet eun den ker zantel, ne oa ket evit miret da zonjal pegen dishenvel oa diouthan.

Kement hini a deue da Ars en doa c'hoant da jomm eno, eun dra benag a zalc'he anezho ; a vec'h eat kuit e klaskent distrei, rak easoc'h oa beva heb anaout an den zantel, eget chomm heb distrei d'he velet goude beza hen anavezet.

Ar bec'herien ne vijent ket atao gounezet raktal da Zoue en Ars. Aliez ne zistroent ouz Doue nemed pell amzer goudeze, pa deue da zonj d'ezho ouz ar c'homzou klevet gant an den zantel. An Aot. Vianney a oa maro pell

araok ma 'z eo bet diouanet, e kalon meur a
hini, an had santel skuillet ennhan en Ars.

Er bloaz 1858, Louise Gimet ne doa nemed
ugent vloaz ha dija e rene eur vuez fall. Dont
a reaz da Ars, evel kalz re all, evit guelet ar
Person a rea miraklou hag a anaveze an amzer
da zont. An Aot. Vianney a reaz outhi eur zell
leun a druez hag a lavaraz : « N'eo ket deut
c'hoaz hoc'h heur, siouaz d'eoc'h ; kalz a
zrouk a reot ; Doue koulsgoude, dre vadelez,
en devezo truez ouzoc'h, abalamour d'an
devosion oc'h euz d'he Vam zantel. »

Louise oa chommet devot d'ar Verc'hez, ha
konta a rer eun taol kaër great ganthi, hag a
reaz kaozeal kalz divar he fenn, e Lyon. Eun
dervez, eun den yaouank, o tremen var ar ru,
a lavaraz eur goall gomz benag a eneb ar
Verc'hez Vari. Kerkent, eur plac'h yaouank,
hag e doa klevet, a zistagaz ganthan eur
grabanad a zoare dirak an oll. Ar plac'h se
oa Louise Gimet.

Komz Aot. Person Ars ne gavaz ket he
c'halon troet mad, ha kenderc'hel a reaz he
buez direol e Lyon ha goudeze e Paris. Ar
pec'het lubrik a laz ar feiz, hag hi a deuaz
da veza disakr. Maga a rea en he c'halon eur
gasoni bero a eneb ar veleyen, ha pa zavaz
brezel sivil e Paris, 1871, e kemeraz dillad

goaz, eur c'hleze, eur c'hépi gant teir rouden
aour, eur c'houriz ruz, ha dindan an hano a
gapiten Pigerre e oue lakeat e penn eur gom-
pagnunez. Abalamour ma oa braz ha gallouduz
ha m'e doa eur goall daoulagad, ez oa eaz
d'ezhi beza kemeret evit eun ofiser. Mall e doa
da gaout beleyen dirazhi, evit gouzout a tenna
a raje mad. Dalc'hmad e vije, gant he zou-
darded, var dro ar prizoniou, e leac'h ma ouie
ez oa beleyen, rak aoun e doa ez achent di-
ganthi.

Ar bevar var-n-ugent a viz mae, e kavaz ar
pez a glaske, rak digouezout a reaz d'ezhi beza
gant ar re a lazaz an Arc'heskop. O velet ez
oa beo c'hoaz an Arc'heskop goude an tennou,
e frikaz d'ezhan he benn gant koat he fuzuil.
Ar 26 a viz mae e fuzuillaz ive an tad
Olivaint. Heman a ouezaz ez oa ar c'habiten-
ze eur vaouez, hag a lavaraz d'ezhi : « Itroun,
an dillad-se n'int ket ouzoc'h. » Ar geben-ze
e deuz anzavet divezatoc'h, e doa tennet var
drizek beleg.

Eun dervez koulsgoude, ez eo diarbennet,
he fuzuil en he dorn, ha kondaonet d'ar maro,
abalamour da ze. Superiorez Sant Lazare a
c'hellaz kaout evithi eun apelladen, hag a
zaveteaz d'ezhi he buez.

Epad m'edo er prizon, he-unan gant he

zonjou, e teuaz komzou Aot. Person Ars en
he spered : « Doue, en he vadelez, en devezo
truez ouzoc'h, » hag ar gomz-se, lavaret gant
eur zant, a gav breman guelloc'h digor e kalon
vrein ar plac'h paour. Koulsgoude, an Tad
m'e doa bet ar muia a gasoni outhan, eo ive
an hini a beurc'hounezo anezhi da Zoue.

Superiorez Sant Lazare e doa lavaret d'ar
bec'herez : « Me fell d'in kaout hoc'h ene, ha
d'in e vezo ; » ha pa velaz e teue keuz d'ezhi,
e lakeaz etre he daouarn, leor Sarmoniou
an Tad Olivaint. Al leor-ze a reaz ar muia
vad d'ezhi evit he gounit da Zoue. Beva a reaz
c'hoaz ugent vloaz er binijen hag oc'h ober
vad d'an nesa ; evelse eo e paee he dle. Mervel
a eure e Montpellier, e ti sœurezed Nazareth,
hag araok mervel e lavare ne doa ket a aoun
rak barn an Aotrou Doue... Rak petra em
befle aoun ?

Aotrou Person Ars eo en doa taolet er
galon-ze an haden zantel, a zo savet varnezhi
gras ar zilvidigez.

Meur a hini all, chommet tostoc'h da Zoue
n'o deuz ket bet czom zoken da velet an Aot.
Vianney na da glevet he vouez. Aoualc'h eo
bet d'ezho guelet e peleac'h en euz bevet an
den zantel ha great kement a vad.

Ar c'hont de S<sup>t</sup> C., koz douar dija, ne

lalveze ket d'ezhan tostad ouz ar sakra-
manchou. Ne oa ket difeiz, bep sul e vije en
oferen ; koulsgoude pa gleve hano deuz kovez,
e teue tenval he benn hag e chenche kaoz. He
bried, ken selaouet ganthan peurvuia, aba-
lamour d'he vertuziou ha d'he c'harantez
evithan, ne deue ket a benn d'he c'hounit var
ar poent-man.

Eun dervez, pa ne c'houie mui penaoz en
em gemeret, e pedaz ar C'homt da vont ganthi
da Ars, hag hen a asantaz, evit ober pli-
jadur d'ezhi. Mont a reaz en iliz vian, sellet
a reaz ouz ar gador govez, a oa bet kement a
dud daoulinet ennhi, hag ar zonj-se a lakeaz
en he galon, eur bar enkrez, heb ma ouie
perak. Goudeze e pignaz ive e kambr an Aot.
Person. Pa velaz an toull kambr-se, ken striz,
bet test a gement a binijennou skrijuz, pa
velaz an arrebeuri, ar guele ken paour ha ker
kalet, e komprenaz, en eun taol kount, petra
dal ar boan da ober evit gounit ar baradoz.
He galon a oa ken bec'hiet, ma rankaz gouela
dirak ar re a oa ganthan. Unan ouz ar visio-
nerien a oa eno ive, hag o velet he zaëlou, e
komprenaz e doa gras Doue gounezet an den
koz. Komz a ra d'ezhan, ha divar benn kovez,
zoken, hag ar C'homt a lavaraz « ia ». Goude
he govesion e tiskoueze beza euruz, evel ma
ra eur bugel.

Mad oa d'ezhan beza eüruz, rak nebeut miziou goudeze, e kouez, skoet gant eun taol goad en he benn. Koll a ra he anaoudegez raktal, ha ne glev hini ebet euz ar veleyen deut var he dro. Neuze e c'halver ar misioner en doa koveseat anezhan en Ars, ha pa erruaz he-man, he vouez a ra d'ar c'hlanvour dont ennhan he-unan. Kovez a c'hell evel ma 'z eo dleet, ha goudeze e kouez adare en he gousk, evit mervel en dro-man.

Aot. Person Ars a oa falvezet d'ezhan sikour an den-man, var he dremenvan, dre unan ouz ar re a zalc'he he blas, goude beza gounezet he galon da Zoue, en Ars, oc'h ober d'ezhan kompren e tal ar boan da ober pini-jen evit gounit ar baradoz.

---

## PEMZEKVED PENNAD

---

*An Aotrou Vianney hag an eneou. Ho lakad a ra en ho stad a vuez. Rei a ra an dorn da zevel kalz oberou mad.*

---

Ar skrid deut euz Rom evit embann ez eo lakeat an Aot. Vianney e renk an *Dud Eüruz*, a lavar en doa bet digant Doue ar c'hras,

dreist ar grasou all, da denna aleiz a dud da
govez ganthan ha da c'hounit ar re a oa kollet
gant an dizurchou. Lavaret a ra zoken ez eo
bet digaset evit se, gant an Aotrou Doue.

Ober d'ar pec'her distrei ouz Doue a oa eta
labour an Aot. Vianney. An darn vuia deuz ar
re a deue da Ars, a govesea pec'hejou ho buez
penn-da-benn, hag an Aotr. Person a oa evit
an dra-ze ive. Gouzout 'mad a rea ne 'z euz
netra guelloc'h evit difframma eneou digant
an drouk-spered, eget rapari sakrilachou ha
lakad urz vad er goustianz. Netra ne rea
kement a vad da galon an den zantel, ha
zoken, ne oa marvad netra all ebet ken tal-
vouduz er pelerinaj.

E c'helfec'h kredi, marteze, n'helle ket an
Aot. Vianney beza oll da bep hini, er govesion,
e kreiz kement a labour ; fazia a rit. Kement
hini a ie da govez, a vele mad e kemere kement
a zoursi outhan ha pa ne vije bet nemethan
en iliz. Nebeut amzer a roe da bep hini, més
gras Doue oa ganthan, hag atao e kave ar ger
a oa da lavaret. Doue a roe d'ezhan digor e
pep kalon, hag ar ger-ze a rea muioc'h a vad
eget eur zarmoun.

« Pebeuz torfet, emezhan, koll eun ene hag
en euz koustet kement da Jesus-Christ... Livirit
d'in, va mignon, peseurt drouk en euz great

Doue d'eoc'h, ma teuit da ober evelse d'ezhan...
Ma c'helfe ar paour keaz tud daonet distrei
var an douar... ma veffent en ho plas... Doue
a c'halv ac'hanomp d'he gaout, ha ni a dec'h.
C'hoant en euz d'hon lakad eüruz, ha ni n'on
deuz ket ezom euz he eürusted. Implija a
reomp evit en em goll, an amzer roet d'eomp
evit savetei hon ene... Brezel a reomp d'ezhan
gant ar pez en deuz roet d'eomp evit he
zervicha... Sellit ouz Jesus-Christ stag ouz ar
groaz evit hor pec'hejou ; sonjit en he varo ha
guelit petra eo ar pec'het ha pegement a gasoni
a dleit kaout outhan... An Aotrou Doue a
lavaro d'eoc'h, deiz ho maro : Perak ec'h euz
va ofanset, me hag a garie kement ac'hanout...
Ofansi an Aot. Doue, bet atao ker mad evi-
domp, ober plijadur d'an diaoul, ha ne glask
nemed ober drouk d'eomp , pebeuz dal-
lentez ! »

Komzou evelse, deut euz kalon eur zant o
ouela, a ranne kalon ar bec'herien. Avechou
Doue he-unan a deue d'he zikour. Eun dervez,
nag he gomzou entanet, nag he bedennou, nag
he zaelou ne deuent a benn euz eur pec'her
kaledet. Kerkent ar pec'her paour a gouez d'an
daoulin, en eur ouela ; guelet en doa eur skle-
rijen gaër en dro da benn an den zantel.

Mar boa an Aot. Vianney ker madelezuz evit

an oll, e vije koulsgoude, teneroc'h gant ar re
o doa great vœu a chastete hag an dud konsa-
kret da Zoue. Ho digemeret a rea gant kalz a
blijadur evel mignoned, ha n'helle ket kuzet
ar joa a vije en he galon, ouspenn madelez en
doa evitho, karantez en doa kentoc'h. Ar re a
deue da ziskarga ho c'halon glac'haret, ar re
zempl ha n'o doa ket a nerz-kalon aoualc'h
evit beva e guir gristenien, ar re a oa ankeniet
ho ene hag a deue da glask ar peoc'h, oll e
kavent atao ar ger a c'helle ober vad d'ezho.
Deut e oa, dre ar govesion, da anaout ker
mad kalon an den, ha Doue a roe d'ezhan
kement a sklerijen, ma c'helle rei aliou
mad da bep hini ha var n'euz forz petra.

Her gouzout a reat, ha bemdez e velet etouez
ar bec'herien deut da govez, kalz tud all
hag a deue da c'houlen aviz : Eskibien,
personed, mistri ar c'houenchou, tadou ha
mamou a famill, goazed ha merc'hed yaouank.
Buan e roe an ali a c'houlennet diganthan, ha
goude beza klevet ar pez o doa c'hoant, lod a
c'houlenne kovez. « Kommansit, » emezhan,
hag epad ma lavarent ar *gonfiteor*, e serre ar
stalafen outho, hag e tigore en tu all ; gouzout
a rea e c'helle ar re-ze kovez gant n'euz forz
peseurt beleg. Darn deuz ar re a vije serret
outho evelse a gave diez, avechou o divije

c'hoant grosmolal, mes ar re a oa ho micher derc'hel an urz vad en iliz, a lavare d'ezho : Ne dal ket ar boan d'eoc'h. Ha m'ac'h enebent c'hoaz, e vije kroget sioulik en ho breac'h evit ober d'ezho pellad deuz ar gador govez.

Ar respontchou a roe an Aot. Vianney ne vijent ket atao koulsgoude ken sklear ha ken sklear ; pa deuet d'he gaout heb ezom, heb aoualc'h a fizianz, pe evit gouzout petra oa, ne lavare ket kalz a dra. Pa deuet avad gant bolontez vad ha fizianz d'he gaout divar benn traou hag a dalveze ar boan, Doue a roe d'ezhan sklerijen ha pep tra a vije eünet dioc'htu. An eneou trubuillet o klask gouzout e pe du oa ho hent, a vele sklear, hag a vije dinec'het pa lavare d'ezho : « Setu aze petra c'houlen Doue diganeoc'h. »

He-unan en euz anzavet e roe Doue sklerijen d'ezhan. Eur beleg deuz eskopti Autun a deuaz d'he gaout evit gouzout petra lavarje, rak nec'het maro oa gant eur govesion en doa klevet, evit gouzout pe ez oa red restaol pe ne oa ket. An Aot. Vianney a verkaz d'ezhan he zever raktal, hag ar beleg, souezet, a lavaraz : « Aot. Person, e peleac'h ez oc'h-hu bet o studia ? » Hag an Aot. Vianney a ziskouezaz d'ezhan ar skabel ma taouline varnezhi da bedi, evel p'en divije bet c'hoant da lavaret : « Grit eveldon ha Doue a roio d'eoc'h sklerijen. »

Dont a reat da gaout Person Ars evit kement affer a oa : Ha mad e ve d'in guerza va leve ? a c'houlenne unan. Penaoz dont a ben da gass va c'hemverz da vad ? eme unan all. Ha mad e ve an affer-man evidon ? eme egile. Hag an dud-se, ha ne oa hano gantho nemed divar benn madou ar bed-man hag an doare da veva eaz, a gleve gant an hini ne zrebe nemed patatez loued hag a rea kement a binijen, eur respont hag a vire meur a vech outho da veza revinet.

Peurvuia, koulsgoude, e teuet d'he gaout evit mad ha silvidigez an eneou, evit eur stad a vuez, evit eur vad benag da ober ; mes arabat kredi e kase atao an den yaouank var hent ar velegiach, nag ar plac'h yaouank d'ar gouent. Ne oa den furoc'h en aliou a roe. Daoust ma ne zrebe nemed eun tam pred bemdez, ne brezege ket e ranket beza atao oc'h ober pinijen ; lavaret a rea d'al labourerien beva mad p'o doa labour start da ober. Daoust ma karie an oberou a zevosion, e lavare e tlient ranna gant an oberou a garantez. « C'hoant oc'h euz da bedi ha da dremen hoc'h amzer en iliz, hag e teuit da zonjal e ve mad labourat evit eur paour benag deuz hoc'h anaoudegez, kalz ezom d'ezhan; it da labourat, kementse a blijo muioc'h da Zoue eget guelet ac'hanoc'h o tremen ho tervez en iliz. »

Doue a roe d'ezhan eur c'hras dispar evit anaout an eneou, hag abalamour m'ac'h anaveze guelloc'h egetho ho-unan, ar re a deue d'he gaout, e tistroe anezho aliez divar an hent pe ar stad a blije d'ezho.

Ar pez a zo disgouezet gant an demezel A. C. a ro sklerijen var ar poent-man. Houman a oa ken troet he c'halon gant ar c'hoant da veza leanez, ma n'helle mui enebi. Goude, beza dalc'het pell amzer he mennoz ganthi he-unan, e komzaz d'he c'herent hag e c'houlennaz digantho mont da gouent ar Visitandined. Nann, a grenn, a oue lavaret d'ezhi dioc'htu. He zad, he vicher sevel tiez nevez, ha kalz tud o labourat ganthan, n'helle ket, emezhan, tremen hebdhi. Piou a raje ar c'honchou, piou a raje an tiez var baper araok ho zevel ? An demezel C. a oa desket kaër hag he zad ne gavche den all ebet ken talvouduz evithan ha ma oa he verc'h.

An Aotrou R. M. a deu d'he goulen hag he c'herent a bouez varnezhi, rak plijout a rea an demezi d'ezho. Hi a lavaraz nann ive, a grenn. Pep hini a zalc'he mad deuz he gostez, ha ne oar den pegeit e vijent chommet evelse, pa deuaz ar plac'h yaouank, eun dervez, da gaout he zad ha da lavaret d'ezhan e doa, c'hoant da vont da velet Aot. Person Ars, hag e raje ar pez a lavarje. An tad a assantaz hag hi da Ars, 1858.

Digemeret mad e oue, ha guella ma c'hellaz e tizoloaz he c'halon d'an Aot. Vianney, rei a reaz d'ezhan da anaout ar bromesa great d'he zad. An den zantel a jommaz eur pennad da zonjal, ha kerkent, gant eun doare dichipot : « va merc'h, emezhan, red eo d'eoc'h demezi. » — « Koulsgoude, va zad, emezhi... » — « Demezit, eme an Aot. Person, heb rei amzer d'ezhi da lavaret eur ger. Lakit, evelse, ar peoc'h en ho famill ha diskouezit d'ar bed oc'h euz eun devosion guirrion. »

Ar plac'h yaouank a zistroaz d'ar gear goude beza bet e Fourvier, o lakad he buez nevez dindan skoazel an Itron Varia.

Ma talc'he er gear merc'hed yaouank, c'hoant d'ezho da vont d'ar gouent, e talc'he ive en ho farrez beleyen c'hoant d'ezho da chench buez. Eur beleg, distroet ganthan da vont en urz sant Dominik, a zisplegaz evelhen d'an Aot. Monnin, ar pez a oa bet tremenet etre an Aot. Vianney hag hen.

« Aot. Person, o vont ac'halen, em euz c'hoant da vont da ober eur retred da Flavigny. »

« Ia, va mignon, mad a rit, me garje beza
o vont ganeoc'h. » — « Ha ma lavarfe Doue
d'in chomm eno ha kemeret dillad urz sant
Dominik ? »

« Nan, va mignon, n'ouzoun ket a beleac'h
e teu ar zonj-se, chommit en ho parrez ! »

« Ne gredit ket e teuio Doue da c'houlen
kount diganen deuz eur zonj vad hag em beffe
mouget ? »

« Nan, c'houi zo el leac'h m'en deuz c'hoant
Doue e veffec'h; eno ez euz vad da ober en tu
all d'ar pez a reot. »

« Aot. Person, roit d'in ho pennoz evit ma
c'hellin atao anaout hag heulia bolontez an
Aotrou Doue. »

« Ra zeui va bennoz da ober d'eoc'h poania
ha d'ho *terc'hel.* »

Guelet so bet meur a vech ne oa ket mad
chomm heb heulia aliou ar Person zantel.
Setu aman, ger evit ger, eun histor skrivet en
eul lizer (mae 1901) gant tad Superior kouent
Aiguebelle, d'ar misioner a zo hirio Person
en Ars.

« Ne dit ket da gouent an Trappisted, » a
lavare, eun dervez, an Aot. Vianney da eun
den yaouank ha n'hellomp ket rei he hano.
— « Koulsgoude, va zad, e klevan mouez Doue
o lavaret d'in mont di, c'hoant braz em euz

da ober pinijen ha da ren eur vuez rust. » —
« Va mab, a lavare adare an Aot. Vianney,
n'it ket di. »

An den yaouank a zistro d'ar gear, pedi a ra,
sonjal a ra a zevri en he stad a vuez, kredi a
ra e vel sklearoc'h eget an den zantel, ha nebeut
amzer goude e teu da Aiguebelle. Digoret oue
an or d'ezhan. Kement tra a zo gourc'hemennet
gant ar reolen a gav skanv da ober, ne oa
hini all ebet muioc'h aketuz egethan, mad da
zenti, krenv he zevosion, beteg ma lavaraz
Dom Gabriel hag an tad Bruno : « En taol-
man an Aot. Vianney a zo faziet. »

Koulsgoude, nebeut amzer goude beza
great he vœu, ar manac'h yaouank a lez he
zae a vanac'h hag a ia kuit. An oll er gouent
a jommaz sebezet. Abaoue n'euz klevet hano
ebet anezhan.

« Evelse, eme Superior Aiguebelle, e oue
anavezet adare pegen sklear e vele Aot. Person
Ars. »

Ma klaske an Aot. Vianney miret ouz lod
da ober taoliou diskiant deuz ho fenn ho-
unan, ha diarben ar re a grede edont galvet
gant Doue, abalamour ma kavent inouüz ober
bemdez ho dever er gear, e kase ive var
araok ar re a gave d'ezhan a oa, e guirionez,
galvet gant Doue. Da lod e roe d'anaout ho

stad a vuez, evit lod all e tigore an hent pa falveze d'ho c'herent kea dirazho, hag ar re a oa dija 'n em roet da Zoue, ma tigoueze d'ezho tremen dre eur bar enkrez benag, a gave en he gichen eun nerz-kalon nevez hag an devosion entanet o doa bet er penn kenta.

Eun den yaouank hanvet Lasserre, oc'h ober he philosophi e kloerdi bian Rondeau (Grenoble) a fell d'ezhan beza misioner. — « It da gouent ar C'habusined, a lavaraz d'ezhan raktal, an Aot. Vianney. » — « Sur oc'h ez eo, bolontez Doue ? » eme an den yaouank, rak komzet oa bet d'ezhan c'hoaz divar ho fenn, ha ne blijent ket kalz d'ezhan. — « Ia, eme an Aot. Vianney, sur oun. » Lasserre a zentaz ; kaset eo da vision Aden ha dont a ra da veza eskop eno.

Nicolas Monnet deuz Lyon, en euz c'hoant mont d'an Trapp, aoun en euz koulsgoude, rak ar vuez eno a zo rust ha kalet. « Ha n'oc'h-c'houi ket kig hag eskern, evel ar re all a zo eno ? » eme an Aot. Vianney (guengolo 1857). Dispounta a ra anezhan, ha Monnet a ia d'ar gouent.

Clemence Joly, sœur Alexine, a zo oc'h ober skol e parrez Misérieux. Aoun e deuz ne ve ket var an hent merket d'ezhi gant Doue, koll a ra fizianz, c'hoant e deuz da vont kuit.

Eun dervez e ma o pedi e traon iliz Ars, hag
an Aot. Person a ia var eün d'he c'haout ; rêi
a ra nerz kalon d'ezhi evit he buez penn-da-benn.

Eun den yaouank deuz an Ardèche en euz
c'hoant da veza Jesuit, ha pa ne fell ket d'he
dad he lezel da vont, hen a fell d'ezhan
diskuez ne zilez ket ar bed abalamour ne c'helfe
ket derc'hel he blas ennhan. Tremen a ra eta an
examin evit mont da skol Sant-Cyr ; digemeret
eo, hag an tad, o velet n'euz ket kalz a c'hoant
he vab da vont di, a lavar d'ezhan : « Ober a
raffez ar pez a lavarfe d'id Aot. Person Ars ?
— « Ia, » eme an den yaouank. — « Neuze ez in
ganet d'he gaout. » — « Pa gerrot. » An tad
hag ar mab a ia da Ars (guengolo 1856). Klevet
a reont ar c'hatekis. An Aotrou Person a gomz
divar benn deveriou ar zervicherien e kenver
ho mistri, mes en eun taol kount, e klever
anezhan o komz divar benn penaoz eo bet
galvet gant Doue, sant Bernard, sant Louis
de Gonzague ha re all. « Ne dal ket ar boan
da vont da gaout an Aot. Person, eme an
Aotrou G. goude ar brezegen, gouzout aoualc'h
a ran breman, petra lavaro. » Mont a reont
koulsgoude, ar mab a zo starteat he vennoz
hag an tad, goude beza klevet eur gomz vad
benag, a ro he assant, a volontez vad, d'ar
pez a rea he c'hlac'har araok.

Félix Brise deuz Coublane (Saône-et-Loire)
a deuaz da Ars, an eiz a viz guengolo 1854,
evit gouel Ginivelez ar Verc'hez. Epad ma
tremen an Aot. Vianney etouez an dud, er
bourk, ha kalz a oa en dervez-se, an den
yaouank en em gav dirazhan, hag an Aot.
Person a deu var eun d'he gaout. Félix a ro
d'ezhan d'anaout raktal, e kred ez eo galvet da
veza Trappist. — « Ia, va mab, eme an den
santel, ia, it, ha Doue ho pennigo. » Distro
d'ar gear an den yaouank a deu he nerz-kalon
da vankout d'ezhan. Gortoz a ra eur bloaz.
Dont a ra adare da Ars, ha goudeze e c'hortoz
c'hoaz eur bloaz all, kredi a ra e vezo aoualc'h
evithan kemeret sae eur relijiuz n'euz forz a
seurt urz, ha da fin ar bloaz 1856, ez a da
Breudeur Bian Mari.

N'eo ket euruz eno; chomm a ra c'huec'h
bloaz koulsgoude, daoust ma 'z eo diez ho
pered, rak ne fell ket d'ezhan kompren
'heller beza euruz nemed senti a rafet
ar mouez an Aotrou Doue. — Ne gav ar
neac'h nemed o vont el leac'h m'en doa sonjet
genta. Ar vuez a zo striz ha pounner eno,
euz forz, great eo evithan, evel m'en doa
laret d'ezhan an Aot. Vianney. Er bloaz
'ñ, ez a eta da gouent nevez an Trappisted,
Dombes; ar c'hentañ eo o c'houlen beza

digemerel ennhi ha kemeret a ra an hano a frère Pilomène, dre anaoudegez vad evit Aot. Person Ars, rak hen eo en doa diskuezet d'ezhan an hent, hag ar gouent nevez a oa bet savet gant ali an Aot. Vianney hag abalamour ma kontet var he bedennou.

Setu aman eul lizer skrivet e miz genver 1907, d'ar beleg a zo e penn kazeten Ars.

« Aot. Rener. — Evit kreski gloar an den Eûruz J.-M<sup>ie</sup> Vianney, e skrivan d'eoc'h ar pez a zo bet lavaret d'in gant an hini a zo hano anezhi, el lizer-man.

E miz mae 1858, an demezel Françoise Bernex, deuz S<sup>t</sup>-Romain-de-Joliaz (Isère) a ieaz da Ars gant he mam. Ugent vloaz e doa neuze. Mont a ra da govez gant ar Person zantel, ha da c'houlen diganthan sklerijen var he stad a vuez : Ne lavar ket d'ezhan koulsgoude, e deuz eun tam sonj benag d'en em rei da Zoue. An den zantel a lavar d'ezhi : « Va merc'h, arabad chomm er bed, ne veffec'h ket eûruz. C'houi vezo, eun dervez, sœurez e S<sup>t</sup>-Joseph. » Ha me a respount d'ezhan, emezhi : « Oh! nan, va zad, pas da S<sup>t</sup>-Joseph. « Komz a rean evelse abalamour ma n'anavezen tam ebet ar gouent-se. » — « Penaoz, va merc'h, pas da S<sup>t</sup>-Joseph ? eo, eo, e kouent S<sup>t</sup>-Joseph, hag ho labour a vezo : entent ouz ar re glanv. Pas c'hoaz, koulsgoude, chommit eur pennad c'hoaz gant ho mam. »

Echu ganen va c'hovesion, e lavar d'in gant madelez : « Va merc'h, n'oc'h euz ket lavaret tout d'in. » Me nec'het, ne lavaran ger ; hag hen a roaz d'in d'anaout eun dra hag em boa ankounac'heat. Neuze e veliz mad, e lenne er c'halonou. »

Ar pez en doa lavaret an Den Eüruz a zigouezaz penn da benn. An demezel Bernex a jommaz pemp bloaz gant he mam, deut da veza intanvez. Nebeut amzer goudeze, ez oa lakeat e penn eun hospital bian en Echelles, savet gant Aot. Person Sangneux, ha pemp bloaz goude ez eaz da di sœurezed S<sup>t</sup>-Joseph e Chambéry hag heb dale ez oa lakeat da zoursial ouz ar re glanv hag ar beorien e kear. Pemp bloaz ha tregont a zo e ra al labour-ze ha bet eo eüruz atao : komzou an Den Eüruz a zo aliez en he spered, ha kaout a ra ennho nerz da ober bemdez he dever, start ha poaniuz aliez. »

Eul leor a bez ne ve ket aoualc'h evit rei d'anaout histor kement hini o deuz kavet ho stad a vuez en Ars. Deuz kement korn zo e France e skrivet evit goulen kuzuil digant an Aotr. Vianney, ha goude he varo, n'en deuz ket chanet da gaout soursi ouz an eneou.

Setu aman histor eur stad a vuez ha n'eo
ket anavezet c'hoaz. An hini en euz skrivet,
e miz here diveza 1906, ar pez a zo aman
varlerc'h, a zo eur beleg en eur renk huel en
eskopti Lyon ; ne fell ket d'ezhan e ve gouezet
he hano.

« Daoust ma kavan diez rei d'anaout d'an
oll penaoz ez eo bet diskuezet d'in an hent
em boa da heulia, rak betegen ne oa anavezet
nemed gant va famill ha gant eur mignon benag,
e teuan koulsgoude d'hen skriva d'eoc'h. (1)
Aoualc'h eo d'in sonjal, assamblez ganeoc'h,
e rai vad d'eun ene benag hag e lakai da
greski an devosion d'an den eüruz Aot.
Person Ars.

» Kredi a ran ez eo deut va stad a vuez
d'in dre va mam, bet paereet he-unan, gant
ar Person zantel. D'an oad a drivac'h vloaz e
kouezaz, en he gar deo, ar c'hlenved hanvet
coxalgie. Bet ez oa etre daouarn guella medi-
sined Lyon, ha ne baree ket ; ha va zad koz,
eur gour gristen, a assantaz, evit plijout d'eur
mignon benag, kass he verc'h da Ars. An
Aot. Person, goude beza kaozeet, eur pennad
mad, gant ar glanvourez yaouank, a lavaraz
d'ezhi : « Va merc'h, n'hellit ket parea, n'oc'h

_______________

(1) Annales d'Ars, here 1906.

euz ket aoualc'h a feiz. » — « Petra 'm euz
da ober, va zad, evit kaout feiz ? » — « Distroit
d'ar gear va merc'h, ha livirit bemdez ar
beden, ha grit bemdez ar sakrifisou ez an da
lavaret d'eoc'h... ha deuit adare abenn eur
miz aman. »

Eur miz goude, ar glanvourez a zistroaz, he
zad ganthi adare. « Va merc'h, eme an Aot.
Vianney, n'hellan ober netra evitoc'h c'hoaz,
ho feiz n'eo ket krenv aoualc'h. » Ar plac'h
yaouank, ankeniet, a rankaz distrei d'ar gear;
gourc'hemennet oa d'ezhi dont adare, er miz
varlerc'h.

« Er vech-man, eme an den zantel, hoc'h
ene a zo er stad ma fell da Zoue ; grit eur
retret hag an traou a droio mad. » An Aot.
Person a reaz d'he verc'hik Suzanne, evel
ma lavare, ober tri zervez retret. En trede
dervez, ar glanvourez a gommuniaz en ofe-
ren an Aot. Person, hag epad m'edo o truga-
rekad Doue, goude ar gommunion, e laos-
kaz eur griaden hag e savaz en he za. Breman
e c'hell dioueret unan deuz he flac'hou.
Goude an oferen ez a d'ar sakreteri hag au
Aot. Person a lavar d'ezhi : « Va merc'h,
oc'h erruout er ger, e c'hellot lezel ho pranel-
lou a gostez, evit mad. » Ar pez a lavare a
c'hoarvezaz.

« An diou vaz-loaec a oue kaset da Ars gant ar plac'h yaouank he-unan. Mont a reaz ive da govez, ha goulen a eure digant an den zantel hag hi ne dleie ket en em rei da Zoue, dre anaoudegez vad. « Nan, eme ar c'hovesour, it d'ar gear ; araok pemzek dervez aman, e teuio eun den yaouank d'ho koulen, ha c'houi a zemezo d'ezhan. » Pep tra a droaz evel ma lavare.

» Eun entreprener hag he vab a deuaz da loja da di va zad koz, anaoudegez vraz d'ezho, hag an den yaouank a daolaz evez ouz an hini a oa nevez pareet. Ober a reaz he c'houlen raktal, zoken, en deiz varlerc'h, daoust ma ne blije ket kalz an demezi d'he dad, Aot. Person Ars en doa guelet petra erruje. Mervel a eure daou vloaz goude an demezi-ze.

» Ni a oa pemp kraouadur, hag hor c'herent, hor mam, dreist oll, a zavaz ac'hanomp e doujanz Doue ; lakad a reaz doun en hor c'halon, fizianz e galloud an Aot. Vianney. Ne doa ken c'hoant nemed guelet ac'hanonme o vont da veleg.

» An Aotrou Ginoulhiac, deut d'hor parrez, evit rei ar Gonfirmation, a zigouezaz d'ezhan teuler eur zell varnon, hag a reaz ouzin meur a c'houlen, goude an ofiz ; alia a reaz an Aot. Person d'am lakad var ar studi.

» Beteg fin va bloavez diveza er skolaj, n'em boa nemed eur zonj : beza beleg. Neuze e teuiz da gostezia, ha va c'herent, daoust ma rea poan gantho guelet ne gendalc'hen ket var ar memez hent, a lavaraz koulsgoude e paejent va studi evit beza medisin.

» Er memez klass ganen em boa eur c'hamarad, ha ne oa netra kuzet etrezomp. En em garet a reamp kalz, hag hen n'en doa bet, a viskoaz, nemed c'hoant da veza beleg. Pa ouezaz em boa me chenchet, e chommaz mantret.

»D'ar vakansou varlerc'h, va c'hamarad a deuaz d'am guelet da di va c'herent, hag a ginnigaz d'in mont ganthan da ober eur pelerinaj da Ars, var hon troad, hag heb ober re, er memez dervez. Va mam a lavaraz « ia », stad ennhi.

» Digouezet en Ars, va mignon a lavaraz d'in : « Gouzout a rez, digaset em euz ac'hanout aman, evit goulen digant an Aot. Person, rei d'id sklerijen var da stad a vuez. » — « Kredi a c'hellez ac'hanon, emeve, va zonj a zo great, ha great mad ; va anaout a rez, gouzout a rez em euz sonjet ervad araok kemeret va hent. Kovez a rin ha kommunia, evit se eo ez oun deut, mes netra ken. »

» Raktal goude ar gommunion, va mignon

a lavaraz d'in, en eur gregi em dorn : « Deuz
ganen da drugarekad Doue, var bez ar Person
zantel. » Mont a, riz d'he heul. A veac'h
daoulinet etal ar bez, n'ouzon ket petra dre-
menaz ennon. Eur, grenedien a dremenaz,
dreizon, ha va daelou a rede. Eur sklerijen a,
deuaz em spered, hag 'ennon va-unan, me
lavare : Beleg e vezi, red eo d'id beza beleg.,
N'edon mui ar memez tra.

» Goude eur pennad mad, ha me o sevel,
hag oc'h ober eur zell var va mignon ; lenva a
rea ive. Mont a reomp er meaz assamblez, ha
me raktal o lavaret d'ezhan, evel ma ra eun
den hag a gomz heb douetanz ebet : « Klevet
a rez, me vezo beleg. »

» Hag hen, araok ma 'z oa echu ganen :
« Klevet a rez, me ne vezin ket beleg. »
Lakeat edomp an eil e plas egile, laeret em
boa d'ezhan he vocation. *Non me elegisti, sed
ego elegi vos*. N'eo ket c'houi oc'h euz va
choazet, me eo em euz dibabet ac'hanoc'h.
Komz Doue a oa deut da veza guir, eur vech
c'hoaz, hag en eun doare burzuduz.

» Hor buez, abaoue, a ziskuez ne 'z euz netra,
aman, nemed aberz Doue. Pa vel an dud,
difeiz traou ker burzuduz, e klaskont ato
ho c'hompren, evel ma klaskont kompren,
pep tra, anezho ho-unan, abalamour m'o

deuz skiant, var ho meno ; mes ho skiant
hag ho deskadurez a ra d'an dud c'hoarzin.
Aman ive e kolfent ho foan. Va mignon ha
me, eur bloaz ha tregont so, on deuz ken-
dalc'het pep hini var he hent. Me n'em beuz
bet biskoaz an distera keuz da veza n'em
roet da Jesus-Christ, ha va mignon, n'euz bet
morse kennebeut, keuz da veza chommet er
bed. Hirio ez eo eur c'hristen ouz ar re vella,
enoret abalamour d'he renk ha d'he vuez
eün ha leal.

» Setu aze, marteze, unan deuz an traou
burzudusa digouezet va berz Aot. Person Ars ;
ne gredan ket lavaret ez eo eur mirakl, aba-
lamour ma 'z eo bet great evidon ha ne doun
ket, a dra zur, din ouz eur c'hras ken kaër.

» N'euz forz, lakeat em euz aman, evit
mad an eneou, ar pez a zo tremenet ; kreski a
rai gloar an Dèn Eüruz hag an enor dleet
d'am c'herent karet, ha miret a ra ouzin-me
da ankounac'had madelez an Aotrou Doue. »

Piou a c'helfe ive niveri an oberou en euz
an Aot. Vianney lakeat sevel, dre he aliou
hag aliez gant sikour he arc'hant ? Ped hos-
pital, ped ti evit ar vugale emzivad ; dre oll
e kaver anezho en eskopti Lyon. Hag an
oberou mad-se, great goude beza bet he ali,
a zo bet paduz, rak buan e vele petra oa

mad da ober ha petra ne dlie ket beza great.
Eur gomz diganthan a eüne meur a dra ;
avechou e lavare gortoz, avechou all, e
lavare mont araok dioc'htu, heb teuler pled
ouz ar boan a rankchet kaout, er penn kenta.

Unan ouz an oberou zantel ha brudet, savet
er c'hantved diveza a zo dleour d'ezhan ive,
hanvet eo *Société* Itronezed Sikour ar Pur-
kator.

Eugénie Smet e doa, azalek he bugaleach,
kalz truez ouz eneou ar purkator. An eil a viz
du 1853, e teuaz ar zonj-man en he spered :
Beza ez euz urziou ha kouentchou evit kement
ezom e deuz an Iliz var an douar, ha ne 'z euz
hini ebet evit sikour iliz ar Purkator ; ha
kredi a reaz edo galvet da zevel an ober-ze a
drugarez.

Ar re a c'helle rei an dorn d'ezhi ne oaint
ket a du ganthi koulsgoude, Aotrou Person
Loos, he farrez, a enebe. « Pa 'z eo guir,
emezhan, e rit kement a vad en dro d'eoc'h, o
'chomm er bed, e kredan ne c'houlen Doue
netra all ebet diganeoc'h. » An Aotrou Cha-
landon, deut da veza eskop Belley varlerc'h an
Aotrou Devie, hag anavezet ganthi epad eur
retret great e kouent ar Galon Zakr, e Lille, a
lavare ar memez tra. « Ar sonj da zevel eun
urz evit prena eneou ar Purkator, a zo eur

zonj nevez hag a blij d'ar gristenien vad ; eun dra goall diez e veffe da ober koulsgoude, nemed Doue a deuffe da rei d'eoc'h aliez a sklerijen ; hag Aot. Person Loos a ra mad, a gredan, oc'h alia ac'hanoc'h da c'hortoz, evit sevel an urz-se, ma ne vezo mui a vad da ober en dro d'eoc'h. »

Ar sklerijen a deuaz euz Ars, daou vloaz goude. E miz gouere 1855, an demezel Smet a deuaz, en eun taol kount, en he spered, goulen aviz an Aot. Vianney ; klevet e doa komz divar he benn, mes penaoz kaout darem-pred ganthan? Epad m'edo ar sonj-ze en he spered, unan ouz he mignonezed a deuaz da lavaret d'ezhi ez oa o vont da Ars gant he zad, e pelerinaj. Pedet eo da c'houlen digant an Aot. Vianney, a leac'h e doa an demezel Smet da glask sevel eur gouent evit mad eneou ar Purkator, daoust ma ne gave digor ebet na zikour en dro d'ezhi. Ar respont a deuaz raktal, berr ha sklear : « Sevel a rai eun urz evit mad eneou ar Purkator, p'e devezo c'hoant. »

An demezel Smet a roaz ar respont-se d'anaout d'an Aotrou Chalandon, hag heman a lavaraz : « Aot. Person Ars a zo eun den zantel, fizianz em euz en he bedennou, skrivit ouz va ferz d'an Aot. Toccanier, curé en Ars,

evit kaout c'hoaz muioc'h a sklerijen. » An
Aot. Toccanier a respontaz : « Komzet em euz
divar ho penn d'an Aot. Person, ha n'oc'h
euz douetanz ebet da gaout na var ho stad a
vuez nevez na var an urz oc'h euz c'hoant da
zevel, buan e vezo anavezet... Diez e kavit
dilezel ho mam, an Aot. Person koulsgoude
ne lavar ket d'eoc'h gedal, evel ma lavar
peurvuia, evit miret da ober poan d'ar gerent.
An daëlou-ze, emezhan, a zec'ho buan. » Ne
oa ket digouezet c'hoaz al lizer-ze, m'e doa ar
vam roet he assant dija.

Er bloaz varlerc'h, an demezel Smet a zo e
Paris, hag an Arc'heskop, an Aot. Sibour, a
lavar d'ezhi e kav mad ar pez a ra.

Neuze e teu ar poaniou, ar re a zo peurliesa
da heul an oberou zantel epad m'e maint o
c'hrizienna : Ne 'z euz ket a arc'hant, ne deu
ket a sœurezed nevez d'he zikour, hag ar
c'hlenved a deu, var ar marc'had. Deuz Ars
eo e teuaz adare ar gomz a ro nerz-kalon.
« An Aot. Person, eme an Aot. Toccanier, a
lavar ez eo ho kroaziou bleun kaër hag a roio
frouez heb dale.

Nebeut amzer goudeze, e tigouezaz, er
gouent, eun itron, deut da c'houlen a ne
c'helje ket eur sœurez benag mont da velet
unan klanv er c'harter, ha kerkent, ar supe-

riorez a gomprenaz ez oa al labour-ze a dlie
an urz nevez ober. An Aotr. Vianney a roaz
ive he assant. « Doue, amezhan, eo en deuz
lakeat en ho spered e tleit labourat da zelivra
eneou ar Purkator, dre an oberou a druga-
rez ; evelse e roit sikour, var eun dro, d'ar
re a zo er boan var an douar ha d'ar re zo er
Purkator. »

Anken ha kroaziou a boueze dalc'h-mad var
an urz nevez savet ; a drugarez Doue, an
Aot. Vianney ne ankounac'hea ket skriva,
hag he gomzou a oa evel ar mel da galon ar
paour keaz sœurezed.

An Aot. Toccanier a ieaz d'ho guelet da
Baris, er bloaz 1859, hag en distro, e skrive
d'ar superiorez : « Kaozeet em euz pell am-
zer d'an Aot. Person, divar benn he vugale,
a zo e Paris... Nag a zaëlou en euz skuillet o
klevet an traou kaër ha poaniuz o poa kom-
zet anezho d'in ; lavaret em euz d'ezhan e
teujec'h marteze d'he velet. Oh ! emezhan,
guell a ze, guelloc'h eo ganen guelet anezhi
eget guelet eur rouanez, vad a ra guelet
eneou kaër ; he labour a zo, a dra zur, la-
bour Doue. »

Ne deuaz ket d'he velet, rak an Aot.
Vianney a varvaz er bloaz-se. An urz nevez
ne oue ket pell evit beza anavezet ; meur a di

en euz e Paris hag e meur a gear all, e
France, er Belgique, en Itali, en Autriche, e
Bro-Zaoz, en Amérik hag er Chine. E pep
leac'h e reont kalz a vad, rak evit an dud
paour ha dister eo e labouront. Pa ia ar sœu-
rezed en eun ti benag, er c'harteriou digristen,
ez a ar feiz d'ho heul hag ive an urz vad, rak
o parea gouliou ar c'horf e tizoloont ive gou-
liou an eneou ; lakad a reont an dud fall da
zemezi ervez ar relijion, ar vugale da veza
badezet, da ober ho fask kenta, hag ar re
glanv da gaout ho sakramanchon diveza. Ho
buez santel a zo eur brezegen evit an dud
difeiz ha reuzeudik m'e maint en ho zouez,
rag eno ne veffe selaouet prezegen all ebet.

An demezel Smet, sœur Mari ar Brovidanz
a varvaz ar seiz a viz c'huevrer 1870. Epad
ma oa an Tad Olivaint o rei d'ezhi he zakra-
manchou diveza, ha ganthan eur surpilis bet
da Aot. Person Ars, e klevet ar bouleji tan o
c'huital azioc'h da Baris, kear a oa kelc'het
gant ar Brusianed, ha trouz ar c'hanoliou a
oa evit ar glanvourez santel, eur zarmoun
truezuz var ar maro. Hi a ginnige he foan hag
he buez evit ar re a ie dalc'h-mad, d'ar
mare-ze, dirak Doue. Marteze, divezatoc'h, e
vezo he hano etal hini an Aot. Vianney, evel
m'e ma hini santez Franceza de Chantal etal

hini sant Francès a Sales hag hini santez
Clara etal hini sant Francès.

---

## C'HOUEZEKVED PENNAD

---

### *Ar pelerinaj. Ar Miraklou*

---

En Aviel e velomp aliez ez eo ar pare roet
d'ar c'horf, eur merk evit rei d'anaout ar pare
roet d'an ene; ha peurvuia ar zent digaset
gant Doue evit gounit an eneou hag ho farea,
o deuz bet ive diganthan ar galloud da barea
ar c'horf.

Breman on deuz da gomz divar benn ar
burzudou great en Ars. Kalz tud so, en hon
amzer, hag a lavar ne 'z euz ket a viraklou;
tud keiz hag a garfe ne ve ket, evit nac'h
Doue easoc'h a ze. Kerkoulz eo d'ezho nac'h
an heol p'e ma o para da greiz-deiz.

Ne gomzimp ket divar benn kement mirakl
a zo bet great en Ars, den ne oar an niver
anezho, ne vezo hano nemed oc'h unan benag,
hag an testou ho-unan eo a gomzo. Re hirr
e ve ober hano ive deuz ar roudennou roet
gant ar vedesined. Henvel ez int oll, tost da

vad ouz ar *certificat* roet an 9 a viz genver 1857, gant an doktor Ollier, d'an demezel M...
« N'em boa mui kalz a fizianz e pareche, ha kredi a rean ez oa taget diabarz he feultrin, ha goude eur veach great gant an demezel M... em euz he c'havet pare. Diskleria a ran n'ouzoun ket penaoz ez eo bet pareet. »

An Aot. Vianney ne garie ket kaozeal divar benn ar burzudou a zigoueze en Ars, ha Catherine Lassagne a skrive er bloaz 1830 : « An Aot. Person a guz guella ma c'hell ar c'hras a ro Doue d'ezhan, da rei ar pare d'ar re glanv ; stank int koulsgoude... Kredi a ran e ve guelloc'h ganthan parea an eneou. » Guir ez oa, hag an Aot. Vianney a lavare meur a vech : « Goulennet em euz digant santez Philomena kemeret nebeutoc'h a zoursi ouz iec'het ar c'horf, ha kaout sonj aliesoc'h ouz an eneou, muioc'h a ezom o deuz da gaout ar pare. »

Avechou, koulsgoude, e ranke kaozeal heunan divar benn ar pez a dremene, dreist oll, pa vele o doa poan an dud o kaout fizianz e galloud an Aotrou Doue. Eun dervez, er bloaz 1842, unan euz he genvreudeur, o kaozeal ganthan divar benn eun itron deuz Bourg, pareet en Ars, a lavaraz d'ezhan o doa poan meur a hini o kredi ar burzud-se. « Va mignon, eme an Aot. Person, lezomp tud ar bed da gaozeal ; penaoz, siouaz, e velfent sklear, pa 'z int dall ? Kaër en deffe hor Zalver ober hirio ar miraklou a rea guechall, pa oa var an douar, tud ar bed ne gredfent ket. An hini a zo bet roet d'ezhan an oll c'halloud, n'euz ket kollet ar galloud-se. Sellit, er zizun dremenet, eul labourer douar deuz an tu all d'ar Saône, en euz douget var he gein beteg aman, eur bugel daouzek vloaz, mac'hagniet he ziou c'har, biskoaz n'en doa baleet. An den mad-se en euz great eun naved da zantez Philomena, hag he vugel a zo bet pareet, en dervez diveza. Eat eo d'ar gear en eur redek araok he dad... Guechall, hor Zalver a baree ar re glanv hag a roe buez d'ar re varo, ha beza oa tud, o velet ar miraklou-ze dirak ho daoulagad, ha ne gredent ket. An dud a zo dre oll hag atao ar memez tra. »

Eun archer a gichen Lyon, a oa deut da veza intanv, gant eur bugel c'huec'h vloaz ha n'en doa morse baleet. N'helle ket paea eur plac'h, ha c'hoant en doa da rei he zilez evit kemeret soursi ouz he vugel paour. Lakad a ra en he spered, mont da Ars. Oc'h erruout etal ar voeturiou braz a ie da Ars, he vugel ken truezuz ganthan var he vreac'h, unan benag a lavaraz d'ezhan : « Da beleac'h ez it gant ar paour keaz bugel-ze? Kollet eo ganeoc'h ho spered. Person Ars n'eo ket medesin, guelloc'h e ve d'eoc'h kass ho mab d'an hospital e ma ennhan ar re ne dleont ket parea. »

An tad maleüruz ne roaz van evit klevet ar c'homzou poaniuz-se. Mont a ra da gaout an Aot. Vianney, ha konta a ra d'ezhan, pegen truezuz eo he zoare. « Va mignon, eme an den zantel, ho mab a bareo. » A vec'h m'en doa komzet ma oue klevet eur strak, gar ar bugel a oa diskoulmet, ha raktal e valeaz.

E miz c'huevrer 1857, eur vaouez paour a deuaz da Ars gant he bugel eiz vloaz, he zougen a ranke, daoust ma oa pounner. Epad peder heur var-n-ugent ec'h heuliaz an Aot. Vianney, chomm a rea etal he govesion ; pa 'z ea er meaz, ez ea ive, en eur ziskuez he bugel d'ezhan en eun doare ken truezuz, ma oa tenereat kalon an oll. An Aot. Person en doa, meur a vech, roet he vennoz d'ar bugel-ze, ha roet ive da glevet d'ar vam, e tlie kaout fizianz.

Oc'h erruout en ti ma oaint o loja ennhan, ar bugel a lavaraz : « Va mam, prenit d'in eur re voutou nevez, rak an Aot. Person en euz lavaret d'in e c'hellin bale varc'hoaz. » An Aot. Person hag hen en doa lavaret se, pe ar bugel en doa sonjet an dra-ze anezhan he-

unan, o velet madelez an Aot. Vianney evi-
than? N'euz forz, ar boutou a oue prenet,
hag en dervez varlerc'h, ar bugel a rede en
iliz, gant he voutou nevez, en eur lavaret
d'an oll : « Pare oun, pare oun. »

Ar vam a oa eat e korn eur chapel da
guzat he joa hag he daëlou. Kaozeet on deuz,
hon-unan, ganthi, a lavar an Aot. Monnin,
rak c'hoant on doa e vije eat da gaout an Aot.
Person, hi e doa ezom ive da lavaret d'ezhan
he anaoudegez vad. An Aot. Vianney ne fal-
vezaz ket d'ezhan, da viana araok an oferen.
Goude an oferen, e selaouaz ac'hanomp.
« Aot. Person, ar vaouez-se a bed ac'hanoc'h
d'he zikour da drugarekad santez Philomena. »
Neuze e roaz he vennoz d'ar vam ha d'ar bugel,
heb lavaret ger, ha pa oa eat ar re-man kuit,
e lavaraz, evel pa vije bet en imor fall : « San-
tez Philomena e divije great mad parea ar
bugel-ze, er geàr. »

Epad an anv 1858, an oll belerined ha
paresioniz Ars, o deuz guelet eur mirakl kaër.
Eun den yaouank deuz Puy-de-Dome, beac'h
d'ezhan o vale gant branellou, a deuaz da
Ars. Lavaret a reaz d'an Aot. Person : « Va
zad, kaout a ra d'eoc'h e c'hellan lezel aman
va flac'hou? » — « Siouaz, va mignon, ezom
braz oc'h euz outho. » Bevech ma kave an

Aot. Person, e reaz ar memez goulen. Da c'houel Mari hanter eost, pa oa an Aot. Vianney, o vont deuz ar sakreteri d'ar gador zarmoun, e lavaraz d'ezhan adare : « Va zad, lezel a rin va flac'hou a gostez ? » — ¡« Ia, va mab, m'oc'h euz feiz » eme an den zantel. Hag en eun taol, an den yaouank a valeaz mad. An oll a oa sebezet. An den yaouank a ieaz, divezatoc'h, da servicha Doue, e kouent frered ar Famill zantel, e Belley.

Etouez ar re a zo bet pareet en Ars, epad ma oa beo an Aot. Vianney ha goude he varo, ez euz kalz bugale. Marteze ar galloud da rei ar iec'hed d'ar vugale a zo bet roet d'ezhan abalamour d'ar boan en euz kemeret da ober vad d'ar vugale dilezet.

Kaëra tra zo, marteze, etouez kement a vurzudou great en Ars, eo humilite an Aot. Person. Atao e kase ar re glanv da gaout santez Philomena, lavaret a rea ober d'ezhi eun naved pedennou, ha petra benag ma pede gant ar re glanv, ma roe d'ezho he vennoz ha ma lakea avechou he zaouarn varnezho, ne vanke morse da lakad ar pare var gcount ar Zantez. D'ezhi oa an enor, ha d'ezhi, goude Doue, emezhan, e tliet diskuez an anaoudegez. Ne falveze ket d'ezhan klevet lavaret, e giz ebet, e rea he-unan miraklou, ha ne gomze morse divar benn ar grasou a vije resevet dre he bedennou.

Da fin he vuez e kave ken diez klevet kement a dud o trugarekad anezhan hag o rei meuleudi, ma pedaz santez Philomena da denna divarnezhan ar beac'h-se. He beden a oue selaouet, ha ne oue mui guelet kement a viraklou en Ars. An dud a oa souezet, mes o klevet e vije pareet, er gear, ar re a oa bet en Ars, e teujont da gompren en doa goulennet an den zantel, an dra-ze digant Doue, gant aoun da goll he humilite.

An Aot. Toccanier a falvezaz d'ezhan kaout ar virionez penn-da-benn. « Aot. Person, emezhan, n'ouzoc'h ket petra leverer divar ho penn ? lavaret a rer oc'h euz difennet da santez Philomena ober miraklou. » — « Ia, va mignon, guir, eo, emezhan, an dra-ze a lakea an dud da gaozeal re, hag a zigase re a dud aman ; lavaret em euz d'ezhi parea an eneou aman ha parea ar c'horfou pell ac'halen. Selaouet e deuz ac'hanon: Meur a hini o deuz great eun naved aman, hag a zo bet pareet er ger. Na guelet, nag anavezet. »

Parea an eneou ha netra ken, setu ar pez a glaske an Aot. Vianney. Iec'hed ar c'horf, evithan, a oa nebeut a dra, hag ar miraklou a rea n'edont nemed evit rei da c'houzout ez oa an den zantel digaset gant Doue evit konversion ar bec'herien.

An dud difeiz, marteze, o devezo poan o kredi ar burzudou-ze, mes ar c'hristen hag a oar petra eo an humilite dirak Doue, a gredo eaz. Ouspenn-ze, eur mirakl so en Ars hag a rank an oll kredi, burzud brasoc'h eget rei ar pare d'ar re glanv. Ar mirakl-se eo : buez an Aot. Vianney, ken rust evithan he-unan, ker mad ha ken dous evit ar re all ; ken dister, emezhan, ha d'ezhan kement a sklerijen ; gouzanvet en euz an oll boaniou, douget an oll groaziou heb klem morse ; ken humbl e kreiz kement a enor, den n'euz bet kement a vrud en hon amzer ; bevet en euz daou ugent vloaz heb drebi, koulz lavaret, heb kouskat, heb ehana morse da labourat. Ar vuez-se a zo eur burzud braz ha n'hell beza nac'het gant den.

Ma teue kalz a dud klanv da Ars, e teue ive kalz all deuz ar re a oa bet glac'haret gant poaniou ar vuez-man ha rannet ho c'halon. O klevet peger mad oa an Aot. Vianney da zousad ar glac'har, e teuent gant fizianz da zizoloi d'ezhan ho c'halon ha da ziskleria ar poaniou ar guella kuzet en ho buez.

Iliz Ars a vije noz deiz leun a dud a bep renk : ar vondianed hag ar beorien a vije stok an eil en egile ; an den desket hag an hini dianaoudeg a velet daoulinet var ar memez mean, meur a vech e reant anaoudegez, ha da heul an anaoudegez e teue ar vad a rea eur rumm d'egile. Ne oa netra kaëroc'h da velet : tud ken dishenvel, lakeat var ar memez renk gant ar glac'har. Oll o doa bet poan hag oll e kavent ar memez digemer mad hag ar memez truez etal ar Person zantel. Kalonou rannet gant ar glac'har da veza kollet ar re a garient, tud lakeat var an noaz gant ar goaleuriou, fa- millou diskaret, kollet gantho ho brud vad, tud direbech, goall gaset gant teodou fall ; kement tra boaniuz, kement glac'har zo, a gavet eno. Nag a zaelou o deuz ruillet var leuren an iliz-se !

An Aot. Vianney a vije rannet he galon o klevet hano ouz kement a boaniou a bep seurt ; neuze e juntre he zaouarn hag e save he zaoulagad leun a zaëlou varzu an env, hag an dud paour a rea vad d'ezho guelet e ke- mere perz en ho glac'har. Eur gomz vad benag a lavare da bep hini, eur gomz lavaret gant ar galon, hag a rea kement a vad.

Pa vijent kaoz ho-unan d'ho foan, dre ho defaotou pe dre ho c'harakter fall, e klevent ive ar virionez hag e tistroent d'ar gear, dizammet ha guelleat. An den yaouank a gave nerz da jomm var an hent mad, ar plac'h yaouank eun ali evit he stad a vuez ; ar vam a gave nerz-kalon evit dougen he beac'h pounner hag he c'hroaziou, an den e kreiz an oad a walc'he he ene hag a gave nerz evit ren eur vuez vad, an den koz a gave gras eur maro santel. An oll a zistroe deuz Ars guelloc'h eget ne oaint eat. Ar Person zantel a vele buan e peleac'h e vije ar gouli, ha Doue a lakea var he vuzellou ar gomz a ia eün d'ar galon.

Daou rumm tud maleüruz a oa hag en dije an Aot. Vianney muioc'h a druez ontho : da genta ar vugale hag an dud yaouank kollet gantho ho c'herent, hag ar gerent kollet gantho ho bugale, ha goudeze ar gristenien vad hag o doa bet ar glac'har da velet ho c'herent o kaout eur maro trumm heb gallout kovez. Hen, hag en doa kement a spount rak ar varn, a lakea fizianz en ho c'halon, o lavaret d'ezho pegen braz eo trugarez an Aotrou Doue. Meur a vech Doue a roe d'ezhan sklerijen, hag e lavare, evel eun dervez : « Ho pried a zo salvet, mes pedit evit diverrad he boan er Purkator. »

Eur vam yaouank, prest da vervel, n'helle bet en em ober ouz ar zonj da lezel pemp bugel

emzivad var he lerc'h. An Aot. Vianney a ia
d'he guelet, he gomzou a ia ken doun en he
c'halon, ma ne glask breman nemed bolon-
tez Doue. Kinnig a ra d'ezhan he buez hag he
bugale, rak, emezhi, ne 'z euz tad all ebet koulz
hag an Aotrou Doue.

Eur vam all e doa lezet seiz bugel bian var
he lerc'h. Dont a reont oll, gant ho zad, da
gaout an Aot. Vianney. Ha pa vije bet anaou-
degez vraz d'ar vam, ha pa vije bet he c'ho-
vesour, n'en divije ket gallet komz nemed
evel ma reaz, divar benn an hini varo, hag
he buez santel. Diskuez a reaz d'an tad ha d'ar
vugale, pegen euruz oa er baradoz, hag heb
klask sec'ha ho daelou, e troaz ho daoulagad
varzu an env. Ar famill-ze, ken glac'haret, a
zistroaz d'ar gear, leun a gonsolasion.

Eun dervez, diou vaouez, e kaon, en em
gavaz assamblez, en Ars ; diou vam edont,
glac'haret o diou. Morse n'o doa en em velet,
mes ar c'halonou rannet en em anavez buan.
An diou-man, heb en em anaout, a bokaz an
eil d'eben hag a onelaz assamblez. Araok beza
guelet ar Person zantel, o doa kavet eun tamik
dizan d'ho foan.

Unan anezho a oa eur gristenez deuz ar re
vella, tremenet e doa he buez o pedi hag
oc'h ober vad. Skoet oa bet en eun doare

didruez, rak e nebeut amzer, e doa kollet he
zri 'mab, ha gantho ez oa kollet ive hano ar
famill, eur famill vrudet koulsgoude. Eben
ne oa ket bet ker mad, heb beza fall kouls-
goude. Lezet e doa ar feiz da voredi en he
c'halon, goude beza bet eun deskadurez
kristen ; ha breman, kollet ganthi he mab, ne
oa nemethan, e sant ar feiz o tihun en he
c'halon.

Houman a ieaz da genta da gaout an Aot.
Person. An den zantel a zelaouaz he c'hlem-
mou hag a gemeraz perz en he glac'har ;
zoken, daoulina a reaz en he c'hichen evit
pedi assamblez ganthi. Eun tad n'en divije
ket gouezet dousad guelloc'h glac'har he
vugel.

Pa deuaz tro ar gristenez vad, an Aot.
Person a jenchaz doare, rak n'eo ket gant
kamambre ha teneridigez hebken e vez kon-
solet eur guir gristen hag eun ene zantel. Ne
rebech ket he daëlou d'ar vam glac'haret,
koulsgoude, pa 'z eo guir e deuz leac'h da
veza dizoursi gant silvidigez ar re e deuz
kollet, e lavar d'ezhi ne ra ket mad oc'h en
em rei re d'ar glac'har, rak kementse a zo
diskuez n'e deuz sonj nemed ennhi he-unan ;
re a geuz n'eo ket mad, pa oar ez eo eüruz he
bugale. Ar vam baour a zo souezet o klevet

anezhan ; nebeut a nebeut, koulsgoude, e sant
he c'halon o sevel huelloc'h, da heul he feiz ;
abalamour ma 'z eo kristenez vad, e c'hell
tanva ar gonsolasion a gaver o sonjal er groaz.

An Aot. Vianney a ro da bep hini ar pez
a zo diouthi : d'ar genta en doa roet leaz ha
mel evel d'eur c'hrouadur bian, da galon an
eil e ro eur vagadurez krenvoc'h.

Unan deuz ar burzudou hag o deuz great
kaozeal ar mui divar benn an Aot. Vianney
eo he-man : Aot. Person Ars a vel petra
dremen e kalon pep hini. Er govesion eo e
velet an aliesa an dra-man, evel on deuz
lavaret.

Eun artizan, lezet ganthan a gostez, pell a
oa, he zeveriou a gristen, a zant en eun taol
kount ar c'hoant da vont da velet petra dremene
en Ars, ha da c'houzout a guir ez oa kement
tra a lavaret. Mont a ra d'ar sakreteri, hag
an Aot. Person a c'houlen diganthan : « Peb
vloaz so n'oc'h ket bet o kovez ? » — « E feiz,
Aot. Person, keit so ma n'em euz ket a zonj. »
— « Sonjit mad... eiz vloaz var-n-ugent so. »
— « Guir eo, eme an artizan. » — « Ha c'hoaz
n'o poa ket kommuniet, » eme ar c'hove-
sour. An den-ze a zistroaz da vad, da Zoue.

Eun den fall, torfetour zoken, en doa das-
tumet goall glenvejou gant he vuez diroll. Pa

glevaz lavaret e veze pareet ar re glanv en
Ars, e teuaz ive da velet. Mont a ra da gaout
an Aot. Person, mes heman ne fell ket
d'ezhan he zelaou. Ar goall den, drouk
ennhan, a oa o vont kuit, pa zonjaz mont
c'hoaz d'an iliz. An Aot. Vianney a vel
anezhan hag a ra d'ezhan dont d'he gaout.
Mont a ra d'ar sakreteri, en eur lavaret
ennhan he-unan : « An Aot. Person en euz
c'hoant da govez ac'hanout, ha te a lavaro
d'ezhan ar pez ec'h euz c'hoant. » P'en deuz
great neuz da govez, ar c'hovesour zantel a
lavar d'ezhan : « N'oc'h euz ken ? » « Nan »
emezhan. Koulsgoude, eme an Aot. Person,
n'oc'h euz lavaret d'in oc'h euz great an
torfed-man, en deiz-man-deiz, el leac'h-man-
leac'h. » Diskleria a ra d'ar pec'her he vuez
penn-da-benn, guelloc'h eget n'en divije great
he-unan. N'eo ket red lavaret petra dremenaz
e kalon an den-ze. Pareet oue zoken, hag a
c'houdevech e renaz eur vuez deuz ar re
vella.

Unan a vugale ar Brovidanz a oa bet eun
nebeut guechou o kovez heb kaout an absol-
ven, hag ar vestrezed, ankeniet o velet ne
gommunie ket, a lavaraz d'ezhi : « Mont a rit
da govez, evel ar re all, perak ne 'z it ket
da gommunia ive gantho ? » Ar bugel a zavaz

ar goad d'he diou chot hag a anzavaz ar
virionez. Eur pec'het e doa great ha ne anzave
ket anezhan, hag abaoue an Aot. Person ne
roe ket d'ezhi an absolven. Mont a ra da govez
adare ha ne 'z eo mui ken zot, ha kommunia
a ra gant ar re all.

Eun den yaouank a falvezaz d'ezhan, eun
dervez, lakad an Aot. Vianney da fazia, ha
kaout meuleudi goude he daol fall, digant re
all henvel outhan. Mont a ra d'he gaout gant
eun doare melkoniet meurbed : « Va zad,
emezhan, guelet a rit dirazhoc'h eur pec'her
braz. » An Aot. Person a zo rok hag a lavar :
« N'em euz ket a amzer, beleyen aoualc'h a
zo evit ho selaou, e leac'h all. » Hag e troaz
kein d'ezhan. An den yaouank n'hellaz ket
miret da lavaret pegen zouezet ez oa, hag
unan benag a lavaraz d'ezhan : « Marvad an
Aot. Person en deuz guelet ne oa ket troet
mad ho kalon, guelloc'h e ve d'eoc'h distrei
da vad. » Mont a ra d'an iliz, ha goude beza
sonjet eun nebeut, e sav keuz ganthan. Distrei
a ra da gaout ar c'hovesour, hag er vech-man
ez eo digemeret mad, ha zoken, gant karantez.

Meur a vech an Aot. Vianney en euz la-
varet d'ar re a oa o kovez ganthan : « N'oc'h
euz ket anzavet hoc'h oll bec'hejou... N'oc'h
euz ket lavaret d'in o poa beteghen, tromplet

ho kovesour... » Avechou ne lavare nemed
evelhenn : « N'eo ket mad ar pez a rit. » Pe :
« Ankounac'had a rit eur pec'het. » Hag aliez,
o tremen etouez an dud en iliz, ez ea da
gaout ar bec'herien vrasa, da gregi en ho
dorn, evit ho c'hass ganthan d'ar sakreteri.
Ar c'hovesionou brasa a zo bet great evelse.

Ouspenn lenn e kalon ar re a vije dirazhan
a rea, Doue a roe d'ezhan ive sklerijen var an
amzer da zont.

Mar d'eo an tregaz en euz bet a berz an diaoul,
penn kaoz d'ar brud da veza eat anezhan,
epad he vuez, e c'heller lavaret ez eo aba-
lamour mac'h anaveze an amzer da zont, ez
euz kaozeet kement divar he benn, goude he
varo. Lakad a rer, zoken, en he hano, traou
ha n'euz morse lavaret. Hirio ne dremen
netra en hor bro heb ma ve klevet gant unan
benag, en euz Aot. Person Ars diskleriet
araok, petra erruje. El leac'h he zevel e rer
gaou outhan, o lakad var he gont, konchennou
grac'hed koz.

Evit mad eun ene benag eo e roe d'anaout
petra oa da zont. Da veur a hini en euz lavaret
e varvchent heb dale, hag ar re-man peurvuia
a oa tud nevez distroet da Zoue, evit ober
d'ezho derc'hel mad er stad a c'hras ; ha da
veur a hini all en euz lavaret e tlie unan

benag ouz ho c'herent, ho zad pe ho mam, ho breur pe ho c'hoar, mervel heb dale. Eun dervez e viraz ouz eur plac'h yaouank da vont d'ar gouent, rak, emezhan, ar gouent-se, a vezo serret dizale. Revolusion 1848 a reaz serri ar gouent er bloaz varlerc'h.

Pa 'z eo guir e vele petra oa da zont, ne vezimp ket souezet o klevet e vele ive ar pez a dremene a bell ; hag eun dra burzuduz eo, ne vele ar pez a dremene a bell, nemed ezom e vije da renta servij, pe da lakad eur pec'her benag da deuler evez. Eur c'hamarad da Anton Saubin, an hini on deuz komzet divar he benn, a oa deut da Ars, hag an Aot. Person, o velet anezhan e kreiz ar re all, a lavaraz d'ezhan : « Distroit buan da Lyon, an tan goall a zo en ho ti. » Guir oa. Hag er bloaz varlerc'h, an den-man a deuaz adare da Ars, ha distrei a reaz da Zoue evit mad.

Eun dervez, an Aot. Vianney, goude beza koveseat eur vaouez, a lavaraz d'ezhi mont d'ar gear, rak eun aër a oa en he zi. Houman a zistro d'ar gear, klask a ra an aër e kement korn zo, heb kaout netra. Sonjal a ra oja ar c'holc'het guele bet lakeat da heolia var an deiz. Kerkent e vel an aër o vont kuit. Anez he c'hovesour e vije bet, marteze, flem-met epad an noz.

Eur plac'h yaouank e doa kommanset eun naved da santez Philomena. Er porchet edo pa dremenaz an Aot. Person, hag he-man a lavaraz d'ezhi mont d'ar gear, rak ezom oa anezhi. Raktal e sentaz, hag o tigouezout e kavaz he c'hoar maro, petra benag ma oa iac'h, pa oa eat kuit.

Eur vech all, eur vaouez, o vont da Ars da govez, a ieaz da gaout eur sorser benag, a oa var he hent. An den-man a roaz d'ezhi, n'ouzoun ket peseurt louzou, en eur voutail, hag ar vaouez a guzaz anezhi en eur c'harz, araok digouezout en Ars. Goude beza klevet he c'hovesion, an Aot. Person a lavaraz d'ezhi : « Ne gomzit ket d'in divar benn ar voutail oc'h euz kuzet er c'harz. » Digas a reas da zonj d'ezhi eo ar superstisionou difennet gant an iliz, hag ober a reaz d'ezhi lavaret ne 'z ache ken da gaout sorserien.

Unan deuz parrez Ars, a resevaz eul lizer evit he bedi da gomz d'an Aot. Person evit eun den yaouank klanv pell a oa. An Aot. Vianney a lavaraz : « Ia, sonj em bezo. » Eun dervez benag goudeze, eul lizer all a lavare : « Ankounac'heat oc'h euz, marvad, hon hini klanv, n'eo tam guelloc'h, hag abalamour da ze, e kredomp n'euz ket *Sant* Ars komzet divar he benn d'an Aot. Doue. » Mont a rer adare da gaout an Aot. Person. « Sonj em bezo, » a lavaraz hen a nevez. Skriva a rer evit an deirved guech, hag al lizer a lavar ez eo kollet ene an den yaouank; ma n'euz ket ar c'hras a c'houlenner evithan. Er vech-man, an den en doa ar gefridi da ober a lavaraz d'an Aot. Person : « Va zad, teir guech ez oun bet o pedi ac'hanoc'h da gaout truez ouz eun den yaouank klanv, ha da gaout sonj outhan en ho pedennou. Pedet oc'h euz, pa 'z eo guir oc'h euz lavaret e rajec'h, ha ne vella tam. Livirit d'in, mar plij, perak n'euz ket Doue truez outhan. » — « Doue n'helle ket gedal, ne fell ket d'ezhan e ve kollet an den yaouank-se, hag en euz digaset d'ezhan eur c'hlenved evit he ziarben var an hent fall. » — « Va zad, goulennit, me ho ped, ma pareo er vech-man, da viana, furoc'h e vezo hiviziken. » — « Nan, n'en devezo anaoudegez vad ebet, c'hoant en deuz da veza pare, evit kenderc'hel evel araok. Epad ma komzan d'eoc'h, e ma o vlasfemi… » — « Va zad, mar kirit, me gaso d'ezhan ar pez a livirit d'in. » — « Ne dal ket ar boan, drouk e ve ennhan. » — « Mad, guella zo da ober neuze, eo pedi Doue da greski he boan evit ma tistroio, hag he bedi ive da rei d'ezhan pasianted hag ar c'hras da blega da volontez Doue. Goulennit ma roio Doue d'ezhan d'anaout perak ez eo kastizet ha ma tigemero anezhan en he varadoz. » — « Ia, pedi a rin evithan, m'hen lavar d'eoc'h. »

An hini a skrive evit an den yaouank, a deuaz da Ars, evit ober eun naved da santez Philomena. Goulen a reat diganthi : « Penaoz e man ho ten yaouank ? » — « Oh ! emezhi, n'euz bet morse muioc'h a boan, ha goulen a ra digant Doue kreski c'hoaz he boaniou. Ne glemm ket, henvel eo ouz eun eal. Ar re a anaveze anezhan araok a zo sebezet. » Pedennou an den zantel o doa bet, evit an den yaouank, eur c'hras kaëroc'h eget ar iec'het, ar c'hras da lakad he boaniou da veza talvouduz d'he ene.

Ar galloud da lenn e'kalon an dud ha da velet petra dremene a bell, ne oaint ket roet d'an Aot. Vianney, evit ar bec'herien hebken; an eneou pur ha santel a vije anavezet ivè, koulz hag ar bec'herien. A vec'h m'o divije digoret ar gaoz, an Aot. Vianney a lavare d'ezho : « Ia, ia, aoualc'h, gouzout a ran petra eo. » Ha raktal e roe an aliou a vije ezom hag evit ar guella. Pa vije o tont hag o vont etouez an dud, ez ea avechou, var eün, da gaout unan benag, hag e komze d'ezhan divar benn ar pez en doa digaset anezhan da Ars, heb ma vije bet lavaret netra d'ezhan araok.

Eun dro benag, marteze, an Aot. Vianney en deuz anavezet petra dremene er c'halonou heb kaout sklerijen, evit se, digant Doue. Ker kustum ez oa da govez, kerkoulz ec'h anaveze kalon an den, ma c'helle, meur a vech, anaout an dud dioc'h ho doare, ha gouzout, dioc'h ar pez a vije lavaret, petra ne oa ket diskleriet c'hoaz. Mes an donezon bet digant Doue eo a rea d'ezhan lenn er c'halonou, evel en eul leor ; hag an donezon-ze, ne oa ket bet roet d'ezhan evit ar pez ne dalveze ket ar boan ; atao en euz great implij outhi evit mad an eneou, gant ar c'hoant da ober vad ha dre garantez evit an nesa.

Evit gouzout penn da benn pegement a vad a rea an Aot. Vianney, ha beteg peleac'h ez ea ar vad-se, ez eo red ive lavaret pegement a zarempred en doa, dre lizeri, gant tud ha ne oaint bet morse en Ars. Rei a rea aliou, gounit a rea da Zoue, parea a rea ar re glanv, a bell. Ar re n'hellent ket dont, a skrive pe a zigase ra all en ho leac'h. Guelet on deuz en doa sikouret sevel eun urz brudet, urz Itronezed Sikour ar Purkator, heb beza morse guelet ar plac'h santel Eugénie Smet ; dre lizeri eo e kase anezhi var an hent a blije da Zoue.

Bemdez pa deue d'ar presbital da greiz deiz, da zrebi eun draïk benag, e kave var he daol prenvedet, eur bern lizeri. Beza ez oa a bep leac'h, darn skrivet kaër gant tud desket, darn all dister, deut digant tud dianaoudeg. N'en doa ket a amzer d'ho lenn beteg an diveza, hag ar re a roe d'ezhan meuleudi, a vije taolet a gostez. Lod a gommanse evelhen : « Ar brud ouz ho santelez a ra d'in... » « An doujanz hag an istim em euz evidoc'h... » « Ar fizianz em euz en ho sklerijen... » Ar re-ze ne vijent ket pell evit beza stlapet kuit, er fornigel. Ne dalveze ket ar boan eta da skriva ma lakeat meuleudi er penn kenta deuz al lizer ; goaz a ze evit ar re n'her gouient ket.

E lod euz al lizeri-ze, e vije arc'hant evit oferennou pe evit ar beorien, ha pa vije hano ennho deuz ar goustianz, e roge anezho goude beza ho lennet. Pa vije hano deuz afferiou all, ar visionerien a vele petra oa hag a lavare d'an Aot. Person.

Ma vije bet chommet an oll lizeri-ze ga-neomp, or bije gallet anaout, guelloc'h c'hoaz, an den zantel hag ar vad a rea. Goulen a reat diganthan pedi evit tud glac'haret, tud e kaon ; eur vam, eun tad evit ho mab, ho merc'h, pe glanv pe eat divar an hent mad. Lod a gomz pell hag hirr divar benn ho defaotou pe ho stad a vuez, lod a all gomz divar benn ho c'hlenved, divar benn ho anken, goaleuriou ho famill ; eun den yaouank, tost da veza kollet, a c'houlen eur beden evit chomm var an hent mad ; unan all a ro d'anaout he goustianz. Darn a c'houlen diganthan pedi evit lakad eun ene da zistrei ouz Doue, evel lord Howard, o c'houlen digant en den zantel pedi evit konversion he dad, an duc de Norfolk. Kalz deuz ar re oa karget da ren kouentchou relijiuzed pe sœurezed a skrive da c'houlen kuzuil. Meur a eskop, meur a berson o deuz skrivet d'ezhan, evit goulen sklerijen, p'o divije eun affer diez benag. Superior eur gouent misionerien a c'houlen diganthan petra da ober, divar benn misionou savet er C'hanada.

« O pezit ar vadelez da ginnig an intansio-nou-ze d'hor Zalver Jesus, ha mar plij gan-than rei sklerijen d'eoc'h, me ho ped da rei d'in anaoudegez ; evit mad kalz eneou ez eo. »

Ne responte ket he-unan d'al lizeri-ze, e peleac'h kaout amzer ? Pa vije red, e lavare d'ar visionerien respont en he leac'h. Al lizeri skrivet evit goulen pedennou, n'o divije respont ebet peurvuia, mes eul lizer all, deut evit trugarekad, a ziskueze ne oa ket bet ankounac'heat al lizer kenta.

Pa roer eun taol lagad var an oll lizeri-ze, skrivet a gement korn zo e France hag el leac'h all, e komprener ar vrud en doa an Aotr. Vianney, hag e veler e teue ar sklerijen hag ar zantelez deuz Ars, evel ma teu an domder deuz an heol, evit ar bed oll.

## SEITEKVED PENNAD

*Penaoz e veve Aotrou Person Ars gant Doue,*
*epad bloaveziou ar Pelerinaj*

Goude beza guelet penaoz e tremene an Aot. Vianney he amzer, ha pegen karget oa he zervez gant al labourou a bep seurt, e klasker iye gouzout e peleac'h e kave amzer evithan he-unan. Penaoz e c'helle, etouez kement a dud, hag epad m'en em roe d'an oll, disken ennhan he-unan, evit sonjal ervad ha pedi. Ar re o deuz bolontez vad aoualc'h, a deu a benn ouz pep tra.

Epad ma sonj d'eomp n'en deuz ket an Aot. Vianney eur pennad amzer evithan he-unan,

eo e kemer ar muia zoursi ouz he ene ; neuze
eo e ma he vertuziou en ho guella, neuze eo e
teu da veza eur skouer dispar a garantez evit
Doue hag an nesa, eur skouer a zousder, a
humilite, a zevosion hag a zantelez ; he union
gant Doue n'eo bet morse startoc'h eget epad
an amzer m'en doa muioc'h a labour eget na
c'helle ober.

N'or beuz ket lavaret c'hoaz peseurt doare
den oa an Aot. Vianney. Diez e ve o kaout
eur figur hag a roffe guelloc'h da gompren
petra eo eur sant. Kement hini a vele anez-
han, a deue d'ezho ar zonj ez oa imaj
Doue, hag an dra-ze oa kaoz ma tenne kement
ar c'halonou d'he gaout. Ne 'z oa nemed ar
spez deuz eun den, henvel ouz an Hosti zantel :
A zianveaz e veler ar spesou, a ziabarz e ma
Jesus-Christ. Kement hini o deuz he velet pe
glevet, n'o deuz biskoaz kollet ar zonj anezhan,
n'hellet ket he ankounac'had.

Aot. Person Ars a oa bian, dister ha
mizilin ; guelet a reat koulsgoude ez oa iac'h
ha goenw. Al labour, ar binijen hag an oad a
oa tremenet varnezhan ha ne oa tam gour-
toc'h ; beteg he gosni diveza ez ea buan en
dro evel eun den yaouank, n'en deuz bet morse
amzer da goll ; ha beteg he varo, zoken, e
chommaz ganthan koulz ha biskoaz ar guelet,

ar c'hlevet, ar memor, ar pez a ranke kaout evit ober he labour, evel er penn kenta. Ken treud ez oa ma ne velet nemed plegou en he zoudanen. He vizaj a gavet eun tamik hirr abalamour ma 'z oa ken seac'h, he vuzellou a velet varnezho ar vadelez, hag he ziou chot, gant ho roudennou doun, a lakea var he vijaz eur vousc'hoarz hag a bade atao.

He benn gant he vleo guen henvel ouz eur gurunen, a vije atao eun tamik stouet, kustumet da veza evelse er beden hag en adorasion. Var he vizaj, eat da netra gant ar binijen, e velet merk an Aotrou Doue, merk ar zantelez ; ne oa buez, koulz lavaret, nemed en he zaoulagad. Ar re-man a oa lemm, leun a zousder pe leun a dan pa gomze divar benn ar garantez dleet da Zoue. Pa gomze divar benn ar pec'het, an daoulagad-se a vije peurvuia leun a zaelou. Eur zell a oa aoualc'h evit gounit kalon ar bec'herien, hag an oll a gomprene, o sellet outhan, pegement a boan a rea d'ezhan sonjal er pec'het, a ra kement a boan da galon Doue. Ouz he velet e ranket lavaret : setu aze eur zant, rak an dianveaz a verke ar pez a oa a ziabarz. Aotrou Person Ars a ziouallaz atao digaillar sae venn he vadiziant ; eat eo var eün, hag en eul lamm, koulz lavaret, euz a vugel da zant, hag he c'hlanded a laka anezhan e renk an Elez. M'en deuz lenvet aliez, ez eo abalamour d'an drouk a ra ar pec'het d'an eneou ha d'an offanz a ra da Zoue.

Mes penaoz rei d'anaout he vertuziou? ho guelet on deuz dija tost da vad, ha re hirr e ve komz anezho hed-ha-hed.

He binijen hag he baourentez a oa spountuz, her gouzout a reomp; den ne vije guisket ker paour. Keit a ma chomme he zoudanen en he fez, e talc'he anezhi, dislivet ha kant guech penseillet; ha pa roet d'ezhan unan nevez re gaër, e verze anezhi evit kaout unan all paouroc'h, muioc'h diouthan. He dok n'en doa mui stum ebet; he c'houriz uzet, a oa a dammou; ar memez boutou ler a vije ganthan keit a ma c'helle ho derc'hel en he dreid; ruz ha kignet e vijent atao, rak ne oa tam siraj ebet en ti.

N'en doa mui netra d'ezhan he-unan, ar plouz a oa en he vele ne oa ket d'ezhan zoken; guerzet en doa he arrebeuri, hag ar re o doa ho frenet a leze anezho ganthan. Karet a rea ar baourentez evel sant Francès. Catherine Lassagne a zonjaz, eun dervez, ez oa mad d'ezhi prena eur volen nevez e plas ar skudel bri a oa abaoue keit amzer en implij gant an Aot. Person. Ar volen ne jommaz ket pell en

ti, hag an Aot. Vianney a lavaraz : « N'hellin
ket eta dont a benn da rei digor d'ar baou-
rentez em zi ! »

Eun dervez e teuer da lavaret d'ezhan ez eo
bet kroget an tan en he vele, ne c'hoar den
penaoz, ha ne 'z eo mui mad da netra. Pell
zo, emezhan, e maoun o c'houlen ar c'hras-se
digant Doue; pell oun bet heb beza selaouet...
Kredi a ran, er vech-man, ez oun ar paoura er
barrez. Ar re all o deuz ho guele, ha me, dre
c'hras Doue, n'em euz mui hini ebet. »

Eun dervez all, e tigouezaz d'ezhan eneoui
he c'houlaouen gant eur billet bank, heb
sonjal; hag o klevet rè all o lavaret d'ezhan
pegen poaniuz oa en dra-ze : « Oh ! emezhan,
disteroc'h goall eur eo eget m'am bije great
an distera pec'het veniel. »

Rei a oa he blijadur, ha seul vui e roe,
seul vui e kave da rei. Arc'hant a deue
d'ezhan a bep tu, rak ar re o doa c'hoant da
ober vad, a zigase d'ezhan, o c'houzout ne
c'helle den ober guelloc'h implij ouz ho gue-
neien. Ar re a deue d'he velet, a roe d'ezhan,
ha kalz all a zigase d'ezhan dre lizer. Ave-
chou e kave arc'hant braz en he ziretennou,
heb gallout gouzout a beleac'h na digant piou
e teue. Pa zigoueze ganthan kaout ezom, pa
vije goullo he yalc'h, e pede « he zent, beteg

beza eun tor penn evitho », hag an ac'hant a deue, deuz an ezom en divije.

E kement feson zo e rea vad en dro d'ezhan : prena a rea bara d'ar béorien, paea a rea ho gour-mikeal. Er bloaz 1854, d'an diskar amzer, é rankaz goulen digant eun den, an arc'hant en doa prestet d'ezhan, hag an denman ne falvezaz ket d'ezhan paea, var zigarez n'en doa ket Person Ars ezom a arc'hant. « N'em euz ket ezom arc'haut ? emezhan, koulsgoude e ma erru gouel sant Martin, hag em euz ouspen tregont gour-mikeal da baea. » D'ar mare-ze ive, e klevaz lavaret en doa eun tam leve da gaout, lezet ganthan gant unan deuz he barrez, nevez maro. « Oh ! emezhan, al leve-ze a zo da veza rannet etre meur a hini. »

He aluzennou braz ne jomment ket oll en he barrez, na zoken, en eskopti, mont a reant pelloc'h ; ha diez eo gouzout pegement e roe, pa 'z eo guir, evit ar fondasionou great ganthan evit rei misionou en eskopti Belley, en doa savet daou c'hant mil lur. Kaout a rea da rei d'an oll oberou mad, n'euz forz e peseurt bro e vijent savet. Koulsgoude n'en doa ket a c'hoant e vije digaset oll aluzennou France da Ars, hag aliez ne gemere ket ar pez a ginniget d'ezhan ; neuze e lavare : « Va mab, pe va merc'h, dalc'hit hoc'h arc'hant, en ho pro ez euz vad da ober ive. »

An Aot. Vianney a ouie atao beteg peleac'h mont, e pep tra ; henvel ez oa, e kementse, ouz sant Visant a Baol, ganet er memez bro ganthan ; ho daou edont divar ar meaz, hag ar pez a gaver da genta en dud divar ar meaz, eo ar skiant eün evit lakad he bouez e pep tra.

Kement hini a zaremprede Aot. Person Ars, a gave atao anezhan leun a vadelez ha prest da renta servij, ha dre ma teue an oad, e tiskueze zoken, muioc'h a vadelez hag a garantez evit an oll. Ne oa ket eaz koulsgoude, ha red oa d'ezhan kaout eur basianted dispar. N'helle morse mont d'an iliz, na zoken treuzi anezhi, heb beza diarbennet, dalc'het a za, en despet d'ezhan, evit klevet goulennou a bep seurt, sot ha diboell aliez. Meur a hini a gomze d'ezhan er memez amzer, n'helle ket zoken selaou an oll, ha meur a vech, e chachet dioc'h an daou du, var he surpilis. Hen, koulsgoude, ne rea van ebet.

Morse ne zave he vouez, morse ne oue gallet guelet e vije bet an distera drouk ennhan, morse var he dal an distera koummoullen, na var he vuzellou an distera rebech, atao e vije laouen dirak an dud. Dre natur kouls-

goude ez oa douget d'ar vuanegez, mes ar zan-
telez e doa mouget an natur fall.

Eun dervez e lavare d'he gure : « Er mintin-
man, eun itron vraz hag a oa marvad ouspenn
500 lur talvoudegez edro d'he biziet, a zo deut
da lavaret d'in : « Aot. Person, n'euz ket pell
em euz roet d'eoc'h kant lur evit ma vijen bet
pareet, ha pa ne barean ket, e teuan da
c'houlen va arc'hant en dro. »

« Hag oc'h euz roet ? » — « A dra zur... dre
chanz em boa bet kant lur eur pennadik
araok, hag ez oun eat buan d'ho c'herc'het. »

— « Ha n'oc'h euz lavaret netra d'an itron
vraz-se ? » — « N'eo ket bet tost d'in! » —
« Marteze ez oa unan o klask laerez ac'ha-
noc'h ? » — « Nann, nann, guir eo e doa roet
d'in kant lur, sonj mad em euz. »

Eun dervez soken, ez eaz da lavaret d'eur
vaouez hag e doa laeret d'ezhan 900 lur, edo
an archerien ouz he c'hlask : « Livirit d'an
archerien em euz roet d'eoc'h an arc'hant-se,
ha dalc'hit anezhan evithoc'h. »

N'euz forz e peleac'h e vije guelet pe glevet,
e kavet atao ennhan ar zant. Ar re all o deuz
ho derveziou, guech kaer, guech tenval ; ar
re vella a rank soubla avechou, diskuez an
dristidigez a vez en ho c'halon, ha ne 'z int
ket koulz en eil dervez hag egile. Aotrou

Person Ars, kaër oa sellet piz outhan, a gavet atao ar memez tra ; lennit en he galon, furchit he vuez, atao he velot anezhan o klask hag oc'h ober ar pez a zo ar guella, ar parfeta, gant ar zonj a Zoue. Ar pez a vele an dud : he labour, he binijen, ne oa c'hoaz netra, koulz lavaret, e skoaz ar pez a dremene en he galon.

Ker mad ez oa, ma ̧oué hanvet, araok he varo zoken, ar Person madelezuz, hag hirio n'en deuz ken hano, en Ars, e France, e Rome hag e kement leac'h ma komzer divar he benn. An oll a c'halve anezhan, « Va Zad, » rak ar gomz-se a deue anezhi he-unan var muzellou kement hini a vele he vizaj, atao laouen hag o vousc'hoarzin, ken kaër gant he vleo guen, henvel ouz eur gurunen, hag he zaoulagad ken lenim ha ken leun a zousder. Ar re-man a vele beteg goeled ar c'halonou, ha ne reant aoun da zen ebet koulsgoude.

Mar boa mab evit an oll, ez oa guelloc'h c'hoaz evit ar veleyen a oa o sikour anezhan. Tenna a rea divarnezho kement tra c'helle ho dieza, ha var an distera digarez e kinnige d'ezho ober ho labour. « Unan deuz ar zuliou kenta em euz bet an eur-vad da dremen ganthan, a lavar an Aot. Toccanier, an den zantel a daolaz evez ouzin abalamour em boa paz epad ar gousperou. Da noz, goude ar pedennou, ez oun

souezet maro o velet va Ferson karet o tont
d'am c'haout, eul letern en he zorn, ha
daoust d'ar goall amzer. « Va mignon,
emezhan, goall baz oc'h euz, ha me ne d'eun
tam ebet skuiz, ma karit me a lavaro an
oferen genta varc'hoaz, en ho leac'h, hag a rai
katekis d'ar vugale. »

Evelse oa gant he oll visionerien, evit an
distera tra e kemere enkrez abalamour d'ezho ;
ne glaske nemed ho brasa mad hag ho flijadur.
D'ezho ive e roe ar c'hroaziou, ar medallennou,
chapeledou ha relegeier a vije roet d'ezhan
gant an dud. Koulsgoude an traou-ze eo a
blije d'ezhan. Pa zigouezent ganthan e lavare :
« Ar re-man a zalc'hin evidon, » ha kerkent,
pa grede e c'helle ober plijadur da unan
benag, e roe anezho. Ne zalc'he netra evithan.

Bemdez goude lein ez ea da velet ar visio-
nerien da di ar Brovidanz, ha ne garie ket ho
guelet o sevel en ho za, pa errue. « Azezit,
azezit, emezhan, » hag e rankent azeza, hag
hen a jomme en he za. Da noz, hint a deue
d'ar presbital, d'he velet en he gambr, assam-
blez gant eur mignon all benag, hag avechou
zoken, gant eun nebeut pelerined. Neuze eo e
tigore he galon hag e kaozee ar muia. En he
za dirak an daol ; hag epad ar goan, dirak an
oaled, e karie kaozeal evel pa ne vije ket bet

skuiz aoualc'h o kaozeal er govesion a hed an
deiz ; laouen vije atao, en despet d'ar poaniou
a waske anezhan dalc'h mad, hag aliez e kave
eur gomz benag evit c'hoarzin. Eun dervez e
c'houlennet diganthan a lezel a raje he vantel
gant he visionerien, evel ma reaz guechall ar
profet Eli, evit he ziskibl. Neuze e tirollaz da
c'hoarzin, o sonjal n'en doa bet mantel ebet
biskoaz ha ne oa ket d'ezhan ar c'hrez a zouge.
« Va mignon, arabat klask eur vantel el leac'h
n'euz ket zoken eur c'hrez. » Eun dervez all
e c'hoarzaz ive, a greiz he galon, o klevet eur
sœurez o lavaret d'ezhan, heb sonjal marvad,
evel m'en divije great eur bugel : « Va zad,
lavaret a rer ne 'z oc'h ket goall desket. » —
« Va merc'h, emezhan, lavaret 'zo d'eoc'h ar
virionez, evelato e c'helfen deski d'eoc'h
ouspen ar pez a c'helfec'h ober. »

Pa vele e klasket tenna diganthan ar pez a
dremene etre Doué hag hen, e talc'he he-unan
ar gaoz pella ma c'helle, evit miret ouz ar re
all da c'houlen re diganthan ; ha pa gomzet
ouz traou ar bed e tave raktal. An dra-man
ne zigoueze ket aliez, rak peurliesa, abala-
mour d'ar respet a oa evithan, e vije lezet da
gaozeal, hag hen, en he gaoz, ne bellea morse
dioc'h ar sonjou a oa peurvia en he spered :
Doué hag ar zilvidigez, pegen vean eo plijadur

ar bed-man, ha pegen kaër ha paduz eo
levenez ar bed all.

He gaoz a deue neuze da veza henvel ouz ar
c'hatekis a rea bep mintin, nemed ma komze
nebeutoc'h var ton ar zarmoun, ha ma konte
muioc'h a historiou. Konta a rea 'kant ha
kant histor kavet e buez ar zent, ha daoust ma
oa koz dija, e lavare anezho ken brao, m'o
doa an oll plijadur ouz he glevet. Ar pez a
garie lavaret aliez eo : e teu an ene santel da
veza mestr da volontez Doue. Ar re a gleve
anezhan a zante en ho c'halon ar pez a zante
hen he-unan, hag ennho ho-unan e sonjent e
vije lavaret divar he benn, divezatoc'h, ar pez
a lavare divar benn ar zent.

Ar gaoz ne bade ket goall bell koulsgoude,
daoust ma vije hano ennhi ouz traou kaër ha
santel, rak ar visionerien a zave evit mont
kuit ha lezel an Aot. Person da ziskuiza.

N'eo ket spered a vanke d'an Aot. Vianney.
Fazia a rer o kredi ez eo noazuz an devosion
d'ar spered en euz an den. Pa zeu eun den da
veza mestr d'ezhan he-unan, d'he ioulou, an
ene, ar spered eo a deu da gaërad ; terri a
reont ho chadennou evit sevel hueloc'h ; el
leac'h dizec'ha an eienen, ar zantelez a deu
d'he sklearad ; ar zantelez a ra d'an den
guelet sklearoc'h e pep tra. Kementse a zo

çaz da velet e buez an Aot. Vianney. Guelet
on deuz petra eo bet he vugaleach hag he
yaouankiz, ha ne gavomp ket diez anzao ne 'z
oa ket goall zesket ; e peleac'h en divije desket ?
mes an deskadurez bet er skolachou n'eo ket
an hini e deuz ar muia talvoudegez er vuez.
Ar pez en doa an Aot. Vianney a oa kalz
guelloc'h : skiant ha furnez evit pep tra, skle-
rijen evit anaout kalon an dud hag ho lakad
var an hent merket gant Doue ; eur spered
lemm, atao difun ha mad ive da velet e
peleac'h e vije kouezet ar c'hleuz e park an
nesa ; raktal e vele an defaotou, hag anez he
garantez evit an oll, en divije karet ober goap.

P'en em gave gant beleyen pe gant kris-
tenien vad, anavezet ganthan, e karie komz
evit ober plijadur pe evit lakad ar re all da
c'hoarzin. Hen he-unan ne glevet ket anezhan
aliez o c'hoarzin, mes he vousc'hoarz sioul a
verke pegement a vadelez a oa en he galon ha
pegen fin oa he spered. Eun dervez, Aotrou-
'n-Ekop Belley, deut d'he velet, hag aliez e
karie dont, a lavaraz d'ezhan evelhen : « Aot.
Person, va lezel a reot, n'eo ket guir, da
lavaret an oferen en hoc'h iliz. » — « Oh, ia,
Aotrou-'n-Eskop, me garje zoken e vije bet
Nedeleg, evit ma c'heljec'h lavaret teir oferen
dioc'htu. »

Pa deuaz an Tad Hermann da Ars, er vech kenta, e oue c'hoant da ober d'ezhan prezeg. An Aot. Person a ginnigaz d'ezhan ober ar c'hatekis da eunnek heur en he leac'h. Ar relijiuz ne falvezaz ket d'ezhan ; gouzout mad a rea pegement a vall e vije da glevet an Aot. Vianney. « Eur ger benag a livirin, emezhan, d'ho koude, p'oc'h euz c'hoant. » An Aot. Person a reaz he brezegen evel kustum, hag en eur echui e lavaraz : « Va bugale, beza ez oa, eur vech, eur zant hag en divije karet klevet ar Verc'hez Vari o kana. Hor Zalver, abalamour ma kar atao ober ar pez a c'hoanta he vignoned, a roaz ar c'hras-se d'ezhan. Neuze ar zant a velaz dirazhan eun itron gaër, hag evit ober plijadur d'ezhan, en em lakeaz da gana. Hen n'en doa biskoaz klevet eur vouez ken kaër ; chomm a ra sebezet hag heb dale e lavar : « Aoualc'h, aoualc'h, ma kendalc'hit ez an da vervel... » An itron a lavaraz neuze : « N'eo ket red d'eoc'h beza ken estlamet gant va c'hanaouen, ar pez a glevit n'eo netra, me ne d'oun nemed ar verc'hez Katell, bremaïk e klevot Mam Doue. » Ar Verc'hez Vari a ganaz ive d'he zro, hag he c'han a zo ken kaër, ken dudiuz, ma lakeaz ar zant da zempla ha da vervel gant ar blijadur, beuzet en eur mor a garantez... Mad, 'va bugale, evelse e c'hoarvez hirio. E maoc'h o paouez klevet santez Katell, bremaïk e klevot ar Verc'hez Vari. »

An enor great d'ezhan gant an Aotrou-'n-Eskop Chalandon, en dervez ma roaz d'ezhan camail ar Chaloniet, a oue eur goall daol evit he humilite, hag unan benag, o klask rei meuleudi d'ezhan a lavraz : Ne oa nemethan great Chaloni gant an Eskop nevez. An Aot. Vianney ne oue ket pell evit respont : « N'oun ket souezet, an Aotrou-'n-Eskop, en euz skoet fall en taol kenta ; guelet en euz ez oa faziet, ha breman ne gred ket mont larkoc'h. »

Kaout a rea aliez an tu da zerri ho ginou d'ar re a glaske enebi outhan. Eun den a skiant, var he veno, a deuaz, eun dervez, da ziskleria dirazhan, ez euz, er relijion, traou ha n'helle ket ho c'hredi. « Petra 'ta ? » eme an Aot. Vianney. — « Kredi ne vezo fin ebet da boaniou an ifern » eme an den. — « Va mignon, kredit ac'hanon, ne gomzit morse divar benn traou ar relijion. » — « Ha perak ? » — « Abalamour e ve red d'eoc'h, da genta, deski ho katekis. Petra lavar ar c'hatekis ? Ez eo red kredi an Aviel, rak komzou Doue eo. Kredi a rit an Aviel ? » — « Ia, Aot. Person. » — « Mad, an Aviel a lavar : It d'an tan eternel. Petra c'houlennit ouspenn, daoust a n'eo ket sklear aoualc'h ? »

Eun dervez e teuaz d'he gaout eur protestant, pinvidig braz ; ha goude beza komzet d'ezhan a Zoue evel ma ouie ober, e roaz d'ezhan eur vedalen, heb gouzout ez oa protestant. « Aot. Person, eme an den, rei a rit eur vedalen da eun hérétik ; koulsgoude daoust n'on deuz ket ar memez feiz, e kredan e c'hellimp en em gaout assamblez er baradoz. » An Aotr. Vianney a grog neuze en he zorn hag a zell mad outhan gant truez ha karantez. « Allas ! va mignon, ne vezimp unanet er baradoz, nemed unanet e vemp dija var an douar ; ar maro ne jencho netra ; ar vezen a jomm en tu ma kouez. »

« Aot. Person, fizianz em euz e komzou ar C'hrist, pa lavar : « An nep a gred ennon, en devezo ar vuez eternel. » — « Ah ! va mignon, Jésus-Christ en euz lavaret ouspenn an dra-ze. Lavaret en euz ive : An nep ne zelaou ket an iliz, a zo eur paian ; lavaret en euz ne dle beza nemed eur pastor hag eur vanden denved, ha sant Per eo a zo lakeat ganthan da vestr var ar vanden denved-se. » Goude-ze e lavar gant eur vouez dousoc'h c'hoaz : « Va mignon, ne 'z euz ket diou feson da servicha hor Zalver Jésus-Christ, ne 'z euz nemed unan,

hag hounnez eo : He zervicha evel ma fell
d'ezhan beza servichet. » Ar c'homzou-ze a
reaz d'ar protestant sonjal ervad ennhan he-
unan.

Eun dervez all, eur beleg deut da Ars, a
gomze d'an Aot. Person divar benn eur plac'h
yaouank hag e doa klasket araok se, beza
sœurez. « C'hoant em beuz, emezhan, da rei
d'ezhi an ali da vont d'ar Syrie, eno e kavo
kalz a vad da ober, evel m'e deuz c'hoant. »
An den zantel, o c'houzout pegement e karie
ar plac'h yaouank-se chench, a respontaz :
« Kasit anezhi d'ar Baradoz, eno, da viana, e
ranko chommi. »

Guelet a rit eta, pegen lemm oa spered an
Aot. Vianney ; avechou zoken, pa gave leac'h,
e lakea eun tamik malis en he gomzou. « Aot.
Person, a lavare d'ezhan, eun dervez, eun den
maget mad ha ruz he benn, fizianz em euz en
ho pedennou evit beza digemeret mad, en tu
all. Kredi a ran oc'h euz sonj ouz ho migno-
ned, hag e roit perz d'ezho en ho pinijennou hag
en ho meritou. Pa 'z eot d'ar baradoz, me grogo
en ho zoudanen evit mont d'hoc'h heul. » —
« Diouallit mad, en han Doue, da ober-ze, va
mignon, dor ar baradoz a zo striz, hag hon
daou e chomfemp er meaz. » En eur gomz
evelse e selle euz ar bourc'hiz, teo an tam

anezhan. Aoun a deuaz d'ezhan da veza great
poan, daoust ma oa evit c'hoarzin, ha raktal
e c'houlennaz pardon.

Mar boa mad evit ar re all, e kendalc'he da
veza striz evithan he-unan ha rust evit he
gorf, hanvet ganthan he *gorf maro*. Epad an
dek vloaz diveza deuz he vuez, e kemere
koulsgoude eun nebeut muioc'h a voued, pas
kalz, rak morse ne zrebe kig daou zervez
dioc'htu, hag aliez e tremene meur a zizun
heb he danva; ne zrebe ket eul lur vara ar
zizun. Epad ar bloaveziou-ze ive, e lezaz ober
tan en he gambr epad ar goanv. Ar gampr-se a
oa diskloz hag el leac'h koat, ez oa leuriet
gant brik.

Bep mintin, goude an oferen, e trebe eun
tamik bara gant eur banne leaz. Ar frère
Jérom a vije aliez ganthan epad ar pred
skanv-se, ha guelet mad a rea e trebe an Aot.
Person he vara da genta hag ec'h eve al leaz
goudeze. « Aot. Person, emezhan, eun dervez,
o velet ne ziskenne ket eaz ar bara seac'h, ma
lakafec'h ar bara el leaz, e vefe kalz guelloc'h. »
— « Gouzout a ran, » a lavaraz an Aot.
Vianney, ha netra ken.

Arabat kredi koulsgoude ne oa mui ken
troet var ar binijen. Ma oa eun tamik laoskeat
ar vuez skrijuz a rene araok, ez oa evit senti

ouz ar re o doa da velet varnezhan. Komprenet en doa penaoz ar genta pinijen da ober, oa digemeret mad ar poaniou a zigase d'ezhan an oad hag al labour. Grit ma c'hellin ober d'am farrez distrei da veza kristen, en doa hen lavaret da Zoue, o tigouezout en Ars, ha me a c'houzanvo kement a m'o pezo c'hoant, hed va buez. He beden a oa bet klevet. Ar gouentr a roe d'ezhan poaniou skrijuz hag heb ehan ; hen a glaske kuzet he boan, meur a vech koulsgoude, e rankaz ehana e kreiz he zarmoun, avechou e ranke chomm e kreiz an delechou, etal he gambr. Avechou all, e kreiz kaozeal e ranke azeza, ha pa c'houlennet diganthan ha poan en doa, e lavare : « Ia, eun tamik ». Eur paz seac'h a vije atao ganthan, hag a venne freuza he beultrin ; hag eun dervez e lavare : « Oh ! nag a amzer a gollan-me o passad. »

Ha pebeuz merzerenti evit he gorf paour, chomm er gador govez, evel en eur voest koat, azezet var ar c'halet epad c'houezek ha seitek heur bemdez, heb flac'h, daou bleget, kignet o chomm atao er memez plas, hag he zious-kaoz, he ziou elin blonset oc'h harpa var ar c'hoat kalet an eil goude eben. Epad ar goanv an iliz a vije sklaset pa c'houeze an avel biz dreist meneziou ar Jura ha lennou skornet

yeun an Domb. An dorojou a vije digor dalc'h-
mad, hag an avel, o c'huibanata dreuz garanou
ar govesion, a deue da droc'ha he vizaj ha da
sklasa he izili. Fall oa deuz ar ienien, rak n'en
doa mui a c'hoad. Anzao a reaz eun dervez
d'an Aot. Tailhades, ez oa bet skornet he dreid
eur bloavez; « ha pa deuan deuz ar govesion,
emezhan, e rankan klask va zreid ha va
divesker, red eo d'in touch outho, evit gou-
zout a beza e maint c'hoaz ganen. Bah ! er
baradoz e vezimp digollet mad, ha ne vezo
mui hano a gementse. »

Epad eur goanvez rust meurbed, unan deuz
he visionerien en doa kavet an tu da lakad,
dre guz, dour zomm er govesion, dindan ar
planken ma vije he dreid varnezhan. An den
zantel ne ouezaz netra, ha tremenet ar goanv
e lavare : « Na Doue zo mad, koulsgoude,
er bloaz-man ez euz bet goall c'hoanv ha n'em
euz ket bet a riou d'am zreid er gador govez. »
Eur vech all e oue lakeat d'ezhan eun dor-
chen er govesion, evit ne vije ket ken skuiz,
mes hou-man ne badaz ket pell. En dervez
kenta ez oa great pillou ganthi, ha ne oue
guelet mui ster anezhi.

Epad an anv e vije, marteze, goasoc'h
c'hoaz; an ear ne deue d'ezhan nemed a dreuz
eur ridoj, hag ear fall c'hoaz, en eun iliz leun

a dud bemdez ; koulz vije beza bet en eur forn c'horet, ne zantche ket, da viana, alan fall an dud. Pa 'z ea deuz ar gador govez, e ranke harpa var ar bankou hag ar c'hadoriou, ha pa zigoueze d'ezhan kaout unan benag klanv da velet neuze, e vije guelet o vont, daoubleget, gant ar guenojennou, dalc'h-mad e ranke chomm a za.

Goude eun dervez tremenet evelse, penaoz kouskat pa deue an noz ? Lavaret a rea aliez ez oa aoualc'h eun heur gouskat pe ziou evit ober d'ezhan beza diskuiz ha goest da redek evel eun ebeul yaouank. Mes ne gouske ket eun heur. Gouzout a reomp e kastize he gorf hag e teue an diaoul da ober trouz d'ezhan var dro teir guech ar zizun, an eil dre eben. Anzavet en euz bet d'eomp, a lavar ive an Aot. Monnin, e vije goasket gant poaniou skrijuz p'en em astenne, berr varnezhan, var he gos vele plouz. Ne rea nemed pasad, beuzet er c'houezen, hag e troe hag e tistroè o klask beza eaz heb gallout beza morse. Sevel a ranke peder pe bemp guech bep heur, ha pa deue ar boan da derri hag hen da c'hellout moredi eun nebeut, e vije poent sevel adare, da labourat. Araok beza tanveat ar repos, e ranke tec'het diouthan, hag evelse bemnoz, d'an oad a zek vloaz ha tri-ugent.

Lavaret a c'heller ne 'z euz bet den hag en deffe great kement a vrezel d'he oll skianchou er memez amzer. Lakeat en euz he oll ioulou da blega, breset en euz anezho dindan he dreid. Natur fall an den a zo kement kastizet gant an Aot. Vianney ma ne glask mui ober d'ezhan pec'hi. Azalek he yaouankiz e tec'haz ouz kement tra a c'helje beza eur blijadur, daoust ne vije ket fall. Epad m'edo oc'h ober skol hag o chomm e ti an intanvez Fayot, bugale an ti a deue bemnoz, goude ar pedennou, da lavaret d'ezhan « kenavo varc'hoaz », ha pa deue ar verc'hik vian, seiz pe eiz vloaz e doa, Jérom a zistroe he benn, evit miret ne bokche d'ezhan.

Kastizet en euz he zaoulagad, o viret outho da veled nemed ar pez a vije red, tremen a rea he zervez er gador govez, hag ac'hano ne vele netra. N'eo ket bet falvezet d'ezhan guelet an hent houarn, daoust ma komze avechou divar he benn.

Kastiza rea he ziouskouarn : ne zelaoue morse na meuleudi na komzou goullo, ne zelaoue nemed pa gomzet divar benn traou red pe traou zantel.

Klask a rea ar binijen e pep tra. Lavaret en doa d'ezhan he-unan ha da Zoue, ne chomje morse da c'houessa eur fleuren ha ne roje van evit klevet c'houez fall. Nag a c'houez er govesion, epad keit amzer hag aliez gant tud klanv ha gouliet ; ha koulsgoude klem ebet morse.

Lavaret on deuz aoualc'h evit rei d'anaout ar binijen a rea divar goust an drebi. N'heller ket ober muioc'h heb mervel. Eun abardaez, skuiz maro o tont deuz an iliz, e treb eur batatezen loued d'he goan. C'hoant en euz da gemeret unan all. « Nann, emezhan, d'ezhan he-unan, unan evit an ezom, an eil a veffe evit ar blijadur. »

Ar gomz-se a zigas da zonj d'eomp ouz ar pez a lavar sant Aogustin : « Desket oc'h euz d'eomp, o va Doue, kemeret hor boued evel ma kemerer louzeier, dre ezom. Diez eo aliez, koulsgoude, gouzout pe ez eo dre ezom pe dre blijadur e treber ; hag abalamour ma ranker drebi, an den, troet da glask atao he blijadur, a gav eun digarez ; aoun em euz ne ve ket hebken an ezom a raffe d'in drebi. E peleac'h e ma an den didammal var ar poent-man ? »

An den-ze eo an Aot. Vianney. Mont a rea gant ar binijen bete ma n'helle mui chomm en he za.

Gouzanv ne oa ket aoualc'h, klask ar boan a falveze d'ezhan. Eur beleg, bet o kouskat en he di, a jommaz mantret o velet pegeit e chomme da skei varnezhan he-unan gant an *discipline*, tost oa d'he gambr ha klevet a rea anezhan.

Bep mintin pa zave, e ranke, emezhan, rei d'ezhan he-unan eun nebeut taoliou discipline houarn ; « red eo d'in, ober evelse, evit lakad eun tamik buez em *c'horf maro*. Guelet oc'h euz, a lavare hen, ar re a deu dre aze da ziskuez al loened gouez, hanvet *ours* ? ne deuont a benn outho nemed a daoliou baz. Evelse ive e teuer da ober da *Adam koz* senti. »

Kavet so bet en he gambr gourizou reun, chadennou dir hag a veze ganthan edro d'he gorf ; eur gorden gant skoulmou kalet hag eun tam houarn rond en he fenn. Kavet so bet ive, meur a vech, e leac'h ma kuze an traou-ze, pevar pe bemp *disciplines* great gant meur a chaden vian houarn staget assamblez ouz eur chaden all, hag houman a lakea edro d'he zorn evit gallout skei evelse var he gorf paour. Evit doare e servichent aliez, rak lioc'ha a reant evel arc'hant. Eun dervez, zoken, e reaz ober eur chaden gant marichal ar bourk, ha ken teo edo, ma chommaz mantret ar re a ouie evit petra ez oa great.

Ar c'horf, gant he oll skianchou, a oa eta goall gaset, hag ene an den zantel eo a brofite. Ar c'horf a oa diskaret, mouget ennhan oll ioulou ar pec'het orijinel, hag an ene a zave easoc'h a ze varzu Doue. « Oh ! na kaër e vezo, emezhan, dervez ar Résurection ! guelet e vezo an eneou zantel ha ken skeduz, o tont ouz an env, henvel ouz eun heol a c'hloar, evit en em unani gant ar c'horfou o devoa var an douar. Seul-vui e vezo bet kastizet ar c'horfou-ze, seul-vui e vezint kaër, henvel ouz an diamant. »

Da heul ar poaniou-ze, klasket ganthan, hag a oa loden ar c'horf, e teue re all diesoc'h da gompren. Sonjit ez oa eur zant hag e ranke beva etouez ar bec'herien. Ia, eur zant, da lavaret eo, pur evel eun eal, leal, karantezuz, douget d'af binijen, hag e ranke tremen he zervez, o selaou pec'hejou a bep seurt, udurnez, fallagriez, tromplerez an dud. Ia, eur zant, da lavaret eo e karie Doue gant oll nerz he galon, ha ne gleve hano nemed divar benn offansou great da Zoue. He galon a vije rannet bete ma n'helle mui derc'hel he c'hlac'har evithan he-unan : « Oh ! emezhan, red eo dont aman, evit gouzout pegement a boan en euz great d'eomp pec'het hon tad kenta. »

« Va Doue, emezhan, eun dervez all, nag hirr eo an amzer a rankan-me chomm gant ar bec'herien ; pe da vare e vezin eta gant ar zent ? » « Kement a bec'hejou a rer a eneb

Doue, ma teu c'hoant avechou da c'houlen fin ar bed. Anez ma kaver, bep an amzer, eneou kaër ha zantel evit diskuiza ar galon, freskad ar spered ha distrei an daoulagad dioc'h ar fallagriez a veler hag e glever, n'helfet ket beva. »

Da unan ouz he genvreudeur e lavare : « Dizec'ha a ran gant an anken hag an inouamant var an douar, va ene a zo trist beteg ar maro. Va diouskouarn ne glevont nemed traou poaniuz hag a rann va c'halon. » Ha da unan all : « Pa zonjan pegen ingrat eo an dud e kenver Doue, e teu c'hoant d'in da vont en tu all d'ar mor, pell diouz ar bed, evit n'her guelin mui. Spountuz eo ! Ha c'hoaz ma ne ve ket Doue ker mad ; mes ker mad eo ! » Ha pa gomze evelse e teue an dour en he zaoulagad.

Avechou, zoken, e ranke dizamma he galon dirak an oll. « Nan, a lavare hen, en eur zarmoun, hag he vouez a grene, mont a rea beteg kalon ar re all, rak konta a rea he histor he-unan ; nan, netra var an douar n'eo ken maleüruz hag ar beleg. Penaoz e tremen he vuez ? O velet Doue offanset, he hano zantel atao goloet a zismeganz, he c'hourc'he-mennou torret, he garantez disprijet ; setu aze petra vel ar beleg, netra ken... Dalc'h-mad e ma el lez-varn dirak Pilat, o velet Jesus disprijet, goapeet gant a bep seurt fallagriez, lod a grench ouz he vizaj, lod all a ro d'ezhan krabanadou ; darn a laka var he benn ar gurunen spern ha darn all a sko ganthan didruez ; stlejet eo dindan an treid, staget ouz ar groaz, he galon a zo toullet gant lanz ar pec'het... Ah ! m'em bije gouezet petra eo eur beleg, el leac'h mont d'ar c'hloerdi, me vije eat da guzat d'an Trapp. »

Ar pez a greske c'hoaz anken au den zantel, eo kredi ne rea nemed nebeut a vad. Ne zonje nemed en eun dra : pegen pounner eo ar beac'h a bouez var ar beleg, ha pegement en devezo da respount dirak Doue. Ar sonj-se a sponte anezhan. « Ne 'z euz ket kalz a bersoned etouez ar zent savet var an Aoteriou. Sant Visant a Baol, sant Francès Régis ne falvezaz ket d'ezho chomm en ho c'harg beteg ar fin... Pebeuz karg, e guirionez. Ar pez en euz ezom ar beleg eo eur vuez didrouz evit sonjal ervad, labourat, pedi, beza unanet gant Doue ; ha koulsgoude e rank beza etouez an dud, kaozeal gant an eil hag egile, kemeret perz en ho afferiou hag ive afferiou ar vro ; kement a dremen en he barrez a zo var he spered, hag abalamour da ze ez eo diesoc'h d'ezhan pedi ha derc'hel he zonj gant Doue ;

hag ar c'hovesionou, hag ar sakramanchou
all. Oh, ia, spountuz eo beza Person. »

Ma kave ez oa spountuz, e lavare ive pegen
kaër eo beza beleg. Setu aman eul loden ouz
eur brezegen en euz great var ar beleg.

« Petra eo ar beleg? Eun den hag a zalc'h
plas Doue, eun den hag en euz oll c'halloud
Doue. « It, eme hor Zalver d'ar beleg, evel
ma'z oun bet digaset gant va Zad, evelse ho
kasan ive, an oll c'halloud em euz bet en env
ha var an douar; it eta da gelen an oll,
an nep a zelaou ac'hanoc'h, a zelaou ac'ha-
non-me, an nep a ra fae varnoc'h, a ra fae
varnon-me. '»

» Pa ro ar beleg an absolven ne lavar ket :
Doue a ro d'eoc'h ar pardon; lavaret a ra : me
a ro d'eoc'h ar pardon. En oferen ne lavar
ket kennebeut : Heman eo korf hor Zalver
Jesus-Christ, lavaret a ra : Heman eo va c'horf.

» Sant Bernard a lavar ez eo deut pep tra
dre ar Verc'hez Vari, lavaret a c'heller ive
e teu pep tra d'eomp dre ar beleg; ia, an oll
donezonou hag an oll grasou ha kement tra a
ra eürusted hon ene.

» Piou en euz lakeat Jesus-Christ aze, en
tabernakl? ar beleg. Piou en euz digemeret
hoc'h ene pa'z oc'h deut var an douar? ar
beleg. Piou a vag an ene-ze? ar beleg. Piou a

lakai anezhan er stad zo dleet evit mont da gaout Doue? Piou a walc'ho anezhan evit ar vech diveza e goad hor Zalver? ar beleg, atao ar beleg. Ha ma teu an ene da vervel dre ar pec'het, piou a roio buez d'ezhan a nevez? piou a lakaio ennhan ar peoc'h? ar beleg adare. Ken aliez guech ma teu da zonj d'eoc'h ouz eur vad, eur c'hras benag bet digant Doue, e kavit atao ar beleg.

» It da gaout ar Verc'hez Vari, da govez, pe da gaout eun eal ; daoust hag absolvi ac'hanoc'h a c'hellint ? N'hellint ket, na kommunia kennebeut. Ar Verc'hez Vari ne c'hell ket lakad he Mab da zisken en Hosti. Ha pa ve daou c'hont eal aze, n'helfent ket rei d'eoc'h ar pardon ouz ho pec'hejou ; hag ar beleg, n'euz forz pegen dister eo, a c'hell ; lavaret a ra : Me ho pardon, it e peoc'h.

» Oh ! na pegen gallouduz eo eta ar beleg ! En env hebken e vezo guelet mad petra eo ar beleg. Ma ve komprenet, var an douar, e varfet, n'eo ket gant spount, mes dre garantez.

» Oll vadou an Aot. Doue ne dalvezont netra evidomp, heb ar beleg. Da betra e servijfe eun tiad aour ma ne 'z euz den da zigeri an or. Alc'houeziou tenzor Doue a zo gant ar beleg. Anez ar beleg, pasion ha maro Jesus-Christ n'o deffe talvoudegez ebet evidomp. Guelit ar baianed, da betra e servij d'ezho maro Jesus-Christ pa n'o deuz beleg ebet evit goalc'hi ho ene 'en he c'hoad prisiuz.

» Ar beleg n'eo ket beleg evithan he-unan, n'hell ket rei an absolven d'ezhan he-unan, beleg eo evidoc'h.

» Goude Doue e ma ar beleg. Lezit eur barrez ugent vloaz heb beleg, hag e velot an dud o stoui dirag al loened, evit ho adori.

» Ma 'z affe an Tad Misioner ha me kuit, c'houi lavarfe : Da betra mont d'an iliz ? N'euz mui a oferen, hor Zalvez n'e ma mui aze, koulz eo chomm er gear da bedi.

» Pa vez c'hoant da ziskar ar relijion e skoer da genta var ar beleg, rak e leac'h ne 'z euz mui a veleyen, ne 'z euz mui a oferen, hag e leac'h n'e ma ket sakrifiz an oferen, ne 'z euz mui a relijion.

» Guelit galloud ar beleg : gant eur gomz e ra eun Doue ouz eun tam bara, muioc'h eo an dra-ze eget kroui ar bed. Unan benag a lavare : Santez Philomena a zent eta ouz Person Ars ? E guirionez, ober a c'hell, pa 'z eo guir Doue a zent outhan.

» Ma tigouesfen gant eur beleg hag eun eal, ez affen da genta da zaludi ar beleg. An eal a zo mignon da Zoue, mes ar beleg a zalc'h he blas... Pa velit eur beleg, sonjit eta : setu aze

an hini en euz great d'in beza bugel da Zoue,
digoret d'in an env dre ar vadiziant, goalc'het
ac'hanon goude ar pec'het ha maget va ene
dre ar gommunion... pa velit eur beleg, sonjit
e Jesus-Christ. »

Setu aze petra lavare Aot. Person Ars divar
benn ar beleg. Kredi mad a rea ne oa den
ebet ken pounner he veac'h hag he hini, dre
ma sonje ne oa ket din da veza beleg. Kredi
a rea ha lavaret, ha n'eo ket divar beg he
deod, n'en doa na skiant, na spered, na vertuz,
na bolontez vad, hag abalamour da ze e komze
divar he benn he-unan ha divar benn kement
a rea, gant truez ha gant fae. Lavaret a rea :
va faour keaz ene, va faour keaz korf, va
faour keaz buez, etc. Aon em euz, a lavare
hen gant tristidigez, e ve nebeut a oberou mad
pacet gant Doue, dre ma reomp anezho aba-
lamour ma 'z omp kustum d'ho ober hag evit
plijout d'eomp hon unan, el leac'h ho ober
dre garantez evit Doue.

Abalamour da ze ive e karie guelet ar re
all o tizober ar pez a rea, hag o kaout da
lavaret ennhan. Karet en divije klevet ar
visionerien oc'h ober trouz d'ezhan, ha souezet
ez oa o velet e c'houzanve Doue anezhan var
an douar. « Doue a zo mad koulskoude,
emezhan, pa c'houzanv ac'hanon-me, me ken

reuzeudik ! Doue en euz bet evidon ar vrasa
trugarez pa 'z eo guir n'en deuz roet d'in netra
hag a dalfe ar boan, netra evit en em zevel :
na deskadurez, na vertuz, na gouiziegez évit
beza helavar... Pa zellan mad ouzin va-unan,
ne gavan nemed va faour keaz pec'hejou. Ha
c'hoaz Doue a guz anezho hag a vir ouzin
d'en em anaout mad, anez e kouesfen en
dizesper.

Diez eo kompren pegen buan oa da ankou-
nac'had ar boan great d'ezhan pe ar gaou
great outhan. Eun dervez, e tigouezaz ganthan
eul lizer leun a zisprij hag a draou poaniuz ;
hag en dervez varlerc'h, unan all leun a
respet hag a fizianz ennhan ; el lizer-ze e reat
eur zant, eur profet anezhan. « Guelit, eme-
zhan, pegen noazuz e veffe chomm da zonjal
er pez a lavar an dud. Dec'h em bije kollet
peoc'h ar galon, ma vijen chommet da zonjal
en dismeganz a daolet varnon ; hag hirio em
bije bet ourgouil ma karjen beza kredet an
traou kaër a leverer d'in. Oh ! na mad eo lezel
a gostez ar pez a zonj hag a lavar an dud. »

Anez an humilite dispar a velomp ennhan,
penaoz en divije gallet dont da veza eur zant,
e kreiz kement a dud leun a respet evithan,
ha ne gleve gantho nemed meuleudi. An
humilite eo a zioualle anezhan bemdez, pa 'n

em gave, he unan en he za, etouez kement a
dud daoulinet dirazhan, o c'houlen he
vennoz, o klask pokat d'he zillad ha d'he
zaouarn, ha ne gleve gantho nemed komzou
goest da zisc'hrienna an humilite. Evithan,
koulsgoude, ne oa danjer ebet, re a zisprij en
doa evithan he-unan, re start e krede ne 'z oa
nemed eun netraïk, hag an heuz en doa
diouthan he-unan hag ouz he bec'hejou a rea
d'ezhan kaout bemdez c'hoant da greski atao
he binijennou ha da veza lakeat dindan treid
ar re all.

An humilite a oa ive eur groaz evithan, rak
ne gave netra ken diez ha klevet lavaret vad
divar he benn. Kement-man, koulsgoude, a
zigoueze aliez, ha neuze e velet ar goad o sevel
d'he ziou chot, evel p'en divije bet eur graba-
nad. An distera meuleudi a rea d'ezhan
guela, meur a vech. Pa zigoueze d'an hini a
rea ar brezegen, en oferen bred, da zul, lava-
ret eun dra benag divar he benn, e velet
anezhan o redek d'ar sakreteri, da guzat gant
ar vez. Pa goueze he zaoulagad var he batrom
en eur stal benag, e bourk Ars, ec'h haste
buan mont kuit evit miret da veza guelet, ha
pa ouezaz ez oa skrivet he vuez, e lavaraz,
ankeniet oll : « C'hoant oc'h euz eta da gass
ac'hanon d'ar foar, da verza. »

An Aotrou-'n-Eskop Devie, daoust ma oueze
mad pegen kizidik oa an Aot. Vianney, var ar
poent-se, a zigouezaz d'ezhan lavaret eun
dervez dirazhan : « Va Ferson zantel » hag hen
goudeze a lavare gant kalz a boan spered :
« Pegen maleüruz oun-me ! an Aotrou-'n-
Eskop, he-unan, a fazi ganen ! »

Pa oue hanvet Chaloni, en em gavaz nec'het,
mez en doa gant he gamail nevez, ha ne zougaz
anezhan nemed eur vech. Goasoc'h oue c'hoaz
pa zigouezaz ganthan ar groaz a enor (1855),
goulennet evithan gant an Aot. de Coëtlogon,
préfet departamant an Ain. Evit gallout lavaret
en doa digemeret anezhi, unan benag a roaz
da gredi ez oa relegeier er voest vian, digaset
d'ezhan.

« Hé, hé, a lavaraz hen, o tigerri ar voest,
n'eo nemed an dra-ze. » Ha raktal e roaz ar
groaz d'he gure. « Kemerit anezhi, emezhan,
an Impalaër en euz skoet abiou, kemerit
anezhi, gant kement a blijadur ha m'em euz-
me oc'h he rei d'eoc'h. »

Ker braz oa he humilite, a lavar d'eomp
unan deuz ar re a zo bet test er prosez great
evit he lakad e renk ar zent, ma c'houlennaz
digant Doue ar c'hras d'anaout pegen dister
ez oa. Neuze e velaz e teu digant Doue kement
vad a reomp, ha ni ne reomp nemed rei hon

assant d'ar vad a ra Doue dreizomp, ha pa ne
roomp ket hon assant, ne chomm onnomp
nemed hor fallagriez. « An dra-ze, emezhan,
em euz guelet epad trivac'h miz, ha gant aoun
da goueza en disesper, em euz pedet Doue da
viret ouzin da velet ken sklear em ene, ha
Doue en euz va zelaouet. »

Ouspenn, an den zantel, ne jomme ket da
gompren er vad a rea, ha muioc'h a boan
spered en doa o velet ar vad a jomme da
ober, eget a joa evit ar vad great, hag e c'helle,
e guirionez, lavaret d'an Aot. Toccanier :
« Me zo din a druez, ne anavezan den ken
maleŭruz-ha me. » An amzer, el leac'h skuba
ar poaniou-ze, a rea d'ezho kreski bemdez,
ha nebeut amzer araok he varo, e lavare aliez :
« Nag ez eo trist ar vuez ! m'em bije guezet,
oc'h erruout en Ars, pegement a boan a oa
ouz va gedal, e vijen marvet gant an enkrez. »

Evit dousad an anken a waske he galon, e
klaske er beden nerz ha sikour. « Ar beden a
galon, emezhan, a zo atao leun a zousder,
disken a ra var an ene, evel gliz-mel, teuzi a
ra ar poaniou, evel ma teuz an erc'h dindan
an heol. »

Mes pegoulz ha penaoz e pede ? Petra dre-
mene etre Doue hag hen ? pe anken pe levenez
a gave er beden ? N'eo ket eaz da c'houzout.

Koulsgoude, o lenn ar pez a lavare en he zar-
moniou e veler eun nebeut ar pez a dremene
en he galon. Rak, heb dizoloi sklear he ene,
e roe da glevet meur a dra. Eaz vije aliez
gouzout e rea he-unan ar pez a lavare d'ar re
all ober, ha pa glevet ganthan ar gomz-man :
« Setu aze penaoz e tleer ober, » e c'hellet
beza sur eo evelse e rea.

Hed an noz e pede, koulz lavaret, rak
gouzout a reomp pegen nebeut e kouske, ha ne
vanke ket da heulia an ali a roe d'ar re all.
« Va bugale, emezhan, pa zihunot epad an
noz, it a spered d'an iliz, dirak an tabernakl
ha livirit d'hor Zalver Jesus : Va Doue, setu
me aman dirazoc'h, deut oun d'hoc'h adori,
d'ho meuli, da lavaret d'eoc'h mil bennoz, d'ho
karet ha da chomm ganeoc'h eur pennad, as-
samblez gant an elez. » He beden a vije c'hue-
koc'h zoken epad an noz, rak lavaret a c'helle :
ar barrez a bez a zo kousket, ha ma ne
adoran-me ket Doue, breman, den n'her
graio d'ar poent-man, en Ars. » Dioc'h he
gomzou eo anet ez oa kustum, epad ken aliez
a nosvez venn, da danvad an eürusted-se, a
gomze anezhan en eur zarmoun. « Na pebeuz
dousder evit ar galon, beza dirak Doue, pa ne
vez nemedomp en iliz, stouet dirak hor
Zalver... Dalc'h mad, va ene paour, laka da

greski ennout tan ar garantez, ne 'z euz ne-
medout oc'h adori Doue, he zaoulagad ne
baront nemed varnout. »

Epad an deiz e roe d'ar beden kement
pennad amzer a jomme ganthan goude beza
great he labour zantel, hag evit miret da goll
an nebeut amzer-ze, re verr atao, e pede en
eur zont deuz he di d'an iliz, deuz ar sakreteri
d'ar govesion ; hed an hent, pa zigoueze
d'ezhan pellad dioc'h an iliz. An dra-man a
gavomp ive en he brezegen : « Pa 'z it gant
hoc'h hent, emezhan, sonjit e ma hor Zalver
o vont araozoc'h; he groaz ganthan var he
gein, sonjit e ma ar Verc'hez Vari o sellet
ouzoc'h, hag hoc'h eal-mad en ho kichen.
Petra zo kaëroc'h eget beza unanet evelse gant
Doue ? »

Setu aman hag a verk sklearoc'h c'hoaz eo
evelse e rea : « Ar beden a ra d'an amzer
tremen buan, ha ker brao, ma n'ouzer ket ez
eo tremenet. Pa 'z ean deuz an eil tu d'egile
d'ar c'hanton, d'ar mare ma oa klanv kasi-
mant an oll bersoned, me bede Doue a hed
an hent, ha va c'hredi a c'hellit, an amzer a
dremene buan. »

Digoret en euz bet c'hoaz eun dro benag he
galon var ar poent man, ha lavaret, evel ma
teue, hag heb klask meuleudi, penaoz e c'helle

kaout kement a c'hrasou kaër ; rak, kredi mad
a rea, abalamour d'he humilite, e c'helle n'euz
forz piou, gounit kalon Doue, ha kaout ive
ar memez grasou, pa 'z eo guir, hen, a c'helle
ho c'haout. « Klevit, emezhan, eur beden hag
a blij kalz da Zoue eo : Lavaret d'ar Verc'hez
Vari kinnig da Zoue an Tad, he Vab dispennet
ha goloet a c'hoad, evit konversion ar bec'he-
rien. Hounnez eo guella peden a c'heller ober,
pa 'z eo guir an oll bedennou a vez great en
hano ha dre veritou Jesus-Christ. Va bugale,
selaouit mad an dra-man : ken aliez guech
m'em beuz bet eur c'hras benag, evelse eo em
euz he goulennet, hag en doare-ze, ar goulen a
zeu atao da vad. »

En he bedennou koulz hag e pep tra, ez oa
atao eün meurbed ; an Aot. Vianney ne glaske
beza dirak Doue nemed ar pez m'edo, e gui-
rionez. Eun doare devot, heb beza re, netra
evit lakad an dud da zellet outhan ; morse ne
jomme re hirr amzer da stoui dirak an aoter,
pa dremene. Eur beleg a lavaraz, eun dervez,
en doa an den zantel aliet anezhan, er gove-
sion, da zioual da gaout en iliz, eun doare hag
a c'helje ober d'an dud sellet outhan. Marvad,
eme ar beleg-se, en doa guelet e stouen re d'an
douar dirak an aoter. « Va mignon, emezhan,
ne reomp netra evit tenna varnomp daou-
lagad an dud. »

En he gomzou ivé, e klaske beza evel an oll, ne glaske ket beza helavar. « Guella zo e pep tra, emezhan, ha dreist oll evit pedi Doue, eo komzou plean ; komz a dleer atao evel ma ra an oll, heb klask beza difetet ; komz evel ma ra eur bugel bian d'he vam p'en deuz naoun, p'en deuz eur boan benag, p'en deuz c'hoant e ve great lazik d'ezhan. » Hen heunan a heulie an aliou-ze roet ganthan d'ar re all, ha den ne glaske nebeutoc'h ar c'homzou kaër eget ne rea. « Red eo goulen aliez, var an deiz, sklerijen ar Spered-Santel, lavaret aliez : Va Doue, o pet truez ouzin, evel ma lavar ar bugel d'he vam : Roit d'in eun tam bara, roit ho torn d'in, roit d'in eur pok. » — « N'eo ket red, emezhan, kaozeal kalz evit pedi mad. Gouzout a rer e ma an Aot. Doue en tabernakl, hag e tigorer d'ezhan ar galon, hag en em blijer dirazhan ; setu aze ar vella peden. »

En iliz eo e sante ar muia ez oa dirak Doue, neuze eo e vije he feiz ar birvidika.

« Pa ne oa ket c'hoaz re a dud er pelerinaj, a lavar Catherine Lassagne en he skridou, an Aot. Vianney a lenne atao he ofiz, daoulinet var ar vein, er c'hœur, hep harp ebet ; aliez ec'h ehane da lenn hag e chomme da zellat oc'h an tabernakl. Guelet a reat neuze var he vizaj hag en he zaoulagad kement a zousder hag a levenez, ma kredet e vele hor Zalver ditazhan. Pa vez ar Zakramant lakeat a vel d'an oll, var an tabernakl, ne azez morse, nemed beleyen dianveaz e ve ; neuze e ra evel an oll. Trei a ra varzu an aoter, hag en eur zellet ouz ar Zakramant, meulet ra vezo, e vousc'hoarz eun nebeut en eun doare dudiuz, deut marvad ouz an env. Eur beleg deuz he anaoudegez, o velet anezhan evelse, eun dervez, a zellaz ive, heb gouzout d'ezhan, varzu al leac'h ma selle an Aot. Vianney, kredi mad a rea e vele hen eun dra benag. »

Pa brezege deuz an aoter, azezet var eur gador, evel ma rea er bloaveziou diveza, ha pa zigoueze d'he zaoulagad koueza var an tabernakl, e tremehe eur grenedien dreizhan, an oll a zante e lamme he galon en he greiz. Morse ne c'helle komz divar benn an oferen heb gouela. « Oh ! emezhan, eun dervez ma komze d'eur c'hloarek yaouank, divar benn ar vele- giach, evit rei da gompren pegen kaer eo beza beleg : Hen lakad a ran a zeo, hag Hen a chomm a zeo, Hen lakad a ran a gleiz, hag Hen a chomm a gleiz ; en env hebken e kom- prenimp peger brao, peger mad eo lavaret an oferen. »

Diez eo eta gouzout petra dremene en he

galon epad an oferen. Neuze ne vije mui henvel ouz eun den ; var he vizaj e velet an adorasion, disken a rea varnezhan eur bar sklerijen ouz an env ; he galon, he spered, he ene, he oll skianchou a vije beuzet e Doue.

Etouez kement a dud, e vije oll da Zoue koulz a pa vije bet he-unan. Ne ouie ket, marvad, ez oa tud en dro d'ezhan, ha peurvuia ne ehane ket da skuilla daëlou epad an oferen. Pa deue marè ar gommunion, e velet sklear ez oa eur gaoz benag etre hor Zalver hag he zervicher. An den zantel a zelle ouz an Hosti gant teneredigez, eun dra benag a lavare, selaou a rea ive, ha respont. Kredi a rer e vele aliez hor Zalver er Zakramant, rak klevet eo bet o lavaret : « Beza ez euz beleyen hag a vel hor Zalver, epad an oferen. »

N'eo ket hebken epad ar beden a c'hinou pe a galon eo e vije an Aot. Vianney gant Doue. Ober a rea ar pez a zo hanvet gant sant Francès a Sales : « Ar beden ha ne ehan ket », hag he labourou a zianveaz, n'euz forz pegement en divije da ober, ne zistroent nag he spered nag he galon deuz Doue. Kement tra a rea a oa, er c'hontrol, ken aliez a akt a garantez, hag a unane anezhan muioc'h mui gant Doue.

Bep mintin, kenta rea, « evel eur bugel en he gavel hag a zell en dro d'an ti, a veac'h

digor he zaoulagad, evit guelet e peleac'h e
man he vam », kenta rea oa kinnig da Zoue
he galon, he spered, he zonjou, he gomzou,
he oberou, hen he-unan, a bez ; renevezi a rea
promesaou he vadiziant, trugarekad he eal
mad, chommet en he gichen epad he gousk,
ha goulen adare he skoazel. « Pep tra dirak
daoulagad Doue, emezhan, pep tra gant Doue
hag evit plijout d'ezhan. Oh ! na kaër eo
kementse, allo ! va ene, mont a rez da gao-
zeal gant Doue, da labourat ganthan, da vale
dirazhan, da vrezelekad ha da c'houzanv evi-
than. Te a labouro hag hen a vennigo da
labour, te a valeo, hag hen a vennigo da
baziou, te a c'houzanvo hag hen a vennigo da
zaelou. Nag ez eo kaër ha mad ober pep tra e
kompagnunez an Aotrou Doue ha dirak he-
zaoulagad ; sonjal e vel pep tra hag e verk
kement a ri. Ia, vad a ra sonjal ez oar dirak
Doue, morse ne skuizer, neuze ez oar evel
daou vignon, unanet ho c'halon, an amzer a
dremen heb ma c'houzer ; eun tanva eo deuz
ar baradoz. »
   Pa greder, ken start a ma rea, ez oar
atao dirak Doue, ne ehaner morse da bedi ;
red eo pedi atao, ar galon n'hell ket miret,
ha neuze, n'euz forz petra zigouez, n'euz
forz peger braz eo ar boan hag an anken,

a gaver kement anezho var hent ar bed-
man; buez an ene a laka joa er galon ; hag
al levenez-se a laka pep tra da veza eaz,
ar groaz a den da veza skanv hag eaz da
zougen. Lakeomp aman adare, ar pez a lavare
an Aot. Vianney en he brezegennou, rak
peurliessa, ne lavare petra dremene en he
galon, nemed pa vije o sarmoun. Neuze e
komze divar he benn he-unan, heb gouzout
d'ezhan.

« Buez an ene, emezhan, a zo evel eur mor,
hag er mor-ze e ma soublet an ene ; an ene a
zo beuzet er garantez, koulz lavaret... Doue
a zalc'h ene an den, pa bed a galon, evel ma
talc'h ar vamm penn he bugelik etre he
daouarn evit pokat d'ezhan. Aliez e teu em
spered pegen eüruz oa bet an Ebestel pa
veljont hor Zalver pa oue savet a varo da veo ;
rak an disparti a oa bet kalet, hag hor Zalver
a garie kement he Ebestel ! Leac'h so da gredi
e pokaz d'ezho en eur lavaret : « Ar peoc'h ra
vezo ganeoc'h. » Evelse ive eo e pok d'an ene
pa bedomp mad ; ha d'eomp-ni ive e lavar :
« Ar peoc'h ra vezo ganeoc'h. »

Pa dostaer dioc'h an daol zantel, eme an
Aot. Vianney, e santer eun dra benag a nevez,
santout a rer eur vad, eur blijadur hag a ia
dreizomp penn-da-benn. Petra veffe ? nemed

Jesus-Christ en em roet d'eomp, vad a ra
d'hor c'horf koulz ha d'hon ene. Neuze e
c'hellomp lavaret evel sant Yann, an Abostol
karet, pa velaz hor Zalver o vale var an dour,
hag oc'h anaout anezhan araok ar re all : « Ar
mestr eo. »

Daoust hag an Aot. Vianney ha n'euz ket
bet digant Doue grasou all dispar, ouspenn
an eürusted a gave o kommunia, hag a gav
meur a vech ar gristenien, tom ho c'halon?
Daoust a n'eo ket bet, evel sant Paol, douget
a spered beteg an env? Doue, a n'eo ket bet
deut avechou d'he velet?

Gouzout a reomp, dioc'h ar pez en euz
lavaret da Gatherine Lassagne, ha d'ezhi
hebken, ez eo bet, eun dervez, merket d'ezhan
sklear ar pez en doa da ober, ha biskoaz n'euz
gallet gouzout a beleac'h e teue an urz-se
d'ezhan. « N'ouzoun ket pe eur vouez eo em
euz klevet, pe eun huvre eo, n'euz forz, bet
oun difunet, hag ar vouez a lavare d'in : e
plijer muioc'h da Zoue o tenna eun ene diouz
ar pec'het, eget oc'h ober kalz a binijen ; d'ar
mare-ze ez oan troet oll gant ar binijen. »
Sonjet on deuz, eme Catherine, goude beza
roet ar c'homzou-ze d'eomp d'anaout, sonjet
on deuz en doa c'hoant, d'ar mare-ze, da
ober eur binijen rust benag hag a vije bet

noazuz d'he iec'hed, hag abalamour da ze,
Doue a falvezaz d'ezhan miret outhan. »

Eur vech all, ervez m'en deuz lavaret d'an
Aot. Monnin, ez eo bet frealzet, marvad aberz
Doue, epad m'edo beuzet en dristidigez.
« Var dro daou viz so, n'hellen ket kouskat,
eun nosvez, hag ez oan azezet em guele, o
ouela va faour keaz pec'hejou, pa gleviz eur
vouez, douz meurbed, o lavaret d'in gous-
tadik : In te, Domine, speravi, non confundar
in æternum. Va Doue, fizianz em euz bet
ennoc'h, ne vezin ket kollet da viken. Ar
c'homzou-ze a rea vad d'am c'halon ; an anken
koulsgoude a boueze c'hoaz varnon, hag ar
memez moueza lavare adare, sklearoc'h c'hoaz,
er vech-man : « Iu te, Domine, speravi. » Ne
vele den na netra koulsgoude, ha lavaret a
reaz d'ar misioner, ne ouie ket piou en doa
komzet d'ezhan gant kement a zousder.

D'an Aot. Toccanier, e lavaraz ive, eun der-
vez, komzou hanter c'holoet, hag a ro leac'h
da gredi e rea Doue evithan traou burzu-
dusoc'h c'hoaz. « An eil a viz du 1856, an
Aot. Person a gomze divar benn ar fonda-
sionou ez oa o paouez ober, anzao a reaz
d'eomp ec'h hegaze he zent epad an noz, da
lavaret eo, e pede epad an noz, ar zent ma oa
kustum da c'houlen digantho ar pez en doa

ezom. « Pedi a rit eta atao epad an noz, Aot.
Person? »—« Ia, emezhan, pa zifunan. Breman
ez oun koz, nebeut amzer em euz da veva,
ha n'em euz ket eur pennad da goll. » —
« Kouskat a rit var ar c'halet, koulsgoude,
ha ne gouskit ket kalz. » Neuze gant eur vouez
hag a verke e sonje mad petra lavare : « Ne
oar ket atao kousket var ar c'halet, emezhan. »
Goudeze e liviriz adare : « Aot. Person, an
Aot. Doue, o rei d'eoc'h peadra da zevel ar
fondasionou-ze, a verk sklear ez eo aman en
deuz c'hoant e chomfec'h ». Hag hen a res-
pontaz : « Ouspenn an dra-ze a zo. »

Pere eo ar merkou all-ze a roaz Doue d'ezhan,
evit rei d'anaout e kave mad ar pez a rea ?
Marteze e komze divar benn an dervez ma 'z
eo bet santez Philomena en em ziskuezet
d'ezhan. Rak en em ziskouezet eo bet, ervez
m'en deuz lavaret an Aot. Person he-unan da
Gatherine Lassagne. Pe marteze en doa guelet
pe glevet eun dra benag all aberz Doue, n'ouzer
ket, rak dalc'het en euz evithan ar pez a ouie ;
hag o velet en doa an tad misioner kement a
c'hoant da c'houzout hirroc'h e teuaz keuz
d'ezhan da veza re zigoret he galon ; ne lava-
raz netra ken, nag en dervez-se nag a c'hou-
devech. Aoualc'h en doa lavaret, koulsgoude,
ha kredi a c'heller en euz bet, meur a vech,
hed he vuez, an tanva ouz eurusted ar bed all.

Kementse oa kaoz d'ezhan da gaout kement a vall da vont divar an douar, rak lavaret a rea : « Eur c'hristen mad ne dle ket gallout en em ober var an douar-man. » Roet en doa an dra man da gompren, eun dervez, en he zarmoun, rak kemeret a rea tro atao evit beza ententet gant an oll. « Ma vije eur bugel bian aze en iliz, hag he vam duhont var laëz en *tribune*, ar bugel a astennje he zaouarnigou varzu ennhi, ha ma n'e ma ket en he c'hal-loud pignat he-unan beteg eno, e c'houlenno sikour, ha ne ehano, ken a vezo digouezet etre he divreac'h. Evelse e ma ene ar c'hristen var an douar-man. »

Kaër e doa he garantez beza tom evit an Hini a oa evithan ken henvel dioc'h eur vam, chomm a reaz pell amzer da hirvoudi er bed-man ; pell e chommaz var an douar da asten he zaouarn varzu an env. An daouarn-ze koulsgoude a oa chommet ker glan a m'edont, en dervez ma oa bet kavet, kraouadurik bian, o pedi dre guz, e kraou ar zaout. Doue ne deuaz d'he gerc'hat, evit ober d'ezhan pignat e skeul ar baradoz, nemed pa oa deut ar gosni da viret outhan da labourat evit silvi-digez ar bec'herien. Krog oa en he bevarzek vloaz ha tri ugent, ha daou vloaz ha daou ugent a oa, abaoue ma laboure en Ars.

## TRIVAC'HVED PENNAD

*Maro an Aot. Vianney.—Lakeat eo e renk ar Zent.*

Maro an Aot. Vianney a dlie beza henvel
ouz he vuez ; hag ar re o deuz bet c'hoant
d'he velet ha da glevet ganthan, d'ar mare-ze,
komzou kaër ha traou burzuduz divar benn
eürusted ar zent en Env, o deuz kollet ho
foan ; he varo a zo bet plean evel he vuez.

An Aot. Vianney, pell a oa, n'en doa mui
nemed eun ezen vuez; he vouez a oa ken izel
ma c'hellet a vec'h klevet anezhan. An tam
buez en doa c'hoaz a velet en he zaoulagad,
lemm evel diou stereden, merka a reant buez
he ene, mes eur vech serret, e vije lavaret
eun den maro.

Gant an domder e miz gouere 1859, iliz
Ars a oa deut da veza eur forn c'horet, n'hellet
ket chomm pell ennhi heb beza hanter vouget.
Ar re a c'hortoze ho zro evit mont da govez,
a ranke, eur vech an amzer, mont er meaz
evit kaout ho alan. An Aot. Vianney, kouls-
goude, a jomme atao en he gador govez, dal-
c'het evel en eur prizon gant ar c'hoant da

ober vad d'an eneou. Ne ziverraz ket, eur vech zoken, an amzer a dlie tremen er govesion ; morse ne vije klevet o klemm ; he nerz koulsgoude a ie diganthan. Lavaret a c'heller ez eo maro var an dachen, krog en he labour, maro a nebeudou dre ar verzerenti-ze, ken hirr ha ker poaniuz. Gouzout a reat ez oa bet semplet, meur a vech, en he gambr ha var an delechou, o tont ker mintin da labourat adare, hag eur gomz benag, eat diganthan, o doa roet d'anaout e tlie, hep dale, koueza dindan ar beac'h. « Ah ! emezhan, ar bec'herien a lazo ar pec'her. »

Koulsgoude e sonjet e padche c'hoaz, kredi a reat e talc'hje Doue anezhan beo dre virakl. Hen, dioc'h he gostez, a guze atao he boan, guella ma c'helle. Mes penaoz kuzet he zempladurez ? Guelet a reat e kreske bemdez, hag ar paz iud, a oa ganthan, a rea aoun d'an dud ; sonjal a reant ne c'helje ket harpa, rak ar paz ne roe mui ehan ebet d'ezhan.

D'ar guener, nao var-n-ugent a viz gouere, goude beza, evel kustum, tremenet c'huezek pe zeitek heur er govesion, great he gatekiz, da eunnek heur ha lavaret ar pedennou dioc'h an noz, e teuaz d'he gambr, iost ha feaz goasoc'h eget biskoaz. En em deuler a reaz var he gador en eur lavaret : « N'hellan ket mont

ken. » Ne falvezaz ket d'ezhan, koulsgoude,
lezel ar visionerien da dremen an noz en he
gichen, ha den ne ouezo biken penaoz e tre-
menaz an nosvez-se, an diveza araok koueza
en he angoni a bevar dervez. Den n'euz klasket
morse gouzout penaoz e tremene he nosveziou,
nosvez venn peurvuia, rak pa ne deue ket
Doue d'he gennerza gant eun tanva euz ar
baradoz, an drouk spered ne vanke ket da
zont da ober brezel d'ezhan.

Pa glaskaz sevel, da eun heur, evit mont
adare d'an iliz, en em gavaz ker zempl, ma
rankaz gervel unan benag, chommet en ti da
loja. Catherine Lassagne a deuaz d'he gaout.

« Goasoc'h en em gavit, Aotrou Person ? »

« Ia, kredi a ran, e ma erru va faour keaz
maro. »

« Mont a ran da glask sikour. »

« Nann, nann, arabat direnka den ebet, ne
dal ket ar boan. »

Pa zavaz an deiz, e lezaz kemeret eun tam
soursi outhan, ar pez n'en doa great biskoaz.
Lezel a reaz ar frère Jérom da lakad eur c'hol-
c'het gloan var he gos kolc'het plouz, mes pa
velaz o doa c'hoant ar re a oa en he gichen, da
zigeri ar prenestr, evit rei d'ezhan eun tam
ear vad, ha da gass kuit ar c'heillen a oa var
he dro, e lavaraz : « Lezit ac'hanon gant va

faour keaz keillen. » Epad he vuez, kenne-
beut, ne gase morse kuit ar c'heillen a vije
oc'h hegazi anezhan.

Kredi a c'heller ec'h anaveze Aot. Person
Ars, dervez he varo. Anaout a rea an amzer
da zont evit ar re all, hag heur he varo a ana-
veze ive.

Daou viz araok mervel, e lavaraz d'he
baresioniz dont d'ar zarmoun d'abardaez hag
e komzaz evelhen : « Pa ouezaz Moizez ez oa
erru tost ar maro d'ezhan, e tastumaz he bobl
evit digas da zonj d'ezhan pegement a vadelez
en doa bet Doue evithan hag hen, alia da
gaout anaoudegez vad ha da jomm fidel, ha
gallout evelse digouezet en douar prometet.
Me fell d'in ober ar memez tra ha digas
d'eoc'h da zonj peger mad eo bet Doue
evitoc'h. » Goudeze e c'hoanteaz ive truga-
rekad he baresioniz da veza roet an dorn
d'ezhan ha da veza rannet ganthan gant lar-
gentez evit an oberou mad en d'oa great epad
ma oa bet en ho zouez. Ar baresioniz a
gomprenaz e rea ar zon kenta eyit lavaret
kenavo, hag ar zarmoun-ze a lakeaz melkoni
ha tristidigez en ho c'halon. Eaz eo kredi en
doa roet Doue d'anaout d'ezhan ez oa tost he
varo.

Ar zonj ouz ar zarmoun-ze a deuaz d'an oll,

o klevet lavaret ne deuje ket an Aot. Person
d'an iliz, en dervez ma oue kouezet klany, na
mui zoken, goudeze, marvad ; hag ar belerined
koulz hag ar baresioniz a jommaz mantret
gant ar glac'har. Diez e ve rei da gompren an
anken a deuaz da waska ar re a oa en iliz o
c'hortoz kovez. An Aot. Person ne deue ket.
An iliz a oa leun hag an ol a jome da bedi.
Goulen a reat ma plijche gant Doue lezel c'hoaz
an Aot. Vianney da ober vad d'an eneou ; ar
pedennou a badaz tri zervez. Lavaret a rer
d'an Aot. Person unani he bedennou gant ar
re all ; hen ne fell ket d'ezhan : « Aotrou Per-
son, ni a ia da bedi santez Philomena, a greiz
hor c'halon, evit ma pareo ac'hanoc'h er vech
man c'hoaz, evel m'e deuz great breman ez euz
trivac'h vloaz. » — « Santez Philomena na
c'hello netra er vech-man, emezhan. »

Roet en doa da zantout d'he baresioniz e
tostae he heur diveza, ha meur a vech all en
doa komzet sklearoc'h c'hoaz. Bet en doa
digant eun ene mad benag eun ornamant kaer
meurbed evit gouel ar Sakramant hag e la-
varaz : « Ne rin implij outhan nemed eur
vech. » Ha pa deuaz d'ezhan an nebeut
arc'hant a oa dleet, bep tri miz, gant ar
c'houarnamant, e lavaraz ive : « Kement-man
a vezo evit ober va enterramant. »

Epad miz gouere, an itron Pause deuz kear sant Stephan, kristenez c'houek meurbed, a lavare d'ezhan pegement a boan a rea d'ezhi sonjal ne velje ken anezhan, rak ne grede ket e c'helje mui distrei da Ars. « Eo, va merc'h, emezhan, abenn teir zizun aman, ni 'n em velo adare. » Teir zizun goudeze, en em gavchont assamblez en Env.

D'ar meurz d'abardaez e c'houlennaz he-unan ar Sakramanchou diveza. Abenn neuze ez oa digouezet kalz beleyen d'he velet, deuz an eskopti hag a bell zoken ; c'hoant o doa da velet eun dra ouz ar re gaëra : maro eur zant.

Unan ouz an tadou misionerien a stouaz d'an daoulin etal he vele, he zaouarn kroajet evit pedi anezhan da c'houlen ar pare digant Doue, mes ar c'hlanvour, o sellet outhan gant madelez, hag heb lavaret ger, a reaz sin ne falveze ket d'ezhan. Pa glevaz kloc'h ar gommunion, e oue guelet an daëlou o ruill ouz he zaoulagad, o sonjal ez oa Jesus o kuitad an tabernakl evit 'dont d'en em rei d'ezhan evit ar vech diveza. N'heller ket lavaret gant komzou petra 'dremenaz en he galon, er gommunion diveza-ze ; red e ve kaout he garantez evit Jesus er Sakramant santel, abenn her c'hompren.

Goude an nouen e c'houlenner diganthan
ha n'en doa c'hoant a netra. « Ankounac'heat
oc'h euz, emezhan, rei d'in Induljansou ar
maro mad. » Hag an Aot. Toccanier a roaz
anezho d'ezhan. Neuze e peder anezhan da
rei he vennoz d'he barrez, d'ar visionerien ha
d'an oberou great ganthan pe da echui c'hoaz ;
guelet a reat mad e sonje hag e pede. Sevel a
ra he zorn ken kustum da venniga, evit rei
he vennoz diveza. Goudeze e klozaz he zaou-
lagad. D'ar merc'her e tigoraz anezho adare
evit ober eur zell a garantez ouz an Aotrou de
Langalerie deut da veza Eskop Belley, ha
diredet ive d'he velet. Neuze adare e ouelaz,
mes daëlou a joa a skuille, ha koueza a rejont
var kroaz an Aotrou-'n-Eskop epad ma poke
d'ezhan. En noz goude, d'ar yaou, ar bevar a
viz eost, da ziv heur goude hanter noz, e
tennaz he huanaden diveza, ker sioul ha pa
vije bet o kouskat, epad ma lavare an Aot.
Monnin ar c'homzou-man ouz ar pedennou
evit ar re a zo var ho zremenvan : « Ra zeuio
Elez Doue d'he gerc'hat evit he gass da Jeru-
salem an env. »
A vec'h m'en doa an Aot. Vianney rentet
da Zoue he ene ker zantel, ma tiredaz aleiz a
dud varzu ar presbital. An oll, koulz lavaret
a oa var zao, hag an iliz a oa leun a dud o

pedi. Den ne grede e tigouesche eur seurt dar-
voud, gortoz a reat eur mirakl, ha kredi mad
a reat e vije great adare, evel trivac'h vloaz
araok. Eur vuez ken dishenvel ouz ar re all,
a roe leac'h atao da gaout fizianz, hag an dud
o doa c'hoaz kement a ezom ouz an den zantel :
kement a dud diredet a bep leac'h, kement a
dud klany a gorf pe a ene, kement a bec'he-
rien... nan, Doue a lezo c'hoaz he zervicher
ganeomp... Petra ve Ars heb an Aot. Person,
heb he iliz digor atao hag atao leun a dud,
heb an Angelus, sonet e kreiz an noz, heb ar
zant, en eur ger ; rak hen eo, hag hen hebken,
a laka buez er geriaden, hen eo a skuill e
leac'h-man c'houez ar zantelez.

Evelse e komzet ken a oa klevet ez oa maro
an Aot. Person, ha neuze an oll a jommaz
mantret ; an oll a ouele evel pa vije bet maro
ho zad pe ho mam pe ho bugel, ha den ne
gomze nemed evit meuli an hini en doa atao
karet kement an humilite.

Epad an amzer-ze, ar c'horf santel a zo
lianet, ha guisket d'ezhan ar surpilis guen ez
oat ker kustum da velet ; an Aot. Vianney, tre-
gont vloaz a oa, a vije peurvuia he surpilis
ganthan ; lakeat eo var eur guele dister, eun
nebeut linseillou, stag bokedou outho, a zo
stignet e dro d'ezhan ; paour eo en he varo

koulz hag hed he vuez. Eno e chommaz epad
daou zervez ha diou nosvez, ha dirak ar c'horf
maro e tremenaz eur bobl tud hag a ve diez da
niveri, deut ouz kement korn zo e France ;
bep mare e kreskent heb ehana morse da zont.

Ranket oa lakad dindan an alc'houez kement
tra oa bet d'an Aot. Person, anez, an dud o
divije kaset gantho an ti, zoken, a dammou.
Hirio ez eo eun tenzor prisiuz, ken enoret hag
eun iliz. Kaer oa bet teuler evez, meur a lae-
ronsi a zo bet great, ar pez n'eo ket brao,
daoust peger braz oa an devosion evit an den
zantel.

Beleyen, pe frered ar Famill zantel, a jomme
an eil goude egile e kichen ar c'horf, adren
eur speuren savet evit miret ne 'z ache re
dost an dud. Hint eo a gemere digant ar re a
dremene, an traou o doa c'hoant da douch
ouz daouarn an Aot. Person, ker boazet da
enniga, hag aliez e rankent chench, ker
buiz vije ho divreac'h. N'helle den niveri ar
hroaziou, ar vetalennou, imachou ha traou
all, tremenet dre ho douarn, stalliou Ars a oa
goulonteret.

En despet d'an domder, ar c'horf a c'hellaz
chomm dizolo beteg ar guener da noz. Ser-
cher Doue a oa evel pa vije bet kousket, ha
ar he vizaj, evel epad he vuez, e velet an

dousder hag ar vadelez, kaërad a rea dre ma
tremene an amzer.

D'ar zadorn, deiz an enteramant (guelloc'h
e ve rei an hano a bardon d'eun dervez ken
kaër evit Aot. Person Ars), kement hent a
deu da Ars a zo leun a dud, hag abenn dek
heur, ez euz var dro c'huec'h mil den, berniet
var leur gear Ars, hag e kement korn zo.
Kleier ar paresiou, tro var dro, a zon glazou
ha pa zigouez an Aot.-'n-Eskop, e kemer pep
hini he renk evit an enteramant. Da genta e ma
bugale ar barrez, goudeze ar breuriezou, sœu-
rezed deuz kement kouent a zo er vro, beleyen
a bep leac'h, tri c'hant a zo anezho, oll e
maint var diou renk, hag urz vad a zo araok
ar c'horf, mes pa veler an archet o tont, ar
bobl tud a zo eno, a glask tostad outhan, evel
ma reat pa oa beo an Aot. Vianney ; eun dra
benag, ar zantelez marvad a denne an dud
d'he gaout, hag hirio, den n'en divije gallet
ho diarben, kement zo anezho. Ar re a zo a
blas, a 'bep tu d'an hent hag en tiez, a gouez
d'an daoulin evel p'o divije c'hoant da gaout,
eur vech c'hoaz, bennoz an Aot. Person. An
darn vuia a ouel, ha koulsgoude ar c'halonou
a zo dianken, rak heb mar ebet, deiz ar maro
a zo, er vech-man, deiz ginivelez eur zant.

Pa erruaz ar c'horf var ar blasen, Eskop

Belley, an Aot. de Langalerie, a falvezaz
d'ezhan ober eur brezegen, evit lavaret a youez
huel ar pez a oa e kalon an oll. « Euge serve
bone et fidelis, intra in gaudium Domini
tui, » Deut, servicher mad ha fidel, kemerit
perz en eurusted ho Mestr hag hoc'h Aotrou.
An oll a goinprene mad pegement a esperanz
a lakea an Aotrou-n-Eskop er c'homzou-ze,
hag oc'h echui he brezegen a veuleudi evit an
Aot. Vianney, he komzaz evelhen : « Hen
lavaret a ran, aman dirazhoc'h, Aotrou Person
karet, an dervez kaera deuz va buez a Eskop,
an hini em euz ar muia a c'hoant da velet, a
ve an hini ma c'helfen kana, a-unan gant an
Iliz a bez, en hoc'h enor, ar c'homzou-man
deuz ofiz ar sent : « Euge serve bone et fidelis,
intra in gaudium Domini tui. »

Goude ar brezegen, hag echu tro ar bourk,
e oue kanet oferen an enteramant. An iliz
paour a oa ugent guech're vian ; an archerien
a rankaz miret ouz an dud da glask mont
ebarz ; ne oue lezet da vont ennhi nemed ar
veleyen, ar famill hag ar pennou braz ; ha
goude al *libera*, korf ar beleg santel a oue
lakeat, e chapel Sant Yann Vadezour, etal ar
govesion. Ar gador-govez-se a oa bet he ver-
zerenti ; piou a lavaro ped o deuz kavet eno
ar peoc'h evit ho ene, ha ped guech en deuz

an Aotrou Doue, diskuezet eno he drugarez
evit ar bec'herien.

An dervez kaër-ze a verk d'eomp peger braz
eo galloud ar zantelez var an douar; n'euz
netra ha, a zaffe ken doun e kalon an dud,
fall ha mad. Na kaëra kentel evit an oll,
guelet rei kement a enor d'eur paour keaz
beleg ha ne glaske nemed beza dindan treid
an oll, hag a lavare diouthan he-unan, ez oa
eur paour keaz den, dianaoudek, diskiant,
mad da netra. En dro d'ar c'horf santel-ze,
kaset d'an douar, ez oa tud a bep renk, kalz
a dud vraz ha desket, hag e kalon an oll e
kavet ar memez mennoziou : respet, karantez,
anaoudegez vad, fizianz.

Setu aze pegen huel eo savet gant an dud,
vertuziou ha santelez Aotrou Person Ars,
raktal goude he varo, da c'hortoz ma vezint
savet hueloc'h c'hoaz gant an Iliz, evel ma
lavare an Aotrou-'n-Eskop.

An Aotrou de Langalerie ne velo ket kouls-
goude an dervez-se, rak an Iliz a gemer he
amzer araok lavaret ar ger diveza var ver-
tuziou eun den, n'euz forz peger zantel e ve
kavet gant an dud. Red eo lavaret, koulsgoude
pe'z euz ket bet guelet aliez sent lakead var an
aoterien, ker buan hag an Aotrou Vianney.
Ne oa ket c'hoaz pemp bloaz ha daou ugent

abaoue ma oa lakeat he gorf er bez, toullet en
iliz, dirak ar gador zarmoun, pa lavaraz ar
Pap, e c'hellet, heb aoun ebet, sevel anezhan
e renk an Dud Eüruz.

C'huec'h vloaz goude he varo, ar bevar a
viz eost 1865, Ars a velaz eur gouel hag a roe
eun nebeut da gompren petra dlie beza ar
goueliou kaër a vezo divezatoc'h, pa vezo
lakeat an Aotrou Vianney e renk ar zent. En
dervez-se e oue konsakret an iliz nevez, a vezo
enoret ennhi relegou ar Zant.

An Aotrou Vianney he-unan, eo en doa bet
da genta, ar zonj da zevel an iliz-se. Pell a oa
en doa c'hoant da gaout eun aoter gaër da
zantez Philomena, pa deuaz eur vaouez paour,
bet pareet he bugel dall, da zigas ugent lur
d'an Aot. Toccanier, en eur lavaret : « An
Aot. Person a rai gantho ar pez a blijo gant
Doue merka d'ezhan. » An Aot. Toccanier a
roaz ar pez aour d'an Aot. Vianney, hag a
lavaraz : « C'hoant oc'h euz, Aot. Person, e
ve ar pez aour-man, ar goell evit sevel
arc'hant aoualc'h da gaout eun aoter da
zantez Philomena ? Ne c'houlennan diga-
neoc'h nemed lavaret « ia » hag ho pennoz. »
An Aot. Vianney a lavaraz « ia » hag a roaz he
vennoz. An Aot. Toccanier a ieaz raktal da
gestel deuz an eil ti d'egile, ha ne oue ket eun

hanter dervez evit dastum seitek kant lur. Eur yalc'had vraz evit eur bourk bian, hag an aoter a zo roet da ober, d'an architecte Bossan.

Pa velaz an Aot. Vianney peger mad oa bet ar gest, e lakeaz en he benn e c'helje ober kalz a draou kaër. N'eo ket mui eun aoter, eun iliz eo en euz c'hoant da gaout. Lavaret a ra e vezo great eur gest all, hag a bell, er vech-man, hag hen he-unan a ro mil lur, evit digeri an hent d'ar profou. Araok skriva he brof, e laka, e penn ar feillen, ar c'homzou man : « Me bedo an Aotrou Doue evit ar re a zikouro ac'hanon da zevel eun iliz gaër da Zantez Philomena. » An nebeut komzou-ze a dlie dilasa meur a yalc'h.

Koulsgoude, an Aot. Vianney n'hellaz ket guelet ar mogeriou o sevel. Ar c'houarnamant a viraz ne vije great al *loterie*, hag an den zantel, peurgaset gant kement a labour hag a boaniou, a gouezaz var he vele evit mad.

Epad ma c'hortoze ar maro, he spered ken troet varzu Doue, an Aot. Toccanier a lavaraz d'ezhan, sioul en he skouarn : « Va zad, e ma great eta gant hon iliz kaër? » O klevet ar c'homzou-ze, ar zant, digouezet var dreujou ar maro, a zavaz he benn, hag he lagad a lioc'haz evel guechall : « Dalc'hit mad, va mab, dont a reot a benn. »

An Aot. Toccanier 'ne ankounac'heaz ket ar gomz-se. Eur pennad goude maro an Aot. Person, e stagaz a nevez gant al labour, ha goude beza diluiet meur a guden, e teuaz a benn a bep tra. Ar c'houarnamant ne falveze ket d'ezhan lezel ober eul loterie a hanter kant mil lur, ha breman e lez ober unan a gant. Abenn ar c'henta a viz mae 1862, an arc'hant a oa prest, ha nebeut amzer goudeze edot krog el labour.

An Aot. Bossan a oa eun artizan kristen, deuz ar c'hiz koz, evel ar re o deuz savet hon ilizou kaëra, hag a gomprenaz mad petra oa da ober.

Al labour kemeret ganthan, a dlie merka ar pez a oa tremenet ha rei d'anaout an amzer da zont. Red oa eta derc'hel en he za an iliz koz, test a gement a vurzudou, ha rei d'ezhi eur gurunen, evit merka ar rekompanz gounezet gant an den zantel. An iliz paour a jommaz eta en he fez, hag er penn huela anezhi e oue savet eun iliz all, henvel ouz eur gurunen gaër, n'eo ket e rond, mes, eiz kostezen d'ezhi. An iliz nevez-man, ha ne oa hini all ebet henvel outhi, a deu da enkad dre ma sao huel ; ha var al lein ez euz eur groaz, gant deillou palmes ha lili.

E pep hini ouz eiz korn an iliz-se, ez euz

eun dra benag, eur benvek benag evit rei
d'anaout merzerenti santez Philomena. Var ar
mogeriou ez euz livet taolennou kaër. Eno eo
lakeat aoter nevez santez Philomena ha teir
aoter all.

En dervez ma oue sakret an iliz nevez,
hano Aot. Person Ars hag hini Santez Philo-
mena a gavet atao assamblez, koulz er preze-
gennou kaër great er gador hag etouez an dud,
ha diez e ve lavaret al levenez a oa e kalon
an oll pa oue klevet an Aotrou-n'-Eskop de
Langalerie o lavaret, var ar blasen, e leac'h
ma prezegaz, deiz an enteramant, c'huec'h
vloaz a oa, dirak archet an Aot. Vianney, ez
oa prest ar paperou evit ober ar pas kenta,
evit lakad an Aot Person e renk ar zent. Hag
epad ma labouret e Rom, evit se, ar brud
ouz an Aot. Vianney, a greske bemdez. E
kement korn zo e France ne glevet hano
nemed divar benn Person Ars.

Misionerien Eskopti Belley a gendalc'haz
da labourat en he leac'h. En ho fenn ez oa bet
lakeat da genta an Aot. Camelet, goudeze an
Aot. Toccanier, an Aot. Ball, an Aot. Convert.
Bet int, an eil goude egile, personed Ars, hag
an hano-ze, ken dister, ken nebeut anavezet
araok, a zo hirio kaëra hano a c'hell eur
beleg dougen. Evit ober da Ars kenderc'hel da

yeza goulaouen an éneou evit ar vro-ze, o
deuz roet retrejou, hag hirio c'hoaz, ar re-
trejou-ze, stank koulsgoude, a vez kalz a dud
ennho.

Pelerinaj ar re glanv ne ehanaz ket ken
nebeut goude maro an Aot. Vianney, hag el
leac'h goulen ar pare dre c'halloud santez
Philomena, evel araok, e c'houlennet breman
dre intersesion an Aotrou Vianney. Ar re
glanv a c'hourveze var he vez, pe a astenne
varnezhan ho izili gouliet pe mac'haniet. Kalz
a dud a gave ar pare, hag ar burzudou nevez
c'hreat a vije skrivet ha lakeat gant ar re
goz evit beza kaset da Rom, abenn ar prosez
a oa da ober evit sevel an Aot. Vianney e
renk an Dud Eüruz.

An dud a bell ive o doa c'hoant da anaout
guelloc'h Aot. Person Ars; kement a gaoz a
oa anezhau, kement a vurzudou a oa hano
anezho, ma sonjaz an Aot. Monnin skriva he
vuez.

Divar ar vuez-se eo bet great, kalz pe
nebeut, kement buez all a zo bet skrivet, rak
an Aot. Monnin a oa bet o sikour an Aot.
Vianney, ganthan en euz klevet meur a dra;
guelet en euz anezhan a dost hag epad pell
amzer, ha guelet en euz anezhan o vervel.
Great en deuz ive moulla al leor hanvet Ken-

*telliou Person Ars*, lakeat e Brezoneg n'euz
ket pell ha brao da lenn, rak ennhan e kaver
lod ouz an traou kaëra en euz lavaret an Aot.
Vianney, oc'h ober he gatekis. Meur a hini a
oa en em glevet evit ma vije atao unan benag
ouz he zelaou hag o skriva, e berr gomzou,
an traou kaëra a lavare.

Epad ma klasket evelse rei mad d'anaout
buez ha burzudou Aotrou Person Ars, eun
den, Emilien Cabuchet, he vicher kizellat
mein, a laboure evit ober he boltret ha rei
d'anaout ive he zremm hag he zoare. He
labour a zo dispar, den n'en divije kredet e
c'heljet ober eur poltret ken henvel e mean.

Eur pennad araok maro an Aot. Vianney,
an Aot. Cabuchet a c'hoanteaz kregi en he
labour. Pedi a reaz an Aotrou-'n-Eskop Cha-
landon da skriva evithan da Aot. Person Ars.
Mes heman ne talveze ket d'ezhan, a grenn.
Neuze ar micherour a deuaz da Ars, heb rei
da c'houzout; da govez ez eaz zoken, evit
guelet a dost an hini ma oa o vont da ober he
boltret; bemdez e vije er c'hatekis, da eunnek
heur, hag el leac'h selaou, e rea poltret an
Aot. Person, var eun tam paper, en he dok.

Eun dervez ez eaz da gaout an Aot. Person,
hag e lavaraz d'ezhan eo hen en doa great
skeuden pe statue Sant Visant a Baol, nevez

savet e Chatillon. Oc'h anzao kementse e roe
d'anaout ive evit petra ez oa deut da Ars, hag
an Aot. Person a c'hourdrouzaz start anezhan.
Lavaret a reaz d'ezhan, zoken, mont kuit,
ha pa ne zente ket an Aot. Vianney a lavaraz,
oc'h ar gador zarmoun, en dervez varlerc'h :
« Ah, sa, va mignon, pellaoualc'h so e maoc'h
aman, oc'h ober d'un dud-beza dievez, er
zarmoun, ha d'in-me ive. »

Er vech-man, ar micherour gouiziek a zouj
hag a ia kuit. Koulsgoude, pa gred ez eo
ankounac'heat en Ars, e tistro adare. Siouaz
d'ezhan, er vech kenta ma 'z a d'ar c'hatekis,
etouez ar re all, evit klask peur-ober he
labour, dre guz en he dok adare, ez eo ana-
veet, hag an Aot. Person, d'ar pardaez, a ia
d'he gaout evit he c'hourdrouz ha lavaret
d'ezhan e ranke mont kuit : « Ah, sa, ya
mignon, n'oc'h euz eta netra da ober er
gear ? » — « Peseurt torfet em euz eta
great ? » eme an den. — « Her gouzout mad
a rit ! » —

A drugarez Doue, ar poltet a va ouspenn
hanter c'hreat, hag a c'helle beza echuet
dindan envor, ha goude maro an Aotrou
Vianney, pa n'helle mui miret ouz ar re all da
labourat ive evit he c'hloar, an Aot. Cabuchet
a oue goulennet diganthan, n'eo ket hebken

penn an Aot. Vianney, mes eur skeuden penn-da-benn.

Ar micherour a stagaz d'al labour, hag an imaj, kizellet kaër, a ziskuez d'eomp Aot. Person Ars evel ma vije aliez : daoulinet ha juntret he zaouarn ; he benn, he zremm, he vuzellou, he zoare, he zaouarn n'hellont ket beza henvelloc'h, hag ar poltret-se a zo eur pez labour deuz ar re gaëra, ar re vella bet great en hon amzer.

Aotrou Person Ars, ken humbl var an douar, n'eo ket c'houi o pije sonjet e vije gallet ober eul labour ken kaër divar goust ho paour keaz figur, evel ma lavarec'h. N'o pije biken sonjet e vije bet ofiz eur person e leor pedennou ar veleyen, hag hoc'h hini-c'houi zoken !

*　*

N'em euz ket da lavaret aman penn-da-benn penaoz eo bet tremenet al labourou hanvet prosez, great evit lakad Aot.-Person Ars e renk ar zent. Aoualc'h e vezo merka ar mare ma 'z int bet great ha lavaret eur gei benag pe rei ar steuen ouz ar pez a zo bet great.

Ar re o deuz bet, var an douar, vertuziou kaër hag o deuz bet digant Doue ar galloud da ober miraklou, o deuz teir bazen da zevel, ha tri hano da gaout araok beza lakeat var an aoteriou. Goude ar prosezou kenta, ha pa 'z eont da vad, ez int hanvet *Vénérable*. Goudeze ez euz prosezou all da ober, hirroc'h c'hoaz ha labouruz. Mar bent kavet mad, mar deuz miraklou ha ne c'hell den kaout da lavaret varnezho, mar d'eo diskuezet ken sklear hag an deiz, ez int miraklou guirion, an hini, hanvet *Vénérable*, a zo hanvet Den Eüruz. Breman e c'hell beza enoret gant an Iliz, beza en deuz he ofiz hag he c'houel, hag ar gouel ze a vez lakeat en dervez ar maro, peurvuia.

N'eo ket Sant c'hoaz, koulsgoude, red e vezo d'ezhan ober miraklou nevez, goude an dervez ma 'z eo bet diskleriet Den Eüruz, ha var ar miraklou-man, e vezo great adare eur prosez all. Sellet a rer outho pissa ma c'heller, red eo ne c'helfe den kaout da lavaret ennho, red eo e vent miraklou ken anet, ken sklear ma na c'hell den fazia var ho c'hount, ha neuze an Den Eüruz a zo hanvet Sant, ha kredi a ranker e ma er baradoz.

Ar Pab-Pi IX eo en deuz diskleriet an Aot. Vianney *Vénérable* e 1876.

An unan var-n-ugent a viz even 1896, ar Gongrégation karget da ziskleria pe ez oa pe ne oa ket vertuziou Person Ars, vertuziou

dispar, e doa en he fenn ar Pab Leon XIII
he-unan. Ar C'hardinal Parocchi, unan euz
ar re huela, en doa da gomz var ar prosez, hag
ar C'hardinaled barnerien a lavaraz « ia » oll
beteg an diveza.

Ar Pab, heb rei d'anaout c'hoaz ar mennoz
en doa, a lavaraz pegement e kave kaër guelet
an oll Gardinaled o rei ho assant. « Leac'h
so da gredi, emezhan, ez ai ar prosez da vad,
o veza ne 'z euz hini ac'hanoc'h a eneb. Mar
d'eo bet kaër vertuziou an Aot. Vianney epad
he vuez, dreizho ho-unan, breman e vezint
skedusoc'h c'hoaz, pa zeu *Congrégation* ar
Gardinaled a bez, da ziskleria ez int dispar. »

Ar c'henta a viz eost, ar Pab a embannaz
dre eur skrid pe eun *décret*, ez eo dispar ver-
tuziou an den *Vénérable*; hag an *décret*-se a
zo unan ouz ar re gaëra a zo bet biskoaz da
embann divar benn eun 'den santel. Ennhan
e kavomp meulet evel ne 'rer ket aliez, devo-
sion entanet an Aotrou Vianney, ar c'hras en
euz bet digant Doue evit tenna d'he gaout ar
bec'herien ha gounit ho eneou, an aliou mad
en euz roet atao, he garantez, he vadelez evit
an nesa, hag ar brud en doa da veza eur zant.

Léon XIII, abalamour ma plije kement
d'ezhan ar prosez great evit sevel an Aot.
Vianney e renk ar zent, a verkaz ar bevarzek

a viz gouere, evit ma vije sellet piz ouz ar miraklou great gant Aot. Person Ars. Goudeze e teuaz da chenj mennoz hag e verkaz an dervez-se evit studia vertuziou Jeanne d'Arc.

Siouaz, d'ar bevarzek a viz gouere, ar Pab Leon XIII a oa toc'hor var he vele, hag ar France kristen, el leac'h kaout ar joa da enori he zantez Jeanne d'Arc, e devoa da ouela, o c'houzout edo o vont da vervel, ar Pab en doa bet kement a garantez evit hor bro.

An eur-vad da c'hlorifia ar paour keaz person di var ar meaz a dlie beza d'ar Pab nevez, bet ive Person var ar meaz. Ar bevar a viz eost, 1903, epad ma kanet an oferen bred en Ars evit ar bevar ha daou ugent deiz ar bloaz goude maro an Aot. Vianney, e Rom, an Aotrou Cardinal Sarto, bet person e Tombolo, a oa great Pab, ha kemeret a rea an hano : Pi X.

Ar c'huec'h var-n-ugent a viz genver 1904, ar Pab nevez, savet var gador Sant Per, deiz gouel Person Ars, en em lakeaz e penn ar C'hardinaled, evel m'en doa bet c'hoant Leon XIII da ober, evit echui prosez an Aot. Vianney. Er vech-man, an Aotrou Cardinal Mathieu eo en deuz da renta kount ouz al labourou great evit ar prosez. An Aot. Cardinal Mathieu a zo deuz bro an Ao. Vianney, ha bet eo ive person e Pont a Mousson. Evel pa ve bet great a espres gant Providanz Doue, ar re o doa ar renk kenta e prosez Aot. Person Ars, an Eskop, ar C'hardinal hag ar Pab ive, a oa bet oll personed.

Daou virakl a oa da veza sellet piz outho. Adelaïde Joly ha Léon Roussat a oa bet pareet. Léon Roussat, deuz Sant Laurent-les-Macon, a oa eur bugel hag a goueze e drouk sant. Er bloaz 1862, e oue kaset var bez an den zantel. Eur vreac'h d'ezhan a oa seizet, n'en doa mui tam mouez da gaozeal, ha kement a boan en doa o tenna he alan, ma n'helle ket miret da c'hlaouri. Kerkent a ma oue savet divar ar bez e c'hellaz asten he vreac'h, evit rei aluzen d'ar paour, he zivesker a ziskoulmaz ive, hag abenn fin an navet, e kaozee mad adare.

Adelaïde Joly a oa en hospital e Lyon. E miz c'huevrer 1861, e kouezaz en he breac'h eur gouli brein ha ne baree ket. P'o doa ar vedisined diskleriet ne oa pare ebet evithi, e oue lakeat en dro d'he breac'h eun tam laz bet da Aot. Person Ars ; ar gouli a bareaz raktal.

*Congrégation* ar Gardinaled a roaz he assant evit ma vije lavaret ar ger diveza. Kaout a